ライブラリ 読んでわかる心理学 **15**

読んでわかる
心理統計法

服部　環・山際勇一郎 共著

サイエンス社

監修のことば

　本ライブラリは，心理学を初めて学ぼうとする方に，自学自習によって心理学がわかるテキストを提供することを目指しています。

　心の科学である心理学は，幅広いテーマの内容を多彩な研究方法を使って解明することで，日進月歩をきわめています。その結果，心理学に興味をもち始め，自学自習に取り組もうとする方にとって，心理学の各テーマを一通り学習しようと挑戦しても，その内容を理解することは難しいものとなってきました。

　このような現状のもと，「ライブラリ 読んでわかる心理学」は，多岐にわたる心理学のテーマに対応して用意された各巻を，それぞれ主体的に自学自習することによって，その内容を効果的に理解できるように編まれました。関心をもった巻から自習することで，心理学の基礎概念の意味やことがらの理解を深めることができます。また，興味をもって学習できるように，章の概要をはじめにまとめ，読みやすい日本語で記述するよう心がけました。さらに，学習成果を深められるように，章末には参照できる文献を紹介し，学習した内容を確認するための復習問題を掲載しています。

　大学や短大の授業で心理学を学ぶ学生のみなさん，自宅でテキストを用いて心理学を学ぶ通信教育部の学生のみなさん，さらに公認心理師，認定心理士，臨床心理士，心理学検定といったさまざまな資格・試験をめざすみなさんが，本ライブラリを自学自習の教材として積極的に役立てられることを願っています。

監修者　多 鹿 秀 継

まえがき

　本書は，「ライブラリ 読んでわかる心理学」の一巻として心理統計法を学ぶ人のために編集・執筆されました。心理学の研究雑誌を開けば納得できると思いますが，心理統計法は心理学の実証的研究を遂行するために必要なものです。そのため，大学によって科目名はいろいろですが，心理学を専攻する学科には心理統計法が必須科目として位置づけられています。また，2018 年度から始まった公認心理師試験の受験資格を得るためには，心理統計法（公認心理師法での科目名は心理学統計法）の修得が必要となっています。

　心理統計法として学習すべき範囲はたいへん広いのですが，本書では主に記述統計と推測統計を学びます。まず，記述統計は実験や調査などで収集したデータが有する特徴を表やグラフ，代表値，散布度，相関係数，連関係数などの数値を用いて記述します。生の測定値を見ただけではデータの特徴を読み取ることは難しいですが，記述統計を用いれば容易に特徴を読み取り，報告することができます。そして，推測統計は記述統計で得られた知見を一般化できるかどうかを確認します。その方法として，本書では平均値，相関係数，連関係数，回帰係数などの仮説検定と区間推定について学びます。

　心理学を学ぶ学科・専攻は文科系学部に設置されることが多いですから，学習者の中には数学を苦手とする人が少なくありません。数学が苦手な人でも実際に計算してみることは心理統計法の理解を深めるために効果的ですし，正しく計算できれば間違いなく効力感が高まります。そこで，本書は計算式だけでなく，電卓を用いた計算例と R 言語を用いた計算例を紹介しました。計算式が示す意味も第 1 章で説明しましたので，電卓や R 言語を用いて計算し，心理統計法の理解を深めてください。心理統計法の学習を進めると，心理学の研究論文で得られた分析結果をより正確に理解できるようになります。

　最後になりますが，本書の執筆の機会を与えて下さった多鹿秀継先生とサイエンス社編集部の清水匡太さんに心から感謝いたします。

服部　環・山際勇一郎

本書について重要な補足の説明

1. 計算誤差について

1つの数値を求める計算手順を示すとき，途中で四捨五入が必要になりますので，どうしても計算誤差が出てしまいます。そのため，本書では計算誤差を小さくするために，計算途中で小数点以下の数値を長く続けたところがあります。なお，本書で使用するRの丸め関数は，いわゆる四捨五入とは異なり，五捨になることがあります。

2. 絶対値が1を超えることのない数値の表記について

相関係数の絶対値や連関係数，さらに確率などは1を超えませんから，心理統計法の書籍や研究誌では，こうした値を小数点前の0を除いて .35，−.12，< .05 のように表記することが増えてきました。本書でも，その絶対値が1を超えることのない値については小数点前の0を除いて表記するようにしましたが，計算途中と本文の一部では0を付けています。論文やレポートにこうした数値を記載するときは，有効数字に注意した上で執筆要項に従って表記してください。

3. 中学校・高等学校の数学との重複について

本書の一部は中学校数学の「データの活用」と高等学校数学の「データの分析」で学ぶ事項と重複しますので，中学校と高等学校の教科書が参考になるのですが，箱ひげ図の作図法（ひげの長さ）と四分位数の定義が大学の講義で学ぶものとやや異なります。

4. R言語の仕様変更に伴う警告やエラーについて

本書で紹介したRの命令文はR3.6.0で実行できましたが，他のバージョンではエラーや警告が出ることがあるかもしれません。そのときはパッケージや関数のヘルプを参照して命令文を変更してください。

5. 公認心理師受験資格に必要な「心理学統計法」について

日本心理学会が提案している「心理学統計法」のシラバス（2018年8月22日）を見ますと，本書は「含まれる事項」の小項目におおよそ触れています。

目　次

まえがき ……………………………………………………………… i

第1章　心理統計法を学ぶ準備をする　1

1.1　量的研究と心理統計法 ………………………………………… 1

1.2　測定尺度の水準 ………………………………………………… 2

1.3　総和を表す $\sum$ 記号 …………………………………………… 4

1.4　本書で用いる基礎的計算 ……………………………………… 8

1.5　R——計算ツールとして ……………………………………… 11

　　　参 考 図 書 ………………………………………………… 15

　　　復 習 問 題 ………………………………………………… 16

第2章　度数分布表と統計グラフを理解する　17

2.1　度数分布表とヒストグラム …………………………………… 17

2.2　名義もしくは順序尺度をなす変数の度数分布表 …………… 25

　　　参 考 図 書 ………………………………………………… 29

　　　復 習 問 題 ………………………………………………… 29

第3章　分布を表す記述的指標を理解する　31

3.1　代 表 値 ………………………………………………………… 31

3.2　散 布 度 ………………………………………………………… 34

3.3　歪　　度 ………………………………………………………… 39

3.4　尖　　度 ………………………………………………………… 41

3.5　R を用いた記述的指標の算出 ………………………………… 42

3.6　線形変換と標準化 ……………………………………………… 44

3.7　中心極限定理と正規分布 ……………………………………… 47

3.8　箱 ひ げ 図 ……………………………………………………… 50

　　　参 考 図 書 ………………………………………………… 53

iv 目　次

　　　　復 習 問 題 ……………………………………………………………… 53

第4章　量的変数の相関関係を理解する　55

4.1　相関と連関 ……………………………………………………………… 55

4.2　散布図と相関係数 ……………………………………………………… 55

4.3　順序尺度をなす変数の相関係数 ……………………………………… 61

　　　　参 考 図 書 …………………………………………………………… 65

　　　　復 習 問 題 …………………………………………………………… 65

第5章　質的変数の連関を理解する　67

5.1　一様性とクロス集計表 ………………………………………………… 67

5.2　連関とクロス集計表 …………………………………………………… 68

5.3　連関の強さを表す指標 ………………………………………………… 69

5.4　残　　　差 ……………………………………………………………… 72

　　　　参 考 図 書 …………………………………………………………… 76

　　　　復 習 問 題 …………………………………………………………… 76

第6章　平均値に関する仮説検定を理解する　77

6.1　母集団と標本 …………………………………………………………… 77

6.2　仮説検定とは …………………………………………………………… 80

6.3　1つの平均値 …………………………………………………………… 89

6.4　2つの平均値の差 ……………………………………………………… 95

　　　　参 考 図 書 …………………………………………………………… 111

　　　　復 習 問 題 …………………………………………………………… 111

第7章　平均値差の効果量を理解する　113

7.1　効果量の必要性 ………………………………………………………… 113

7.2　対応のない2標本の場合 ……………………………………………… 115

7.3　1標本および対応のある2標本の場合 ……………………………… 123

目　　次　　　v

7.4	Rを用いた効果量の算出 …………………………………………………	124
	参 考 図 書 ……………………………………………………………………	130
	復 習 問 題 ……………………………………………………………………	130

第8章　相関係数と連関係数に関する仮説検定を理解する　131

8.1	1つの相関係数 ……………………………………………………………	131
8.2	2つの相関係数の差 ………………………………………………………	136
8.3	連　　　関 …………………………………………………………………	143
8.4	クラメールの連関係数の信頼区間 ………………………………………	149
8.5	対応のある2つの比 ………………………………………………………	151
	参 考 図 書 ……………………………………………………………………	156
	復 習 問 題 ……………………………………………………………………	156

第9章　単回帰分析を理解する　159

9.1	因果関係と単回帰分析 ……………………………………………………	159
9.2	有意性検定 …………………………………………………………………	165
9.3	切片と回帰係数の区間推定 ………………………………………………	168
9.4	Rを用いた単回帰分析 ……………………………………………………	170
9.5	偏相関係数 …………………………………………………………………	172
	参 考 図 書 ……………………………………………………………………	177
	復 習 問 題 ……………………………………………………………………	177

第10章　参加者間1要因の分散分析を理解する　179

10.1	要因と水準 …………………………………………………………………	179
10.2	検定の多重性の問題 ………………………………………………………	181
10.3	分散分析の原理 ……………………………………………………………	183
10.4	平均値の多重比較 …………………………………………………………	188
10.5	効 果 量 ……………………………………………………………………	192
10.6	正規性と等分散性の仮定 …………………………………………………	195

vi 目 次

10.7 R を用いた分散分析 ……………………………………… 198

　　　参 考 図 書 ……………………………………………… 204

　　　復 習 問 題 ……………………………………………… 204

第 11 章　参加者内 1 要因の分散分析を理解する　207

11.1 分散分析の原理 …………………………………………… 207

11.2 参加者内要因の仮定 ……………………………………… 213

11.3 平均値の多重比較 ………………………………………… 218

11.4 効 果 量 …………………………………………………… 222

11.5 R を用いた分散分析と多重比較 ………………………… 223

　　　参 考 図 書 ……………………………………………… 229

　　　復 習 問 題 ……………………………………………… 229

第 12 章　参加者間 2 要因の分散分析を理解する　231

12.1 分散分析の原理 …………………………………………… 231

12.2 単純主効果の検定 ………………………………………… 242

12.3 多 重 比 較 ………………………………………………… 245

12.4 効 果 量 …………………………………………………… 250

12.5 R を用いた分散分析と多重比較 ………………………… 253

12.6 要因計画と分散分析 ……………………………………… 257

　　　参 考 図 書 ……………………………………………… 259

　　　復 習 問 題 ……………………………………………… 259

付　　　表 ……………………………………………………… 261

復習問題解答例 ………………………………………………… 272

引 用 文 献 …………………………………………………… 281

索　　　引 ……………………………………………………… 288

著 者 紹 介 …………………………………………………… 294

第1章
心理統計法を学ぶ準備をする

本章では心理学の研究で収集する測定値のタイプ，心理統計法の学習に必要な基本的演算記号（∑記号），累乗，指数関数，対数などの意味を学びます。また，計算ツールとして R 言語を紹介します。

1.1 量的研究と心理統計法

心理学の研究方法の一つとして量的研究があり，私たちの意識や行動に共通して見られる一般法則を探ります。量的研究は調査法や実験法に基づいて大量の数値データを収集しますが，それだけではデータに潜む一般法則を推測することはできません。仮に推測したとしても主観的な結果になるでしょう。一般法則を客観的に推測するためには，心理統計法を用いた数値データの分析が必要となります。

心理統計法は一定の手続きに従って解析を進めますので，心理統計法を用いた研究論文であれば，その記述内容から仮説検証の方法と結論の適切性を判断することができます。しかも，追試ができるように本文が記述されるはずですから，読者が研究結果の再現性を検証することができます。これが量的研究の特徴です。

研究仮説は数値の大きさや関係などによって多様な形で表現されますので，それに応じて多くの検証方法が提案されています。本書では，そうした検証方法の基礎・基本である記述統計と推測統計を学びます。

本書では触れませんが，量的研究の結果を読み取ったり，研究を遂行するためには重回帰分析や因子分析に代表される多変量解析法（足立, 2006 など），仮説検証型の多変量解析ともいえる構造方程式モデリング（川端・岩間・鈴木,

2 第1章 心理統計法を学ぶ準備をする

2018など），さらに大規模調査で使用されるマルチレベル分析（尾崎・川端・山田, 2018など）の学習も必要になります。

1.2 測定尺度の水準

　心理学の研究は測定から始まりますが，そもそも測定とは何でしょうか。スティーブンス（Stevens, S. S.）は測定（measurement）を「ある規則に従って，対象もしくは事象に数を割り当てる操作」と定義しました。これはしばしば引用される定義ですが，この定義に従うと携帯電話の番号や自動車の登録番号（4桁）のように，大きさを表さない数を機械的に割り振る操作も測定となりますから，測定の定義としては不十分です。より正確には，測定とは対象や事象の量的な属性の大きさを表すために，一定の規則に従って数値を割り当てる操作とするのがよいとされます（Colman, 2001）。実験で反応時間を計測したり，記憶した単語の数を数えたり，質問紙法や心理検査法を用いて児童生徒の能力や性格特性の強さを把握することは，すべて測定です。

　適当な数を割り当てた測定結果は統計解析に使えませんから，属性の大きさと測定結果へ割り当てる数との関係に一定の規則が必要となります。その規則を尺度（scale）とよび，スティーブンスは尺度を比率尺度（比尺度，比例尺度；ratio scale），間隔尺度（interval scale），順序尺度（ordinal scale），名義尺度（nominal scale）に分類しました。名義尺度をなす変数は数値が属性の大きさを表しませんが，ここではスティーブンスの分類を尊重して，測定水準の一つとして説明します。変数（variable）とは身長，体重，反応時間，正答数，学力検査の得点，作品のできばえの順位などのように，対象によって種々の値を取り得るものです。

1. 名義尺度

　所属学部，出身地域，血液型などのカテゴリカルな属性に数を割り当てたとき，数の大きさの順番に意味はなく，数はカテゴリの違いのみを表します。このように数がカテゴリの違いのみを表す変数は名義尺度に従います。

2. 順序尺度

　属性の大きさと測定値の大きさが同一の順序であるとき，測定値は順序尺度をなします。例えば，論文や作品に順位付けをしたとき，できばえとその順位が同じ順序で並んでいれば，順序尺度をなすといえます。

3. 間隔尺度

　セ氏（摂氏）温度の0度は1気圧の下で水が凍る温度を指すだけで，温度がないこと（絶対原点，絶対ゼロ）を意味するわけでありません。したがって，昨日と今日の最高気温がそれぞれ7度Cと14度Cであったとき，今日は昨日よりも2倍暑いとはいえません。しかし，昨日よりも今日の方が暑いとはいえますし，7度Cと14度Cの差の7度と14度Cと21度Cの差の7度は物理的に同じ意味を持ちます。このように数値の差に意味のある測定値は間隔尺度をなします。

4. 比率尺度

　物の重さや長さには絶対原点（絶対ゼロ）がありますから，100キロは20キロの5倍の重さがある，2メートルは1メートルの2倍の長さがあるといえます。絶対原点のある測定値は比率尺度をなし，属性（重さや長さ）の大きさの比とそれを表す数値の比が一致します。比率尺度をなす測定値は大きさにも差にも意味があります。

　学力検査でAさんが80点，Bさんが40点，Cさんが0点であったとしましょう。0点でも，問題が難しすぎただけで学力が無とはいえないですから，0点が絶対原点（絶対ゼロ）を表すわけではありません。したがって，学力検査の得点は比率尺度の条件を満たしません。ですから，Aさんの学力がBさんの学力の2倍高いといったり，Cさんの学力は無であるといっては誤りです。

　それでは学力検査の得点は間隔尺度の条件を満たすでしょうか。AさんとBさんの得点差（40点）が表す学力差と，BさんとCさんの得点差（40点）が表す学力差が同じといえれば間隔尺度です。しかし，厳密には2つの得点差が表す学力差が同じとはいえないでしょうから，学力検査の得点は間隔尺度の条件を満たしていないと思います。ところが，得点を間隔尺度と見なして加算や減算を施し，種々の統計量（statistic；例えば，平均値）を算出しているのが

実情です。これは、間隔尺度と見なして下す意思決定（例えば、合否判定）に大きな誤りがないことが経験的に知られているからだと思います。

この点は質問紙調査法で使用する「強く当てはまるを5点」、「やや当てはまるを4点」、「どちらでもないを3点」、「当てはまらないを2点」、「まったく当てはまらないを1点」とするような多段階評定の測定値も同様です。このような評定法に基づく測定値は厳密には間隔尺度の条件を満たしませんが、間隔尺度と見なして処理することが多いです。シミュレーション実験によれば、5段階以上の評定値は間隔尺度をなすと見なして処理しても大きな問題はありませんが、3段階以下の場合は順序尺度であることを前提とした分析手法を適用することが望ましいです。4段階はグレーゾーンですが、場合によっては間隔尺度と見なしてよいかもしれません。

スティーブンスは測定値を4つの水準に分類しましたが、比率尺度もしくは間隔尺度をなす変数はまとめて**量的変数**（quantitive variable）、順序尺度もしくは名義尺度をなす変数はまとめて**質的変数**（qualitative variable）とよばれることがあります。順序尺度をなす変数は大きさを表していますので量的変数に分類されることがあります。

量的変数でも、正答数、人数、金額のように正の整数（1, 2, 3…）もしくは0しか取らない変数は、**離散変数**（discrete variable）とよばれます。一方、身長、体重、反応時間、距離、温度のように無限の値を取り得る変数は**連続変数**（continuous variable）とよばれます。身長や体重という属性は一定の範囲内では無限の値を取り得ますので、連続変数に分類されます。

1.3 総和を表す $\sum$ 記号

Aさん、Bさん、Cさんの3人で会食して、割り勘で食事の代金を支払うとしましょう。このとき、1人当たりの代金は、

$$\frac{\text{A さんの食事代} + \text{B さんの食事代} + \text{C さんの食事代}}{3}$$

1.3　総和を表す $\sum$ 記号　　5

という式で計算します。3人という少人数でしたら，このように1行で計算式を示すことができますが，10人，20人と人数が増えていくと計算式が長くなってしまい，計算式を書くのは面倒です。むしろ，計算式を書くよりも「全員の食事代金を合計して人数で割る」と言葉で表現する方が容易でしょう。$\sum$（シグマ）はこのようなときに総和を表すための記号です。これと同じように総和を求める最も基本的な演算は加算ですから，ここで $\sum$ 記号について学んでおくことにします。

1.3.1　1つの $\sum$ 記号

　表1.1に食事会に参加した5人の食事代を示します。表の1行目に「参加者番号 (i)」とありますが，i が5名の参加者の番号を示しますので，i は1になったり，2になったり，5になったりします。そして，「食事代 (x_i)」の x が食事代のこと，そして，x の後に小さな i（添え字といいます）を付けて i 番目の参加者の食事代を表しています。

　x_1 は1番の参加者の食事代を指しますから1270円，x_2 は2番の参加者の食事代を指しますから1350円です。心理統計法ではたくさんの種類の変数（ここでは食事代）が登場しますので，このように x, y, z などの英語のアルファベットを用いて何らかの変数であることを表し，添え字 i で何番の人の値であるかを示します。一般に変数や添え字を表すアルファベットはイタリック体（斜体）とします。

　さて，表1.1に示す参加者5人の食事代 (x_i) の総和は，

$$食事代の総和 = x_1 + x_2 + x_3 + x_4 + x_5$$
$$= 1270 + 1350 + 1230 + 1190 + 1460 = 6500$$

表1.1　5人の食事代（円）

参加者番号 (i)	食事代 (x_i)
1	1270
2	1350
3	1230
4	1190
5	1460

6　　　　　第1章　心理統計法を学ぶ準備をする

です。この計算を $\sum$ 記号で表すと

$$\sum_{i=1}^{5} x_i = x_1 + x_2 + x_3 + x_4 + x_5$$

となります。この式の意味は右辺に示すように，i を順に 1，2，3，4，5 と増やしていき x_i の和を求めるということです。したがって，食事代を割り勘にするには代金の総和を人数で割ればよいですから，$\sum$ 記号を用いた計算式は

$$1 \text{人当たりの代金} = \frac{\displaystyle\sum_{i=1}^{5} x_i}{5} = \frac{1}{5}\sum_{i=1}^{5} x_i = \frac{1}{5} \times 6500 = 1300$$

となります。1人当たりの支払いは 1300 円となります。

　ここでは 5 人の食事代の総和を求めるために，$\sum$ 記号の上に 5 と書きましたが，人数に関係なく計算式を適用できるようにデータの総数 n を用いて

$$\sum_{i=i}^{n} x_i$$

と記すことがあります。

1.3.2　2つの $\sum$ 記号

　表 1.2 に 5 人の昼食代と夕食代を示します。2 つの変数がありますから，1番の変数を昼食代として x_{i1} としました。ここでは i と 1 という 2 つの添え字がありますが，i が個人の番号，1 が変数の番号を表します。同様に，夕食代は 2 番の変数ですから x_{i2} としました。そして，表の最右列に $\sum$ 記号を用いて一人ひとりの昼食代と夕食代の和を求める式，最下段に 5 人の昼食代の総和と夕食代の総和を求める式を入れました。

　次に，5 人の昼食代と夕食代の総和を求めてみましょう。加算記号（＋）を使うと 5 人の総和は

$$\underbrace{x_{11} + x_{12}}_{\sum_{j=1}^{2} x_{1j}} + \underbrace{x_{21} + x_{22}}_{\sum_{j=1}^{2} x_{2j}} + \underbrace{x_{31} + x_{32}}_{\sum_{j=1}^{2} x_{3j}} + \underbrace{x_{41} + x_{42}}_{\sum_{j=1}^{2} x_{4j}} + \underbrace{x_{51} + x_{52}}_{\sum_{j=1}^{2} x_{5j}}$$

1.3 総和を表す $\sum$ 記号

表 1.2　5 人の昼食代と夕食代（円）

参加者番号（i）	昼食代（x_{i1}）	夕食代（x_{i2}）	合計
1	560	820	$\sum_{j=1}^{2} x_{1j}$
2	490	750	$\sum_{j=1}^{2} x_{2j}$
3	620	650	$\sum_{j=1}^{2} x_{3j}$
4	500	780	$\sum_{j=1}^{2} x_{4j}$
5	430	850	$\sum_{j=1}^{2} x_{5j}$
合計	$\sum_{i=1}^{5} x_{i1}$	$\sum_{i=1}^{5} x_{i2}$	$\sum_{i=1}^{5}\sum_{j=1}^{2} x_{ij}$

となります。これは i を 1 とした昼食代と夕食代の和，i を 2 とした昼食代と夕食代の和，という順に 5 人の昼食代と夕食代を加算しています。したがって，この計算式を $\sum$ 記号を使って表すと，

$$\sum_{i=1}^{5}\sum_{j=1}^{2} x_{ij}$$

となります。これが**表 1.2** の最下段の最右列に入っています。

1.3.3　$\sum$ 記号の性質

変数 x と変数 y の合計には

$$(x_1 + y_1) + (x_2 + y_2) + \cdots + (x_n + y_n)$$
$$= (x_1 + x_2 + \cdots + x_n) + (y_1 + y_2 + \cdots + y_n)$$

の関係があります。また，c を定数とすると

$$cx_1 + cx_2 + \cdots + cx_n = c(x_1 + x_2 + \cdots + x_n)$$

です。さらに，

$$\sum_{i=1}^{n} c = \underbrace{c + c + \cdots + c}_{n \text{ 個の } c} = nc$$

となり，特に c が 1 の場合は

$$\sum_{i=1}^{n} 1 = \underbrace{1 + 1 + \cdots + 1}_{n \, \text{個の} 1} = n$$

です。また，表 1.2 の変数 x のように i $(i = 1, 2, \cdots, n)$ と j $(j = 1, 2, \cdots, p)$ という 2 つの添え字がある場合，

$$\underbrace{x_{11} + x_{12} + \cdots + x_{1p}}_{i=1 \, \text{のとき}} + \underbrace{x_{21} + x_{22} + \cdots + x_{2p}}_{i=2 \, \text{のとき}} + \cdots + \underbrace{x_{n1} + x_{n2} + \cdots + x_{np}}_{i=n \, \text{のとき}}$$

$$= \underbrace{x_{11} + x_{21} + x_{31} + \cdots + x_{n1}}_{j=1 \, \text{のとき}} + \underbrace{x_{12} + x_{22} + x_{32} + \cdots + x_{n2}}_{j=2 \, \text{のとき}} + \cdots$$

$$+ \underbrace{x_{12} + x_{22} + x_{32} + \cdots + x_{np}}_{j=p \, \text{のとき}}$$

という関係がありますから，i と j のどちらを先に変えてもよいです。

以上をまとめますと，$\sum$ 記号には次の公式が成り立ちます。

$$\sum_{i=1}^{n} (x_i + y_i) = \sum_{i=1}^{n} x_i + \sum_{i=1}^{n} y_i \tag{1.1}$$

$$\sum_{i=1}^{n} c x_i = c \sum_{i=1}^{n} x_i \tag{1.2}$$

$$\sum_{i=1}^{n} c = nc \tag{1.3}$$

$$\sum_{i=1}^{n} 1 = n \tag{1.4}$$

$$\sum_{i=1}^{n} \sum_{j=1}^{p} x_{ij} = \sum_{j=1}^{p} \sum_{i=1}^{n} x_{ij} \tag{1.5}$$

1.4 本書で用いる基礎的計算

1.4.1 平方根

2 乗して 4 になる数の正の方を $\sqrt{4}$ と表します。2 を 2 乗すれば 4 ですから，$\sqrt{4}$ は 2 です。この $\sqrt{}$ 記号を**根号**（radical sign）といいます。a が正の数のとき，2 乗して a になる数を a の**平方根**（square root）といいます。負の数も

1.4 本書で用いる基礎的計算　　　9

2乗すれば正になりますから，a（> 0）の平方根は，$\sqrt{a}$ と $-\sqrt{a}$ です。この a の平方根の2つをまとめて $\pm\sqrt{a}$ と表記します。この $\pm$ 記号は**複号**（double sign）とよばれます。本書では単に平方根と書いた場合，正の平方根を指すことにします。

1.4.2 累乗と指数関数

同じ数や文字を繰返し掛け合わせることを**累乗**（power）もしくは**べき乗**（冪乗）とよび，ある数 b を n 回掛け合わせた

$$\underbrace{b \times b \times \cdots \times b}_{n \text{個の} b}$$

を b^n と表記して，b の n 乗とよびます。このとき，b を**底**（てい；base），n を**べき指数**（exponent）とよびます。ただし，$n = 0$ とするとき，つまり b^0 は1です。また，べき指数 n を $n = -1$ とする b^{-1} は

$$b^{-1} = \frac{1}{b}$$

のことで，b の**逆数**（inverse number, reciprocal）とよばれます。記述統計では，n を2（2乗，自乗），3，4とする計算が必要になります。

> **計算例**
>
> $$2^2 = 2 \times 2 = 4, \quad 2^3 = 2 \times 2 \times 2 = 8, \quad 2^{-2} = \frac{1}{2^2} = \frac{1}{4} = 0.25$$

1. 負の数の累乗

正の数は2乗しても，3乗しても，4乗しても正ですが，負の数の累乗には注意してください。負の数の偶数乗は正ですが，奇数乗は負になります。

> **計算例**
>
> $$(-3)^2 = (-3) \times (-3) = 9, \quad (-3)^3 = 9 \times (-3) = -27$$

任意の実数 x と b（$b > 0$，$b \neq 1$；$\neq$ は**等号否定**（not equal）とよばれ，両辺の値が等しくないことを意味します）により定義される

$$y = b^x \tag{1.6}$$

を b を底とする**指数関数**（exponential function）とよびます。x は正負の値を取りますが，y の値は常に正になります。心理統計の中で重要な指数関数は底 b を**ネイピア数**（Napier's constant）e（e はおおよそ 2.71828）とする

$$y = e^x \tag{1.7}$$

です。理論的分布の最も基本となる正規分布（p.48）は，この指数関数を用いて定義されています。なお，指数は英語で exponential といいますので，先頭の 3 文字を用いて指数関数は

$$y = \exp(x) \tag{1.8}$$

と表記されることがあります。

1.4.3 対　数

正の数 b（ただし，$b \neq 1$）と正の数 x，さらに数 a（負でもよい）があり，

$$x = b^a \tag{1.9}$$

の関係を満たすとき，

$$\log_b x = a \tag{1.10}$$

と表記して，これを b を**底**とする x の**対数**，そして，x を a の**真数**とよびます。b は正の数（ただし，$b \neq 1$）であればよいのですが，特に $b = 10$ とする対数を**常用対数**（common logarithm）とよび

$$\log_{10} x \tag{1.11}$$

と表記します。さらに，底 b の値をネイピア数 e（e はおおよそ 2.71828）とする対数を**自然対数**とよび

$$\log_e x \tag{1.12}$$

と表記します。自然対数は英語で natural logarithm ですから，エヌとエルを

使って $\ln x$ と表記することがあります。対数の計算には R や関数電卓を使います。

計算例

$$\log_{10} 1000 = 3, \quad \log_e 100 = 4.60517\cdots, \quad \log_e 1000 = 6.907755\cdots$$

1.5 R——計算ツールとして

本書は心理統計法の自学自習が可能なように無償のソフトウェア R を使った計算例を紹介しますので，ここで R の基礎を学びます。

1.5.1 R のインストール

R（The R Foundation for Statistical Computing, 2019）は統計的計算とグラフィックスのためのシステムです。心理学の分野でも R の人気が高まり，データ解析に R を用いた研究論文が増えてきました。本書では Windows 版の R を使います。

1. パッケージのインストールと読み込み

R には利用者が追加してインストールできる便利なパッケージ（プログラムの集まり）がありますので，ここでは openxlsx パッケージを用いて，パッケージの追加インストールと読み込み方法を説明します。インストールとはパソコンにパッケージを登録すること，読み込みとはパッケージを使える状態にすることです。インストールと読み込みの手順は次の通りです。

1. パッケージをインストールする場合は，R を管理者として実行します。
2. 使い慣れたエディタ（メモ帳やワードなど）に次の2行を書き，クリップボードにコピーして Rconsole にペーストします。# 記号とその後ろはコメントで，計算に影響しません。

```
install.packages("openxlsx", dependencies = TRUE)
library(openxlsx)   # 読み込み
```

1.5.2 Excel ブック (*.xlsx) ファイルを読み込む方法

5人の昼食代と夕食代.xlsx ファイルの1枚目のシートに図1.1のように
データ（表1.2）を入力します。シートの1行目は変数名（i, x1, x2；順に
番号，昼食代，夕食代）です。変数名に仮名漢字を使うことができますが，エ
ラーを避けるためには半角のアルファベットと数値を使う方がよいでしょう。

欠損値（欠測値；missing value）があるときはセルに NA と入れます。

	A	B	C
1	i	x1	x2
2	1	560	820
3	2	490	750
4	3	620	650
5	4	500	780
6	5	430	850

図 1.1　5人の昼食代と夕食代を保存したエクセルファイル

■命令文（先頭の数値と：記号は説明のためのものです）

次の命令文をエディタに書き，クリップボードにコピーして Rconsole へ
ペースト（貼り付け）します。ただし，先頭の数値とコロンは便宜的に付けて
いますので，エディタへ書き込む必要はありません。

```
1: library(openxlsx)          # パッケージの読み込み
2: setwd("K:/データファイル")   # ディレクトリの変更
3: mydata <- read.xlsx("5人の昼食代と夕食代.xlsx")
4: mydata                      # 内容の画面表示
```

■命令文の意味

1: openxlsx パッケージ（p.11）の read.xlsx() 関数を使いますので，
このパッケージを読み込んでいないときは，この1行を実行します。

2: 5人の昼食代と夕食代.xlsx ファイルが保存されているディレクトリ（フォ
ルダ）を指定します。これをディレクトリの変更といいます。ここでは，K
ドライブのデータファイルディレクトリに5人の昼食代と夕食代.xlsx
ファイルが保存されているとしますので，setwd("K:/データファイル" とし

1.5 R——計算ツールとして   13

てディレクトリを変更します。setwd() はディレクトリを変更するための関数です。

3: read.xlsx() 関数を用いて **5人の昼食代と夕食代**.xlsx ファイルを読み込み，mydata に代入します。ファイル名を半角の二重引用符（"）で挟みます。

4: mydata に代入されているデータが画面に表示されます。以上の手順で作成された mydata は**データフレーム**とよばれます。

■実 行 結 果

```
> mydata                        # 内容の画面表示
  i  x1   x2
1 1 560  820
2 2 490  750
3 3 620  650
4 4 500  780
5 5 430  850
```

■補 足 説 明

(1) read.xlsx() 関数の引数を file.choose() とすると**ファイルを選択**ウィンドウを開きますので，ファイル名の一覧から読み込むファイルを選択することができます。

```
mydata <- read.xlsx(file.choose())

mydata                          # 内容の画面表示
```

1.5.3 R の基本的演算子

基本的な演算とそれを実行する R の演算子，また，その使用例と結果を**表1.3** に示します。演算記号と数値の両脇には半角スペースを入れましたが，なくても構いません。正の数 b の平方根は $\sqrt{b}$ と $-\sqrt{b}$ の2つありますが（p.8），sqrt(b) とした場合，正の平方根のみを返してきます。

第1章　心理統計法を学ぶ準備をする

表 1.3　基本的な演算子と使用例

演算	演算子	使用例	結果
足し算	+	2+3	5
引き算	-	9-2	7
掛け算	*	3*9	27
割り算	/	10/2	5
累乗	^	5^2	25
累乗	**	5**2	25
絶対値	abs( )	abs(3-10)	7
平方根	sqrt( )	sqrt(5)	2.236068
自然対数	log( )	log(10)	2.302585
常用対数	log10( )	log10(20)	1.30103
指数	exp( )	exp(2)	7.389056

参 考 図 書

南風原 朝和（2002）. 心理統計学の基礎——統合的理解のために——　有斐閣

池田 央（編著）（1989）. 統計ガイドブック　新曜社

石井 秀宗（2014）. 人間科学のための統計分析——こころに関心があるすべての人の
　　ために——　医歯薬出版

岩原 信九郎（1965）. 新訂版　教育と心理のための推計学　日本文化科学社

川端 一光・荘島 宏二郎（2014）. 心理学のための統計学入門——ココロのデータ分
　　析——　誠信書房

水野 欽司（1996）. 多変量データ解析講義　朝倉書店

森 敏昭・吉田 寿夫（編著）（1990）. 心理学のためのデータ解析テクニカルブック
　　北大路書房

村井 潤一郎（2013）. はじめての R——ごく初歩の操作から統計解析の導入まで
　　——　北大路書房

村井 潤一郎・柏木 惠子（2018）. ウォームアップ心理統計　補訂版　東京大学出版会

中村 知靖・松井 仁・前田 忠彦（2006）. 心理統計法への招待——統計をやさしく学
　　び身近にするために——　サイエンス社

西村 純一・井上 俊哉（2016）. これから心理学を学ぶ人のための研究法と統計法
　　ナカニシヤ出版

緒賀 郷志（2010）. R による心理・調査データ解析　東京図書

芝 祐順・南風原 朝和（1990）. 行動科学における統計解析法　東京大学出版会

芝田 征司（2017）. 数学が苦手でもわかる心理統計法入門——基礎から多変量解析ま
　　で——　サイエンス社

繁桝 算男・柳井 晴夫・森 敏昭（編著）（2008）. Q & A で知る統計データ解析——
　　DOs and DON'Ts——　第 2 版　サイエンス社

高野 陽太郎・岡 隆（編）（2017）. 心理学研究法　補訂版——心を見つめる科学のま
　　なざし——　有斐閣

山田 剛史（編著）（2015）. R による心理学研究法入門　北大路書房

山田 剛史・村井 潤一郎（2004）. よくわかる心理統計　ミネルヴァ書房

山田 剛史・杉澤 武俊・村井 潤一郎（2008）. R によるやさしい統計学　オーム社

山内 光哉（2010）. 心理・教育のための統計法　第 3 版　サイエンス社

柳井 晴夫・岩坪 秀一（1976）. 複雑さに挑む科学——多変量解析入門——　講談社

16 第 1 章 心理統計法を学ぶ準備をする

吉田 寿夫（1998）. 本当にわかりやすいすごく大切なことが書いてあるごく初歩の統
計の本　北大路書房

復 習 問 題

1. 次の測定値の測定水準は何でしょうか。

   （a）背番号，（b）反応時間，（c）試験の得点，（d）カレンダーの日付，（e）速度，
   （f）面接の評定値

2. 次式が成り立つことを表 1.2 の数値を用いて確認してください。

   $$(1)\quad \sum_{i=1}^{n}(x_{i1}+x_{i2}) = \sum_{i=1}^{n}x_{i1} + \sum_{i=1}^{n}x_{i2} \qquad (2)\quad \sum_{i=1}^{n}3x_{i1} = 3\sum_{i=1}^{n}x_{i1}$$

   $$(3)\quad \sum_{i=1}^{n}(x_{i1}x_{i2}) \neq \sum_{i=1}^{n}x_{i1}\sum_{i=1}^{n}x_{i2} \qquad (4)\quad \sum_{i=1}^{n}x_{i1}^2 \neq \left(\sum_{i=1}^{n}x_{i1}\right)^2$$

3. 表 1.1 に示す 5 人の食事代を用いて次の値（分散とよばれる値です；式 (3.5)）を
   求めてください。ただし，$\bar{x}$ は 5 人の食事代の平均値です。

   $$\frac{1}{5}\sum_{i=1}^{5}(x_i - \bar{x})^2 \tag{1.13}$$

4. 式 (1.13) の値を求める R の命令文を作成してください。

第 **2** 章

度数分布表と統計グラフを理解する

　研究を遂行するために収集した資料をデータといいます。私たちはデータから
重要な情報を抽出したり，研究仮説を検証しますが，大量のデータをそのまま眺
めただけでは，情報抽出も仮説検証もできません。心理統計法では，分析の第一
歩として変数の特徴を調べます。本章では，主に量的変数の特徴を調べるための
度数分布表と統計グラフについて学びます。

2.1　度数分布表とヒストグラム

2.1.1　度数分布表

　表 2.1 に示す数値は 50 名のテスト得点です。少し時間をかけて全体を眺め
ると最低点が 16 点，最高点が 84 点，そして，40 点から 60 点までが全体の過
半数を占めているということがわかります。50 名くらいのデータですと，こ
のように全体を眺めることで，おおよその傾向をつかむことはできますが，人
数や変数が増えると容易に全体の傾向を読み取ることはできません。ましてや
得点の持つ特徴を正確に他者へ伝えることはできません。そのため，一定の規
則に従ってデータを整理することが必要になります。その最も基本となるのが
度数分布表（frequency distribution table）です。

　度数分布表は変数が取り得る値について，その出現数，つまり**度数**
（frequence）を数えて一覧表としたものです。表 2.1 に示す得点の場合，テス
トの満点は 100 点ですから，0 点から 100 点まで 1 点刻みで出現数を数えれば
度数分布表を作ることができます。つまり，0 点から 15 点は 0 名，16 点が 1
名，17 点から 25 点が 0 名，26 点が 1 名，27 点と 28 点は 0 名，29 点が 1 名，
…，81 点が 0 名，82 点と 83 点は 0 名，84 点が 1 名，85 点以上は 0 名ですか

第 2 章　度数分布表と統計グラフを理解する

表 2.1　50 名の得点

60	44	41	26	39	59	42	54	45	44
56	70	84	52	66	48	39	49	50	61
46	47	56	45	81	67	47	55	76	78
59	47	29	16	55	51	54	79	51	46
36	47	55	32	46	52	35	49	32	52

ら，これを数表にまとめればよいです。しかし，1 点刻みで全体の特徴を読み取ることは容易ではありませんから，**階級**（**級間**，**クラス**；class，**ビン**；bin）とよばれる区間を設け，その範囲に入る人数を数えて数表としてまとめます。

表 2.2 は階級の範囲を 10 点として作成した度数分布表です。ここでは階級を表すために丸括弧「(」と角括弧「]」を用いています。丸括弧は脇の値を含まず，角括弧は脇の値を含みますので（国際規格でそのように定められています），階級欄に示す「$(a, b]$」は得点が「a よりも大きく，b 以下」の範囲を意味します。したがって，各階級の度数は 10 点以下が 0，11 点から 20 点が 1，21 点から 30 点が 2，…，81 点から 90 点が 2，91 点以上が 0 ということです。

表 2.2　50 名の得点の度数分布表

階級	度数	累積度数	相対度数（%）	累積相対度数（%）
(0, 10]	0	0	0	0
(10, 20]	1	1	2	2
(20, 30]	2	3	4	6
(30, 40]	6	9	12	18
(40, 50]	17	26	34	52
(50, 60]	15	41	30	82
(60, 70]	4	45	8	90
(70, 80]	3	48	6	96
(80, 90]	2	50	4	100
(90, 100]	0	50	0	100
合計	50		100	

全階級の度数を見ると，このテストでは 40 点から 60 点が全体の 32 名を占めていること，30 点以下が 3 名，70 点よりも大きい人が 5 名，さらに，50 点くらいを中心としてほぼ左右対称に得点が散らばっていることが読み取れます。なお，ここでは国際規格で定める記号を用いて階級を表しましたが，階級の表

し方に厳格な規則はありませんから，階級に入る実際の値（**得点限界**）を用いて「0 から 10」，「11 から 20」などとしてもよいですし，「0〜10」，「11〜20」などとすることもできます。

階級の境となる値は**境界値**（**真の限界**；real limit）とよばれます（**図 2.1**）。例えば，階級「(20, 30]」と「(30, 40]」と「(40, 50]」の得点限界は，それぞれ「21〜30」と「31〜40」と「41〜50」ですから，「(20, 30]」と「(30, 40]」の境界値は 30.5，「31〜40」と「41〜50」の境界値は 40.5 です。各階級には 2 つの境界値があり，小さい方は下の境界値（**真の下限**；real lower limit），大きい方は上の境界値（**真の上限**；real upper limit）とよばれます。階級 (30, 40] の 2 つの境界値は 30.5 と 40.5 です。

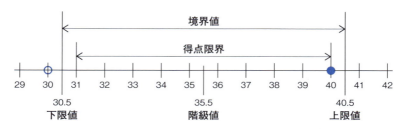

図 2.1 階級 (30, 40]（30 よりも大きく，40 以下）の階級値と境界値と得点限界

また，階級の中心となる値（上下の境界値の平均値です）は**階級値**（**中間点**；midpoint）とよばれます。階級「(30, 40]」の階級値は 35.5（= (30.5 + 40.5)/2）です。階級値を用いて度数分布表の階級を表すこともあります。

度数分布表には**累積度数**を記載することがあります。累積度数とは小さい方の階級から度数を累積した値です。例えば，20 以下の度数が 1，21 から 30 の度数が 2 ですから，階級「(10, 20]」の累積度数は 3（= 1 + 2）です。また，**表 2.2** のように**相対度数**（%）（relative frequency）と**累積相対度数**（%）（cumulative relative frequency）を度数分布表に記載することがあります。相対度数（%）は総度数を 100% として各階級の度数を%で表した値，累積相対度数（%）は相対度数（%）を累積した値です。ここでは相対度数をパーセントに変換していますが，総和を 1 とする割合をそのまま記載してもよいです。

1. スタージェスの公式

階級の数を決める方法として**スタージェス**（Sturges, H.）**の公式**が知られています。測定値の総数を n とするとき，次式によって階級の数 k を与えます。

$$k = 1 + \frac{\log_e n}{\log_e 2} \tag{2.1}$$

k は階級の数ですから，測定値の最大値から最小値を引いて k で割り，階級の幅とします。また，$\sqrt{n}$ を階級の数 k の目安にすることもできます。

2. 閉区間と開区間と半開区間

表 2.3 に数の区間をまとめました。階級として**閉区間**（両端の値を含む区間；closed interval）を用いてしまうと境界値が 2 つの階級で重複し，**開区間**（両端の値を含まない区間；open interval）ではいずれの階級にも入らない値が出ますので，階級には**半閉区間**（一方の端を含む区間；half-closed interval）を用います。半閉区間は**表 2.3** に示すように 2 つあり，**表 2.2** では $(a, b]$ を用いましたが，$[a, b)$ でも構いません。

表 2.3　閉区間と開区間と半開区間の意味

記号	等・不等号による表現	意味	よび方
$[a, b]$	$a \leq x \leq b$	a 以上，b 以下	閉区間
$(a, b]$	$a < x \leq b$	a よりも大きく，b 以下	半閉区間
$[a, b)$	$a \leq x < b$	a 以上，b 未満	半閉区間
(a, b)	$a < x < b$	a よりも大きく，b 未満	開区間

2.1.2　Rを用いた度数分布表の作成

表 2.1 に示す 50 名のテスト得点を使って手順を説明します。50 名の得点を**図 2.2** に示すように A 列へ代入しておきます。

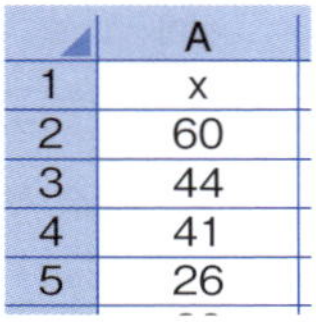

図 2.2　50 名の得点を保存したエクセルファイル

2.1 度数分布表とヒストグラム 21

■命令文（先頭の数値と：記号は説明のためのものです）

```
 1: library(openxlsx)
 2: setwd("K:/データファイル")
 3: mydata <- read.xlsx("50名の得点.xlsx")
 4: kugiri <- c(0, 10, 20, 30, 40, 50, 60, 70, 80, 90, 100)
 5: dosuu <- table(cut(mydata$x, kugiri)) # 度数分布の作成
 6: dosuu                                  # 度数分布の確認
 7: ruisekido <- cumsum(dosuu)            # 累積度数
 8: soutaido <- dosuu / sum(dosuu) * 100  # 相対度数
 9: ruisekipa <- cumsum(dosuu) / sum(dosuu) * 100 # 累積%
10: cbind(dosuu, ruisekido, soutaido, ruisekipa)  # 束ねる
```

■命令文の意味

4: 階級の区切り点を 0 点から 100 点までの 10 点刻みとし，kugiri に代入します。なお，seq() 関数は seq(a, b, c) とすることにより，a から b まで c 点刻みの数列を作りますので，この 1 行は kugiri <- seq(0, 100, 10) としてもよいです。

5: cut(mydata$x, kugiri) として個々の得点が入る階級をコード化します。cut() 関数の第 1 引数には mydata$x として変数名 x を指定します。第 2 引数は階級の区切り点を入れた変数名です。累積度数，相対度数，累積相対度数を求めますので，table() 関数の処理結果を dosuu に代入しておきます。

7: cumsum() 関数は数列の数値（ここでは度数）を累積する関数です。

8: 相対度数（％）を求めます。

10: cbind() 関数は縦に並ぶ複数の数列（dosuu, ruisekido, soutaido, ruisekipa）を横へ束ねます。

■実 行 結 果

(20,30] の度数が 2 ということがわかります。表 2.2 はこの出力をコピーして作成したものです。

22　第 2 章　度数分布表と統計グラフを理解する

```
> cbind(dosuu, ruisekido, soutaido, ruisekipa)
         dosuu ruisekido soutaido ruisekipa
(0,10]       0         0        0         0
(10,20]      1         1        2         2
(20,30]      2         3        4         6
(30,40]      6         9       12        18
(40,50]     17        26       34        52
(50,60]     15        41       30        82
(60,70]      4        45        8        90
(70,80]      3        48        6        96
(80,90]      2        50        4       100
(90,100]     0        50        0       100
```

■補 足 説 明

（1）0 点を最小の階級に入れる場合は include.lowest = TRUE を追加します。
これで最小の階級が [0, 10]（0 以上，10 以下）となります。

```
table(cut(mydata$x, kugiri, include.lowest = TRUE))
```

（2）[a, b)（a 以上，b 未満）という半閉区間の階級を作る場合は，

```
table(cut(mydata$x, kugiri, right = FALSE,
        include.lowest = TRUE))
```

とします。最大の階級は [90, 100]（90 以上，100 以下）となります。

2.1.3　ヒストグラム

　変数の分布の状態は度数分布表で読み取ることができますが，ヒストグラム
（棒グラフ，柱状グラフ：histogram）とよばれるグラフで表示すると，さらに
わかりやすくなります。図 2.3 に示す長方形を並べたグラフが表 2.1 に示した
得点のヒストグラムです。長方形の位置と横幅が階級の位置と幅，縦軸の値が
度数です。図 2.3 を見ると，一瞬で得点分布の状態がわかります。縦軸の目盛
りを相対度数（％）とすることがあります。

　図 2.3 のヒストグラムでは，階級の区切り点として用いた値が棒の両端に位
置しますので，このままでは，10 点，20 点，30 点などがどの階級に入るのか

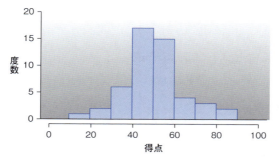

図 2.3　50 名の得点のヒストグラム

わかりません。このようなときは階級が $(a, b]$ という半閉区間であることを本文もしくは図中へ記載しておくとよいです。あるいは，図 2.4 のように横軸へ階級値を入れて，得点が入る階級を正確に読者へ伝えます。たとえば，階級値が 15.5 と 25.5 の棒の境界値は $(25.5 - 15.5)/2 = 20.5$ となりますから，20 は下の階級に含まれることになります。

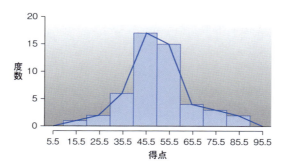

図 2.4　階級値を入れたヒストグラムと度数多角形

その図 2.4 には，ヒストグラムを表す長方形の上辺の各中点を順に線分で結んだグラフを重ねました。ただし，左端の階級 [0, 10] と右端の階級 (90, 100] に入る得点はありませんから，度数を 0 として線分で結んでいます。このような折れ線で度数分布を表すグラフは**度数多角形**（**度数ポリゴン**，**度数分布多角形**，**折れ線グラフ**，**度数折れ線**；frequency polygon）とよばれます。図 2.4 にはヒストグラムと度数多角形を示しましたが，実際の報告書ではいずれか一方

24 　　　　　第 2 章　度数分布表と統計グラフを理解する

でよいです。

2.1.4　R を用いたヒストグラムの作成

ヒストグラムを作成する関数は hist() 関数です。作成例を次に示します。

■命令文（先頭の数値と：記号は説明のためのものです）

```
1: library(openxlsx)
2: setwd("K:/データファイル")
3: mydata <- read.xlsx("50名の得点.xlsx")
4: kugiri <- seq(0, 100, 10) # 境界値
5: hist(mydata$x, breaks = kugiri, col = "gray",
        xlim = c(0, 100), ylim = c(0, 20),
        xlab = "得点", ylab = "度数", main = "")
```

■命令文の意味

5: 得点を入れた変数 mydata$x と kugiri を hist() 関数へ渡します。階級は左を開き，右を閉じる半閉区間，つまり (a,b] が標準設定です。hist() 関数は include.lowest = TRUE が標準設定になっています。

■実 行 結 果

図 2.3 の通りです。

2.1.5　カーネル密度推定

ヒストグラムはひと目で分布の状態を知ることができますが，階級値と得点限界の取り方によって分布の状態が異なって見えることがあります。また，ヒストグラムにデコボコができてしまい，滑らかな分布形をイメージしにくいことがあります。もちろん，種々の統計量に基づいて理論分布を当てはめれば滑らかな 1 つの分布を描くことはできますが，理論分布が測定値の分布に適合するとは限りません。これに対し，**カーネル密度推定**（kernel density estimation）は個々の測定値がその値の相対度数（正確には密度）のみを決めるだけではなく，他の値の相対度数の推定にも寄与しますので，結果的に滑らかな分

布を描くことができます (p.28)。

2 つのピークを持つ分布（双峰分布とよばれます）から 200 名を抽出して作成したヒストグラムを図 2.5 に示します。ヒストグラムから双峰分布であることを確認できますが，30 以下ではデコボコが見られます。また，実線の曲線はカーネル密度推定を用いて作成した分布，破線の曲線は素データへ当てはめた正規分布（p.48）です。正規分布は元の分布に適合していませんが，カーネル密度推定は滑らかな双峰分布を表現できていることがわかります。

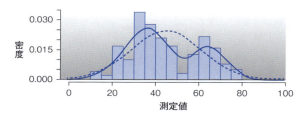

図 2.5　ヒストグラムとカーネル密度推定（実線）と正規分布（破線）

2.2　名義もしくは順序尺度をなす変数の度数分布表

名義尺度をなす変数のカテゴリに順番はありませんが，カテゴリに何らかの理由で順番付けをしている場合，その順番に従ってカテゴリを並べるとよいです。例えば，男子 30 名と女子 35 名に好きな季節を尋ねたとき，季節を「春，夏，秋，冬」の順に並べて表 2.4 のようにまとめます。ただし，度数の大きさを意図的に伝えたいときは，度数の大きいカテゴリから順に並べます。

表 2.4　名義尺度をなす変数の度数分布表の例

季節	男子 度数	相対度数 (%)	女子 度数	相対度数 (%)
春	9	30.0	9	25.7
夏	6	20.0	9	25.7
秋	12	40.0	15	42.9
冬	3	10.0	2	5.7
計	30	46.2	35	53.8

26 第2章 度数分布表と統計グラフを理解する

また，学期末成績の評定（良い方からA+，A，B，C，D，E）のように順序尺度に従う変数の場合は，表2.5のようにカテゴリを順序通りに並べて度数分布表を作成します。順序尺度をなす変数ではカテゴリの順番を崩して作表すべきではありません。また，順序尺度に従う変数の場合は度数だけではなく，累積度数や累積相対度数（％）を度数分布表へ載せることもあります。

表2.5　順序尺度をなす変数の度数分布表の例

評定	1クラス			2クラス		
	度数	相対度数 (%)	累積相対度数 (%)	度数	相対度数 (%)	累積相対度数 (%)
A+	3	8.1	8.1	4	10.3	10.3
A	8	21.6	29.7	8	20.5	30.8
B	12	32.4	62.2	13	33.3	64.1
C	11	29.7	91.9	9	23.1	87.2
D	2	5.4	97.3	3	7.7	94.9
E	1	2.7	100.0	2	5.1	100.0
計	37	48.7		39	51.3	

相対度数（％）は小数点以下第2位を四捨五入した値です。

表2.5の2クラスの相対度数（％）は小数点以下第2位を四捨五入していますので，合計しても100にはなりません。総度数が少なかったり，カテゴリ（量的変数の場合は階級）が多いとき，このような不一致が起きやすくなります。相対度数（％）の合計が100にならないときの表示方法については様々な意見があります（山口, 2015）。ここでは，表に注を入れることで相対度数（％）の総和が100になるとは限らないことを表しました。

2.2.1　Rを用いた棒グラフの作成

一般に量的変数のヒストグラムでは度数を表す長方形の間に隙間を入れませんが（図2.3），名義尺度に従う変数の度数や相対度数を棒グラフで表す場合は長方形の間に隙間を入れます。一方，順序尺度をなす変数の場合も原則として長方形の間に隙間を入れますが，間隔尺度と見なして統計解析を施す場合は隙間を入れなくてもよいです。

2.2 名義もしくは順序尺度をなす変数の度数分布表

ここでは表 2.4 に示す相対度数（％）を使い，barplot()関数を用いた棒グラフの作成手順を説明します。

■**命令文（先頭の数値と：記号は説明のためのものです）**

```
1: danshi <- c(30.0, 20.0, 40.0, 10.0) # 男子
2: joshi  <- c(25.7, 25.7, 42.9,  5.7) # 女子
3: par(mai=c(0.5, 1.0, 0.5, 0.5)) # 余白の指定（下，左，上，右の順）
4: dosuu <- rbind(danshi, joshi)
5: dosuu
6: barplot(dosuu, beside = TRUE,
           names.arg = c("春", "夏", "秋", "冬"),
           ylab = "相対度数（％）", ylim = c(0, 50),
           legend.text = c("男子", "女子"),
           cex.lab=1.5, cex.axis=1.5, cex.names=1.5)
```

■**命令文の意味**

4: 男子と女子の相対度数（％）を並べた棒グラフを作りますので，rbind(danshi, joshi) として男子の数値を第 1 行，女子の数値を第 2 行として束ね，dosuu へ代入します。

6: カテゴリごとに男女の度数を並べますので，beside = TRUE とします。

■**実 行 結 果**

結果は図 2.6 の通りです。

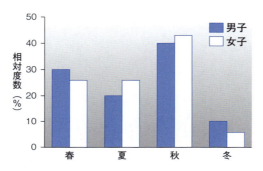

図 2.6　名義尺度をなす変数の棒グラフの例

コラム2.1 カーネル密度推定

　カーネル密度推定のポイントは2つあります。一つは個々の測定値が他の値の密度にどのように寄与するか，それを何らかの分布を用いて設定することです。このとき，分布の形を定める関数が**カーネル関数**（kernel function）です。もう一つは個々の測定値がどれくらいの幅で寄与するかを決めることです。この幅は**バンド幅**（bandwidth）とよばれます。

　Rではカーネル密度推定を行う関数として stats パッケージの density() 関数が標準でインストールされます。この関数はカーネル関数として正規分布，Epanechnikov 分布，一様分布，三角分布，4次分布などを利用することができます。また，バンド幅としてシルバーマン（Silverman）の経験則，スコット（Scott）の方法，クロスバリデーション法を利用することができます。図2.5 を作成するために用いた命令文は次の通りです。mydata に 200 名の素データが代入されています。カーネル密度推定には density() 関数を使用しました。

```
x <- seq(0, 100, 0.1)
y <- dnorm(x, mean(mydata), sd = sd(mydata))
par(mai=c(1.0, 1.0, 0.5, 0.5))
hist(mydata, breaks = round(sqrt(length(mydata))),
     probability = TRUE, xlim = c(0, 100), ylim = c(0, 0.035),
     xlab = "測定値", ylab = "密度", main = "",
     cex = 1.5, cex.lab = 1.5, cex.axis = 1.5, col ="gray")
lines(x, y, lwd = 2, lty = 2)
lines(density(mydata), lwd = 2)
```

　Rには他にもカーネル密度推定を行うパッケージとして GenKern, kerdiest, KernSmooth, ks, np, plugdensity, sm などがあります（Deng & Wickham, 2011）。主な違いはバンド幅の選択方法にあります。

参 考 図 書

第 1 章の参考図書を参照してください。

復 習 問 題

1. 「1 カ月に 1 冊も本を読まなかった人の割合」を**表 2.6** に示します。不読率（%）の推移を示す折れ線グラフを作成してください。

表 2.6　年齢別の不読率（%）

調査年度	年齢				
	20 歳代	30 歳代	40 歳代	50 歳代	60 歳代
2000 年度	32	29	27	37	43
2005 年度	38	38	40	43	48
2010 年度	44	39	42	44	49
2015 年度	45	40	44	45	51

2. ヒストグラムは棒の長さで度数を表しますが，測定値の数値を並べ，その数で度数を表すヒストグラムとして**幹葉表示**（**幹葉図**：stem and leaf display）があります。**表 2.1** の測定値を用いて幹葉表示を作成してください。

第3章
分布を表す記述的指標を理解する

変数の分布の状態は前章で学んだ度数分布表，ヒストグラム，度数多角形などで知ることができます。しかし，このような図表は大きなスペースを取りますので，多数の変数の分布を一度に報告することは現実的ではありません。また，研究仮説を検証するためには図表に代わる統計量が必要になります。そこで，本章では量的変数の分布の状態を記述する統計的な指標について学びます。

3.1 代 表 値

3.1.1 平 均 値

表 3.1 に 8 変数の測定値を示します（$n = 40$）。変数 x_1 と x_2 のヒストグラムを図 3.1 に示し，ヒストグラムの上に平均値と標準偏差が等しい**正規分布**（normal distribution, p.48）を重ねて描きました。正規分布は理論分布の一つで，平均値を中心として左右対称に分布します。

さて，代表値とは量的な変数の分布を代表する値ですが，この 2 つの変数の代表値はいくらにすればよいでしょうか。一般に図 3.1 の 2 変数のようにほぼ左右対称に分布する変数では平均値を使います。ある変数の個人 i の測定値を x_i とするとき，**平均値**（mean）$\bar{x}$ は

$$\bar{x} = \frac{1}{n} \sum_{i=1}^{n} x_i \tag{3.1}$$

と定義されます。ここで n は総数です。「¯」という記号は x に乗せて x の平均値であることを表し，$\bar{x}$ をエックスバーと読みます。平均値が分布の代表値として適切であるのは，ヒストグラムを天秤に乗せて 1 点で支えたとき，バラン

第3章 分布を表す記述的指標を理解する

表 3.1 8 変数の測定値

i	x_{i1}	x_{i2}	x_{i3}	x_{i4}	x_{i5}	x_{i6}	x_{i7}	x_{i8}
1	33	58	42	44	39	43	31	39
2	39	81	58	57	64	53	59	53
3	27	56	53	40	44	49	82	55
4	33	67	59	63	36	36	53	23
5	43	71	63	70	36	33	63	49
6	33	55	48	55	39	54	36	63
7	26	56	41	37	45	45	49	27
8	32	60	57	52	40	54	20	74
9	41	53	52	55	54	52	55	58
10	26	55	50	34	37	41	71	64
11	40	62	49	64	37	52	44	31
12	33	67	34	58	47	20	49	73
13	32	39	48	35	42	49	42	56
14	50	51	46	36	63	51	53	33
15	27	70	54	61	38	51	48	29
16	20	57	56	63	73	33	41	69
17	41	76	51	80	43	52	62	41
18	26	55	50	53	47	43	52	46
19	21	78	55	40	49	20	47	27
20	42	45	38	57	41	41	46	70
21	17	42	43	54	40	52	41	82
22	34	35	54	49	42	42	53	38
23	33	56	55	39	50	42	46	64
24	31	55	59	62	36	45	54	45
25	37	61	53	74	49	53	50	19
26	32	71	49	42	37	49	49	43
27	18	71	41	60	39	54	50	35
28	36	69	37	30	37	43	47	48
29	38	44	54	39	46	45	50	39
30	35	62	42	69	74	54	47	73
31	38	71	45	51	62	48	62	30
32	57	60	47	50	40	54	50	80
33	49	52	58	60	36	42	46	61
34	31	64	43	24	37	47	49	34
35	40	60	48	22	46	54	51	66
36	33	78	53	54	57	47	45	79
37	43	49	60	76	42	51	54	65
38	3	55	68	47	40	10	52	57
39	19	70	65	45	41	52	48	70
40	41	56	56	16	37	42	56	22

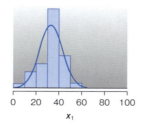 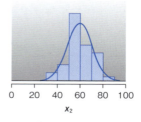

図 3.1 変数 x_1 と x_2 のヒストグラム

スを取れる値が平均値だからです。平均値は間隔尺度もしくは比率尺度をなす変数に適用できます。

計算例

表 3.1 に示す変数 x_1 と変数 x_2 の平均値は，

$$\bar{x}_1 = 33.250, \quad \bar{x}_2 = 59.825$$

です。平均値は図 3.1 に見られる分布の違いを適切に表現できています。

また，分布を代表する値として個々の測定値の近さを基準として選ぶこともできます。ある値 c と個々の測定値との近さを $(x_i - c)^2$ とします。x_i と c の値が近いほど $(x_i - c)^2$ は小さくなりますので（負にはなりません），この近さの合計

$$Q_1 = \sum_{i=1}^{n}(x_i - c)^2 \tag{3.2}$$

を最小にする c を代表値とすることが考えられます。c の値は，式 3.2 を c に関して微分し，結果をゼロとおいた方程式を解くことによって得られます。結論を書きますと

$$c = \frac{1}{n}\sum_{i=1}^{n}x_i = \bar{x} \tag{3.3}$$

となり，c は平均値と一致します。例えば「1，2，4，5，9」の平均値は 4.20，このときの Q_1 は 38.80 です。

3.1.2 中央値

ある値 c と個々の測定値との近さとして $|x_i - c|$（差の絶対値）を使い，

$$Q_2 = \sum_{i=1}^{n}|x_i - c| \tag{3.4}$$

を最小にする c を代表値とすることができ，このときの c は**中央値**（median）とよばれます。本書では変数 x の中央値を $Med(x)$ や $Mdn(x)$ のように表記し

34 第 3 章 分布を表す記述的指標を理解する

ます。中央値は間隔尺度もしくは比率尺度をなす変数に適用できます。

測定値の数が奇数の場合，測定値を大きさの順に並べたとき中央に位置する値が Q_2 の値を最小にしますので，例えば「1，2，4，5，9」の中央値は 4 です。また，測定値の数が偶数の場合，測定値を大きさの順に並べたとき，小さい方から $n/2$ 番目と $n/2+1$ 番目の値および，その間の値が Q_2 を最小にしますので，中央値として複数の候補がありますが，$n/2$ 番目と $n/2+1$ 番目の値の平均値を中央値とすればよいでしょう。例えば，「1，2，4，5，9，12」の場合は $(4+5)/2 = 4.5$ を中央値とします。

計算例

表 3.1 に示す変数 x_1 と変数 x_2 の中央値は，n が偶数ですから，小さい方から 20 番目と 21 番目の値の平均値を取り，

$$Med(x_1) = \frac{33+33}{2} = 33.000, \quad Med(x_2) = \frac{58+60}{2} = 59.000$$

です。

ところで，他の測定値から極端に離れて分布している値を**外れ値**（outlier）といいます。外れ値の影響を受けるかどうかを外れ値に対する**抵抗性**といいますが，平均値は外れ値に対して抵抗性が低く，中央値は高いという特徴があります。例えば，「1，2，4，5，9，12」の 12 を 20 へ変えると平均値は 4.20 から 6.83 へ大きく変わりますが，中央値は 4.50 のままです。

3.2 散 布 度

3.2.1 分 散

表 3.1 の変数 x_3 と x_4 のヒストグラムに正規分布を重ねた図を図 3.2 に示します。2 変数の平均値は $\bar{x}_3 = 50.85$，$\bar{x}_4 = 50.43$，また，中央値は $Mdn(x_3) = 51.5$，$Mdn(x_4) = 52.5$ ですから，分布の代表値に大きな違いはありません。ところが，変数 x_3 の測定値が 34〜68 という狭い範囲で分布しているのに対し，x_4 は 16〜80 という広い範囲で分布しています。分布の広がりを**散布度**（ばら

つき；dispersion）といいますが，この 2 変数のように代表値がほぼ等しくても散布度が異なることありますので，それを記述する指標が必要になります。

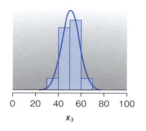 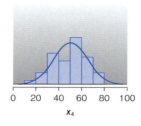

図 3.2　変数 x_3 と x_4 のヒストグラム

基本となる散布度の指標は次式で定義される**分散**（variance）$s^2(x)$ です。

$$s^2(x) = \frac{1}{n}\sum_{i=1}^{n}(x_i - \bar{x})^2 \tag{3.5}$$

定義式にある $(x_i - \bar{x})^2$ は $|x_i - \bar{x}|$ を 1 辺の長さとする正方形の面積に等しいですから，分散は正方形の平均面積です。したがって，測定値が平均値を中心として幅広く分布している変数ほど分散は大きくなります。

先に代表値を定義するとき，代表値と個々の測定値の近さに着目した式 (3.2) を基準としましたが，基準値 Q_1 を最小とする c は平均値でした。式 (3.2) と式 (3.5) を見比べるとわかりますが，分散は基準値 Q_1 を総数 n で割った値です。

式 (3.5) で定義される分散の他に，

$$u^2(x) = \frac{1}{n-1}\sum_{i=1}^{n}(x_i - \bar{x})^2 \tag{3.6}$$

と定義される分散があります。式 (3.6) で定義される分散は**不偏性**（unbiasedness）という統計的な性質を有することから，**不偏分散**（unbiased variance）とよばれます。本書では，式 (3.5) で定義される変数 x の分散を $s^2(x)$，不偏分散を $u^2(x)$ と表記します。R や他の多くの統計ソフトウェアは分散として不偏分散を算出します。この 2 つの分散の大きさには次の関係があります。

36   第 3 章　分布を表す記述的指標を理解する

$$u^2(x) \geq s^2(x) \tag{3.7}$$

計算例

先の計算例に用いた「1, 2, 4, 5, 9」の平均値は 4.20, そのときの Q_1 は 38.80 でしたから, 分散は

$$s^2(x) = \frac{38.80}{5} = 7.760, \quad u^2(x) = \frac{38.800}{5-1} = 9.700$$

です。また, 表 3.1 の変数 x_3 と x_4 の分散は

$$s^2(x_3) = \frac{2351.100}{40} = 58.778, \quad u^2(x_3) = \frac{2351.100}{40-1} = 60.285$$

$$s^2(x_4) = \frac{8601.775}{40} = 215.044, \quad u^2(x_4) = \frac{8601.775}{40-1} = 220.558$$

です。分散は x_3 より x_4 の方が大きいです。

3.2.2　標 準 偏 差

散布度の指標には, 分散の平方根とする

$$s(x) = \sqrt{s^2(x)} = \sqrt{\frac{1}{n} \sum_{i=1}^{n}(x_i - \bar{x})^2} \tag{3.8}$$

および

$$u(x) = \sqrt{u^2(x)} = \sqrt{\frac{1}{n-1} \sum_{i=1}^{n}(x_i - \bar{x})^2} \tag{3.9}$$

として定義される 2 つの**標準偏差**（standard deviation）があります。標準偏差の単位は測定値の単位と一致しますので, 論文で散布度を報告する場合は標準偏差（$s(x)$ もしくは $u(x)$）を記載します。R や他の多くの統計ソフトウェアは標準偏差として不偏分散の平方根 $u(x)$ を求めています。

$u^2(x)$ の平方根 $u(x)$ は不偏性を有しませんから, $u(x)$ を不偏標準偏差とよぶことはできません。正規分布を前提とすると不偏標準偏差を求めることができ, 計算式が服部（2011）に紹介されています。

3.2 散布度

計算例

表 3.1 の変数 x_3 と x_4 の標準偏差は次の通りです。

$$s(x_3) = 7.667, \qquad u(x_3) = 7.764$$
$$s(x_4) = 14.664, \qquad u(x_4) = 14.851$$

3.2.3 平均偏差

ある値を c としたとき，中央値は $Q_2 = \sum_{i=1}^{n} |x_i - c|$ を最小にする c でした（p.33）。c を中央値 $Med(x)$ へ置き換えると，$|x_i - Med(x)|$ は測定値と中央値との間の距離（中央値からの偏差）になりますから，Q_2 を用いて散布度の指標を作ることができます。そこで，Q_2 を総数 n で割り

$$MD_1(x) = \frac{1}{n} Q_2 = \frac{1}{n} \sum_{i=1}^{n} |x_i - Med(x)| \tag{3.10}$$

を中央値からの平均偏差とよび，散布度の指標としています。$|x_i - Med(x)|$ は中央値からの偏差の絶対値ですから，$MD_1(x)$ は中央値からの平均絶対偏差（mean absolute deviation，MAD）ともよばれます。

計算例

「1，2，4，5，9」では中央値が 4 で，$Q_2 = 11$ ですから，

$$MD_1(x) = \frac{11}{5} = 2.200$$

です。これより測定値が中央値から平均して 2.2 離れていることがわかります。また，表 3.1 に示す変数 x_3 と x_4 の中央値は $Med(x_3) = 51.5$，$Med(x_4) = 52.5$ ですから，

$$MD_1(x_3) = 6.250, \quad MD_1(x_4) = 11.825$$

です。平均偏差も変数 x_4 の散布度が大きいことを示しています。

さらに，測定値と平均値との間の距離を平均した

38　　第 3 章　分布を表す記述的指標を理解する

$$MD_2(x) = \frac{1}{n} \sum_{i=1}^{n} |x_i - \bar{x}|$$
(3.11)

を散布度の指標とすることができ，平均値からの平均偏差とよばれます。

3.2.4　四分位偏差

外れ値に対して抵抗性の高い散布度の指標として**四分位範囲**（interquartile range）IQR と**四分位偏差**（quartile deviation）QD があり，

$$IQR(x) = Q_3 - Q_1$$
(3.12)

$$QD(x) = \frac{IQR(x)}{2} = \frac{Q_3 - Q_1}{2}$$
(3.13)

と定義されます。ここで，Q_1 は第 1 四分位数，Q_3 は第 3 四分位数です。第 1 四分位数は測定値を中央値で 2 分割したとき，小さい方の測定値を 50％ずつに分割する値，第 3 四分位数は大きい方の測定値を 50％ずつに分割する値です。

> **計算例**
>
> 「1，2，4，5，9」の場合，第 1 四分位数は小さい方の「1，2」の平均値の 1.5，第 3 四分位数は大きい方の「5，9」の平均値の 7 ですから，
>
> $$IQR(x) = 7 - 1.5 = 5.500, \quad QD(x) = \frac{IQR(x)}{2} = \frac{5.5}{2} = 2.750$$
>
> です。また，「1，2，4，5，9，12」の場合，小さい方の「1，2，4」の中央に位置する 2 が第 1 四分位数，大きい方の「5，9，12」の中央に位置する 9 が第 3 四分位数です。したがって，次の値となります。
>
> $$IQR(x) = 9 - 2 = 7.000, \quad QD(x) = \frac{IQR(x)}{2} = \frac{7}{2} = 3.500$$

第 1 四分位数と第 3 四分位数には複数の定義がありますから（Hyndman & Fan, 1996），統計ソフトウェアによって出力される値が異なることがあります。R の stats パッケージ（R Core Team, 2019）に登録されている quantile()

関数では 9 つの方法を使用することができます。タイプ 2 とよばれる方法を用いた場合，先の表 3.1 の変数 x_3 は $Q_1 = 45.5$，$Q_3 = 56.0$ ですから

$$IQR(x_3) = 56.0 - 45.5 = 10.500, \quad QD(x_3) = \frac{IQR(x_3)}{2} = \frac{10.5}{2} = 5.250$$

です。また，変数 x_4 では $Q_1 = 39.5$，$Q_3 = 60.5$ ですから

$$IQR(x_4) = 60.5 - 39.5 = 21.000, \quad QD(x_4) = \frac{IQR(x_4)}{2} = \frac{21}{2} = 10.500$$

となります。変数 x_4 の散布度が x_3 よりも大きいことがわかります。

3.3 歪　度

表 3.1 の変数 x_5 と x_6 のヒストグラムを図 3.3 に示します。変数 x_5 は分布の裾が右へ長く延び，x_6 は逆に左へ長く延びています。このように裾の延び方が変数間で異なることがありますから，裾の延び方を表す指標が必要です。それが歪度（skewness）です。

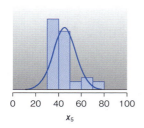
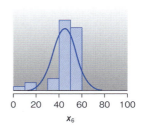

図 3.3　変数 x_5 と x_6 のヒストグラム

歪度には次の 3 つの定義式があり（Joanes & Gill, 1998），R では psych パッケージ（Revelle, 2018）の skew() 関数，もしくは e1071 パッケージ（Meyer, Dimitriadou, Hornik, Weingessel, & Leisch, 2019）の skewness() 関数により，3 式で定義される歪度を求めることができます。

40 第3章 分布を表す記述的指標を理解する

$$g_1(x) = \frac{m_3(x)}{m_2(x)^{3/2}} \tag{3.14}$$

$$G_1(x) = g_1(x)\frac{\sqrt{n(n-1)}}{n-2} \tag{3.15}$$

$$b_1(x) = g_1(x)\left(\frac{n-1}{n}\right)^{3/2} \tag{3.16}$$

ここで，

$$m_r(x) = \frac{1}{n}\sum_{i=1}^{n}(x_i - \bar{x})^r \tag{3.17}$$

です。$m_r(x)$ は平均値の回りの r 次の**積率**（moment）とよばれます。

変数 x_5 のように分布の裾が右へ長く延びている変数では，平均からの偏差の 3 乗が大きな正の値を取る測定値が多くなり，しかも分母は負になりませんから，$g_1(x)$ の符号は正となります。逆に x_6 のように分布の裾が左へ長く延びている変数では，$g_1(x)$ の符号が負となります。そして，分布が左右対称のときは 0 です。

計算例

表 3.1 に示す変数 x_5 と x_6 の 2 次と 3 次の積率は $m_2(x_5) = 97.9975$，$m_3(x_5) = 1459.7000$，$m_2(x_6) = 98.8975$，$m_3(x_6) = -1749.5150$ ですから，

$$g_1(x_5) = \frac{1459.7000}{97.9975^{3/2}} = 1.5047$$

$$G_1(x_5) = 1.5047 \times \frac{\sqrt{40 \times (40-1)}}{40-2} = 1.5640$$

$$b_1(x_5) = 1.5047 \times \left(\frac{40-1}{40}\right)^{3/2} = 1.4486$$

$$g_1(x_6) = \frac{-1749.5150}{98.8975^{3/2}} = -1.7789$$

$$G_1(x_6) = -1.7789 \times \frac{\sqrt{40 \times (40-1)}}{40-2} = -1.8489$$

$$b_1(x_6) = -1.7789 \times \left(\frac{40-1}{40}\right)^{3/2} = -1.7126$$

です。歪度の値から変数 x_5 は分布の裾が右へ延びていること，変数 x_6 は分布の裾が左へ延びていることが示唆されます。

3.4 尖度

表 3.1 の変数 x_6 と x_7 のヒストグラムを図 3.4 に示します。2 変数とも分布はほぼ左右対称でも，変数 x_7 は正規分布よりも裾が広い割りには尖りが大きく，変数 x_8 は裾の広がりは正規分布と大きな違いはないですが，平均値付近が正規分布よりもへこんでいます。このような分布の尖りの違いを表す指標が**尖度**（kurtosis）です。

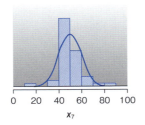 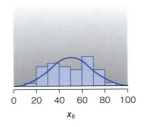

図 3.4 　変数 x_7 と x_8 のヒストグラム

尖度には次の 3 つの定義式がありますが（Joanes & Gill, 1998），いずれも正規分布の尖度が 0 となるように調整されていますので，正規分布と比べて尖りが大きいときは正の値，小さいときは負の値となります。R では psych パッケージの kurtosi() 関数，もしくは e1071 パッケージの kurtosis() 関数により，3 式で定義される尖度を求めることができます。

$$g_2(x) = \frac{m_4(x)}{m_2(x)^2} - 3 \tag{3.18}$$

$$G_2(x) = \left[(n+1)\,g_2 + 6\right]\frac{n-1}{(n-2)\,(n-3)} \tag{3.19}$$

$$b_2(x) = (g_2 + 3)\left(\frac{n-1}{n}\right)^2 - 3 \tag{3.20}$$

ここで，$m_r(x)$ は平均値の回りの r 次の積率です（式 (3.17)）。

42 第3章 分布を表す記述的指標を理解する

計算例

表 3.1 に示す変数 x_7 と x_8 の 2 次と 4 次の積率は $m_2(x_7) = 99.0694$, $m_4(x_7) = 57962.1400$, $m_2(x_8) = 323.7375$, $m_4(x_8) = 187371.4000$ ですから,

$$g_2(x_7) = \frac{57962.1400}{99.0694^2} - 3 = 2.9056$$

$$G_2(x_7) = \left[(40 + 1) \times 2.9056 + 6 \right] \times \frac{40 - 1}{(40 - 2) \times (40 - 3)} = 3.4709$$

$$b_2(x_7) = (2.9056 + 3) \times \left(\frac{40 - 1}{40} \right)^2 - 3 = 2.6140$$

$$g_2(x_8) = \frac{187371.4000}{323.7375^2} - 3 = -1.2122$$

$$G_2(x_8) = \left[(40 + 1) \times (-1.2122) + 6 \right] \times \frac{40 - 1}{(40 - 2) \times (40 - 3)} = -1.2122$$

$$b_2(x_8) = (-1.2122 + 3) \times \left(\frac{40 - 1}{40} \right)^2 - 3 = -1.3005$$

です。尖度の値から変数 x_7 は分布の尖りが正規分布よりも大きいこと,変数 x_8 は分布の尖りが正規分布よりも小さいことがわかります。

3.5 R を用いた記述的指標の算出

psych パッケージの describe() 関数は本章で説明した平均値,中央値,標準偏差,第 1 四分位数,第 3 四分位数,四分位範囲,歪度,尖度を求めることができます。表 3.1 に示す個人番号と 8 変数の測定値が **8 変数の測定値**.xlsx ファイルに保存してあるとします。ファイルの先頭行には変数名を入れておきます。

■命令文（先頭の数値と:記号は説明のためのものです）

```
1: library(openxlsx)
2: library(psych)                        # パッケージの読み込み
3: setwd("K:/データファイル")
4: mydata <- read.xlsx("8変数の測定値.xlsx")
```

3.5 Rを用いた記述的指標の算出 43

```
 5: names(mydata)                    # 変数名の確認
 6: describe(mydata[, 2:9], quant=c(.25, .75), IQR = TRUE)
```

■命令文の意味

6: 8変数は mydata の2列から9列に代入されていますから，mydata[, 2:9]
として8変数を取り出し，describe() 関数へ渡します。

■実 行 結 果

n はデータの総数，mean は平均値，sd は標準偏差（不偏分散の平方根），
median は中央値，min は最小値，max は最大値，range は範囲（最大値 − 最小
値），skew は歪度，kurtosis は尖度，IQR は四分位範囲，Q0.25 は第1四分位
数，Q0.75 は第3四分位数です。標準設定では中央値と第1・3四分位数はタ
イプ3とよばれる定義式に基づく値，歪度は式 (3.16) の $b_1(x)$，尖度は式 (3.20)
の $b_2(x)$ が出力されます。

```
> describe(mydata[, 2:9], quant=c(.25, .75), IQR = TRUE)
   vars  n  mean    sd median trimmed   mad min max range
x1    1 40 33.25 10.03   33.0   33.56  9.64   3  57    54
x2    2 40 59.83 10.88   59.0   60.00 11.12  35  81    46
x3    3 40 50.85  7.76   51.5   50.88  7.41  34  68    34
x4    4 40 50.42 14.85   52.5   50.78 15.57  16  80    64
x5    5 40 45.05 10.03   41.5   43.25  6.67  36  74    38
x6    6 40 44.95 10.07   47.5   46.84  7.41  10  54    44
x7    7 40 50.08 10.08   49.5   49.91  5.19  20  82    62
x8    8 40 50.75 18.22   51.0   50.75 22.98  19  82    63

    skew kurtosis   se    IQR Q0.25 Q0.75
x1 -0.43     0.87 1.59 13.00 27.00 40.00
x2 -0.11    -0.52 1.72 14.25 55.00 69.25
x3 -0.07    -0.53 1.23 10.25 45.75 56.00
x4 -0.22    -0.48 2.35 20.50 39.75 60.25
x5  1.45     1.25 1.59  9.75 37.75 47.50
x6 -1.71     2.79 1.59 10.00 42.00 52.00
x7  0.22     2.61 1.59  7.25 46.00 53.25
x8 -0.02    -1.30 2.88 30.50 34.75 65.25
```

■補 足 説 明

（1）describe() 関数から出力される trimmed は測定値の下位と上位の 10%

44 第3章 分布を表す記述的指標を理解する

（この計算例では 4）を除いて算出された平均値です。これは**調整平均値**（**刈り込み平均値**，**トリム平均値**；trimmed mean）とよばれます。分布から外れている測定値を除いて代表値を求めるときに使用します。

(2) `mad` は中央絶対偏差（median absolute deviation，MAD）とよばれ，

$$MAD(x) = (|x_i - Med(x)| \text{の中央値}) \times 1.4826 \tag{3.21}$$

です。$|x_i - Med(x)|$ の中央値は分布の広がりを表し，標準偏差の一致推定量になるように 1.4826 を乗じていますが，乗じない定義もあります。

(3) `se` は平均値の**標準誤差**（standard error，SE）とよばれ，

$$SE(x) = \frac{u(x)}{\sqrt{n}} \tag{3.22}$$

です。母集団（p.77）から総数 n の標本を何度も抽出して平均値を求めると，総数が同じでも抽出された標本によって平均値は変わるはずです。このときの分布が平均値の標本分布（p.80），その標準偏差が平均値の標準誤差，そして，`se` がその推定値です。標準誤差は平均値の信頼区間（p.93）を求めるときに必要となります。

3.6 線形変換と標準化

対人的積極性の強さを測定するために「Q1：初対面の人と気軽に話ができる」と「Q2：なるべく人と話をしたくない」という項目を用意して，「まったく当てはまらない（1）〜強く当てはまる（5）」の 5 段階で回答を求めたとします。項目 Q1 では得点が大きい人ほど対人的積極性が強いと判断できますが，項目 Q2 ではどうでしょうか。項目 Q2 では得点が小さい人ほど対人的積極性が強いと考えられますから，評定値を項目 Q1 と合わせて使用するためには，評定値の方向を逆転させて項目 Q1 に合わせる必要があります。つまり，項目 Q2 の得点 x_{i2} を

$$x'_{i2} = 6 - x_{i2}$$

3.6 線形変換と標準化 45

として x'_{i2} へ変換しておく必要があります。この変換により，1が5，2が4，
…，5が1となります。これは項目得点の逆転処理，その対象となる項目は逆
転項目とよばれることがあります。

　心理統計法では逆転処理を含め，定数 a と $b(b \neq 0)$ を用いて変数 x の値 x_i を

$$x'_i = a + bx_i \tag{3.23}$$

のように線形変換（1次変換；linear transformation）をすることがあります。
先の逆転処理は $a = 6$，$b = -1$ とする線形変換でした。

　x' の平均値 $\bar{x}'$，分散 $s^2(x')$ は，標準偏差 $s(x')$ は x の平均値 $\bar{x}$ と分散 $s^2(x)$ に
より

$$\bar{x}' = a + b\bar{x} \tag{3.24}$$

$$s^2(x') = b^2 s^2(x) \tag{3.25}$$

$$s(x') = |b|s(x) \tag{3.26}$$

と表現することができます。

　式 (3.23) の線形変換の中で，特に $\bar{x}$ を平均値，$s(x)$ を標準偏差として

$$z_i = \frac{x_i - \bar{x}}{s(x)} = \underbrace{-\frac{\bar{x}}{s(x)}}_{a} + \underbrace{\frac{1}{s(x)}}_{b} x_i \tag{3.27}$$

とする線形変換は得点の標準化（standardization），変換後の値は**z得点**もしく
は標準得点（standard score）とよばれます。z 得点は上限と下限はありません
が，経験的には $-3 \sim 3$ の範囲に収まることが多いです。

　z 得点の平均値 $\bar{z}$ と分散 $s^2(z)$ は式 (3.24) と式 (3.25) を用いて求めることがで
き，次の通りです。

$$\bar{z} = a + b\bar{x} = -\frac{\bar{x}}{s(x)} + \frac{1}{s(x)}\bar{x} = 0$$

$$s^2(z) = b^2 s^2(x) = \frac{1}{s^2(x)}s^2(x) = 1$$

偏差値（Z）は z 得点を

46　　　　　　第 3 章　分布を表す記述的指標を理解する

$$Z_i = 50 + 10\, z_i \tag{3.28}$$

として変換した値です。$\bar{z} = 0$，$s^2(z) = 1$ ですから，偏差値の平均 $\bar{Z}$ と分散 $s^2(Z)$ は次の通りです。分散が 100 ですから，標準偏差は 10 です。

$$\bar{Z} = 50 + 10\bar{z} = 50$$
$$s^2(Z) = 10^2 s^2(z) = 100$$

3.6.1　R を用いた標準得点の算出

scale() 関数を用いて素点を標準得点へ変換することができますので，表 3.1 に示す 8 変数を用いて手順を説明します。個人番号と測定値が 8 **変数の測定値**.xlsx ファイルへ保存してあるとします。

■命令文（先頭の数値と：記号は説明のためのものです）

```
1: library(openxlsx)        # パッケージの読み込み
2: library(psych)           # パッケージの読み込み
3: setwd("K:/データファイル") # ディレクトリの変更
4: mydata <- read.xlsx("8変数の測定値.xlsx")
5: zmydata <- data.frame(scale(mydata[, 2:9])) # 標準化
6: round(zmydata, 3)          # z得点の表示
```

■命令文の意味

5: scale() 関数へ mydata を渡して 8 変数を標準化し，data.frame() 関数により z 得点を取り出し zmydata へ代入します。

■実 行 結 果

```
> round(zmydata, 3)             # z得点の表示
      x1     x2     x3     x4     x5     x6     x7     x8
1  -0.025 -0.168 -1.140 -0.433 -0.603 -0.194 -1.892 -0.645
2   0.573  1.946  0.921  0.443  1.890  0.799  0.885  0.123
  :
```

3.7 中心極限定理と正規分布

3.7.1 大数の法則

0 から 1 の範囲の一様分布（ヒストグラムが矩形の分布）に従う n 個の**乱数**（random numbers）を採取して平均値 $\bar{x}$

$$\bar{x} = \frac{1}{n} \sum_{i=1}^{n} x_i$$

を求め，n の大きさと平均値 $\bar{x}$ の関係を図 3.5 に示しました。乱数の個数 n は 1 から 2000 です。乱数とは並び方にまったく規則のない数列のことですが，数学的に発生させましたので，正確には**疑似乱数**（pseudo random numbers）です。

図 3.5 では，採取した乱数の個数 n が大きくなるほど平均値 $\bar{x}$ が一様分布の平均値 1/2 に近づいていく様子が見て取れます。この計算例が示すように，相互に独立して平均値 μ の分布に従う n 個の変数の平均値 $\bar{x}$ は，n を大きくすることにより μ へ収束していきます。これが**大数の法則**（law of large numbers）です。

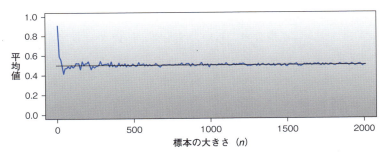

図 3.5　大数の法則を示すための標本の大きさ n と $\bar{x}$ の関係

3.7.2 中心極限定理と正規分布

図 3.6 は 0 から 1 の範囲の一様分布に従う n 個の乱数を採取して，その平均値 $\bar{x}$ のヒストグラムを描いたものです。乱数の数 n は $n = 2$，$n = 6$，$n = 12$

の 3 通りとし，乱数を採取した回数はそれぞれ 1,000,000 回としました。平均値 $\bar{x}$ の平均値 $\bar{\bar{x}}$ は一様分布の平均値の 1/2 とほぼ一致しています。

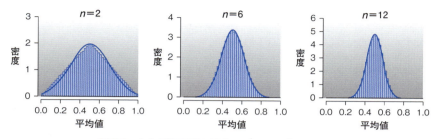

図 3.6　中心極限定理を示す $\bar{x}$ のヒストグラムと正規分布

　それでは，平均値 $\bar{x}$ の分散 $s^2(\bar{x})$ はいくらになるでしょうか。**中心極限定理** (central limit theorem) によれば，n を大きくすると，相互に独立して平均値を μ（ミュー），分散を σ^2（シグマ 2 乗）とする分布（平均値と分散は有限）に従っている n 個の変数の平均値 $\bar{x}$ は，平均値 $\bar{\bar{x}}$ が μ，分散 $s^2(\bar{x})$ が σ^2/n の正規分布に近づきます。図 3.6 には中心極限定理から導かれる平均値と分散を用いて正規分布を重ねて描きました。$n=2$ ではヒストグラムが三角形（**三角分布**, triangular distribution）ですから正規分布とのずれが大きいですが，$n=6$ でもヒストグラムは正規分布に近いですし，$n=12$ ではほぼ正規分布と重なっています。

3.7.3　正規分布

　正規分布は平均と標準偏差の値が決まれば分布の形を描くことができる理論的な分布です。変数を x，その平均値を μ，標準偏差を σ とすると，正規分布の形は指数関数を用いて式 (3.29) で表現することができ，これは正規分布の**確率密度関数** (probability density function, pdf)，y の値は**確率密度**とよばれます。理論分布は正規分布のように変数が連続した値を取る**連続分布** (continuous distribution) と 0, 1, 2, 3, … のような離散した値を取る**離散分布** (discrete distribution) に分類され，正規分布は連続分布の最も基本となるものです。

3.7 中心極限定理と正規分布

$$y = \frac{1}{\sqrt{2\pi\sigma^2}} \exp\left[-\frac{(x-\mu)^2}{2\sigma^2}\right] \tag{3.29}$$

図 3.7 に（1） $\mu = 30$，$\sigma = 10$，（2） $\mu = 50$，$\sigma = 15$，（3） $\mu = 70$，$\sigma = 5$ という 3 つの正規分布を示します。正規分布は平均値を中心とする左右対称の分布です。特に $\mu = 0$，$\sigma = 1$ という正規分布は **標準正規分布**（standard normal distribution）とよばれます。理論分布は曲線の下の総面積が 1 です。

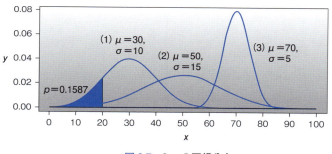

図 3.7　3 つの正規分布

1. R による正規分布の面積の求め方

`pnorm()` 関数を用いて平均値を 30，標準偏差を 10 とする正規分布において 20 以下の面積（図中の青塗りの部分）を求めます。また，`qnorm()` 関数を用いて標準正規分布（図を省略）において，左裾の面積を 0.025 とする値を求めます。

■命令文（先頭の数値と：記号は説明のためのものです）

```
1: pnorm(20, mean = 30, sd = 10)   # 20以下の面積を求める
2: qnorm(0.025, mean = 0, sd = 1)  # 変数の値を求める
```

■命令文の意味

1: `mean` で正規分布の平均値 30，`sd` で標準偏差 10 を指定し，20 以下の面積を求めます。

2: 左裾の面積を 0.025 とする変数の値を求めます。

■実行結果

```
> pnorm(20, mean = 30, sd = 10)   # 20以下の面積を求める
[1] 0.1586553
> qnorm(0.025, mean = 0, sd = 1) # 変数の値を求める
[1] -1.959964
```

3.8 箱ひげ図

箱ひげ図 (boxplot) は分布の形を表します（渡部・鈴木・山田・大塚, 1985）。図 3.8 を用いて箱ひげ図の作成方法を説明します。使う変数は表 3.1 の変数 x_1 です。

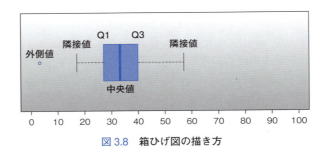

図 3.8 箱ひげ図の描き方

1. 中央値（33.0）の位置に太い縦線を引きます。
2. 第 1 四分位数（$Q_1 = 27.0$）と第 3 四分位数（$Q_3 = 40.0$）の位置に細い縦線を引き，2 つを結ぶ横線を引いて箱を作ります。これで中央値の左右の箱の範囲にそれぞれ $n/4$ 個の測定値が分布していることになります。
3. 第 1 四分位数の位置から測定値の小さい方へ，四分位範囲（$IQR = 13.0$）を 1.5 倍した距離（19.5）を取り，その中の最小値（隣接値とよばれます）まで破線のひげを引きます。この隣接値は 17.0 です。また，第 3 四分位数の位置から測定値の大きい方へ，四分位範囲（$IQR = 13.0$）を 1.5 倍した距離を取

3.8 箱 ひ げ 図

り，その中の最大値（隣接値）まで破線のひげを引きます。この隣接値は 57.0 です。そして，2 つの隣接値の位置にそれぞれ短い縦線を引きます。

4. 隣接値の外側にある値を外側値とよび，その位置を ○ 印でマークします。隣接値（17.0）よりも小さい測定値が 1 つ（$x_{38,1} = 3$）ありますから，3.0 に ○ 印を付けます。大きい方の隣接値（57.0）よりも大きい測定値はないですから，○ 印は付きません。外側値がないときは，2 本のひげの範囲にそれぞれ $n/4$ 個の測定値が分布します。もし外側値があっても，ひげの範囲にほぼ $n/4$ 個の測定値が分布しますので，箱とひげの長さで分布の状態を表すことができます。

3.8.1 R を用いた箱ひげ図の作成

boxplot() 関数を用いて箱ひげ図を作成することができます。

■命令文（先頭の数値と : 記号は説明のためのものです）

下は**表** 3.1 に示す 8 変数の箱ひげ図を作成する命令文です。

```
1: library(openxlsx)
2: setwd("K:/データファイル")
3: mydata <- read.xlsx("8変数の測定値.xlsx")
4: par(mai=c(0.5, 0.5, 0.5, 0.5))
5: boxplot(mydata[, 2:9], ylim = c(0,100), cex.axis = 1.5,
   yaxt="n")    # 箱ひげ図；mydata[, 2:9]として8変数を取り出す
6: axis(side = 2, at = seq(0,100,10),
   labels = seq(0,100,10), cex.axis = 1.5)
```

■命令文の意味

6: axis() 関数を用い，図の横へ（side = 2），0 から 100 まで 10 刻みで（at = seq(0,100,10)），0 から 100 までの目盛りを入れます（labels = seq(0, 100,10)）。

■実 行 結 果

8 変数の箱ひげ図は**図** 3.9 の通りです。箱ひげ図と**図** 3.1，**図** 3.2，**図** 3.3，**図** 3.4 のヒストグラムの関係を確認してください。

第3章　分布を表す記述的指標を理解する

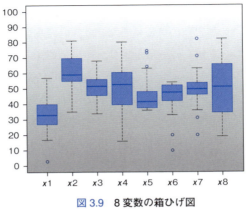

図 3.9　8 変数の箱ひげ図

参考図書・復習問題　　　　　53

参 考 図 書
第1章の参考図書を参照してください。

復 習 問 題

1. 「1，2，4，5，9」および**表3.1**に示す変数x_3とx_4値の平均値からの平均偏差（式(3.11)，MD_2）を求めてください。

2. 2018年平昌オリンピックのスピードスケート女子1000mの記録（秒）（IOC, 2018）をスタートレーン別（ペアスタートのみ）に**表3.2**に示します。この競技ではインスタート（In）が有利といわれていますが，どうでしょうか。スタートレーン別に記録の記述統計量を求めてください。

表3.2　スピードスケート女子1000mの記録（秒）

Lane	Time							
In	78.53	78.02	75.32	76.36	76.69	76.36	76.90	76.03
	75.84	75.77	73.56	75.98	73.98	74.47	74.85	
Out	76.43	77.83	79.33	77.41	77.09	75.43	76.85	76.11
	77.25	75.67	74.36	76.44	74.95	73.82	75.15	

3. **表3.1**に示す8変数の測定値を標準得点に変換し，歪度と尖度を求めてください。

4. 変数xを平均値が500，標準偏差が100となる変数に変換する式を示してください。

第 **4** 章

量的変数の相関関係を理解する

　学力検査の成績を見ていると，数学が得意な人は理科も得意な方ですし，国語がよくできている人は英語の成績も良いことが多いです。また，何事も完璧にしないと気がすまない完璧主義傾向の強い人ほど何かに失敗したとき，抑うつ傾向が強くなりやすいといわれています。本章では，このような 2 変数間の関係の強さについて検討する方法を学びます。

4.1　相関と連関

　一口に変数の関係といっても 2 つの種類があります。身長，体重，反応時間，テスト得点のような量的変数（比率・間隔尺度）同士の関係の強さを論じるとき，その関係を相関（correlation）とよびます。一方，出身都道府県，通勤・通学手段，所属学部，好きな色，好物のような質的変数（名義・順序尺度）同士の関係を連関（association）とよびます。

　本章では，相関の強さを調べるグラフと指標を学び，第 5 章で連関の強さを検討するための指標を学びます。

4.2　散布図と相関係数

4.2.1　散 布 図

　表 4.1 に男子大学 1 年生 40 名の身長（x；cm）と体重（y；kg）を示します。2 変数とも平均値と中央値がほぼ等しく，歪度もほぼ 0 ですから，歪みの少ない分布です。また，尖度も正規分布とほぼ同じです。表中の標準偏差は不偏分散（式(3.6)）の平方根です。

第4章　量的変数の相関関係を理解する

表 4.1　男子大学 1 年生 40 名の身長（x；cm）と体重（y；kg）

i（番号）	身長（x_i）	体重（y_i）	i（番号）	身長（x_i）	体重（y_i）
1	178.6	61.7	21	183.4	73.6
2	181.9	81.6	22	166.6	52.4
3	170.9	45.2	23	161.6	48.2
4	164.5	58.2	24	163.0	75.0
5	175.2	85.2	25	176.0	62.2
6	174.5	55.0	26	172.0	59.3
7	163.1	57.9	27	185.4	63.5
8	168.3	57.9	28	171.1	66.5
9	171.0	52.9	29	174.7	62.5
10	171.6	49.0	30	154.4	43.9
11	170.2	67.8	31	173.3	64.0
12	173.3	73.7	32	164.7	60.4
13	171.5	69.6	33	166.2	65.0
14	176.8	56.9	34	162.4	65.5
15	162.8	61.8	35	172.7	64.7
16	168.5	56.4	36	171.6	66.7
17	167.0	54.7	37	166.6	60.9
18	177.7	79.0	38	177.2	78.3
19	176.6	60.0	39	171.7	62.3
20	178.5	62.2	40	162.6	44.1
			平均値	170.99	62.14
		標準偏差（$u(x)$）		6.61	9.84

　身長の高さと体重の重さの関係はありそうですが，量的な 2 変数の相関を探るための最初の作業は散布図（scatter diagram）を描くことです。散布図は 2 変数の値をそれぞれ横軸と縦軸の座標値として，個々の測定値を 2 次元平面に布置した図で，相関図ともよばれます。身長と体重の散布図は図 4.1 の通りです。同じくらいの身長，例えば 175cm 前後の身長でも体重に最大 20kg くらいの個人差がありますが，40 名全体では身長の高い人ほど体重が重い傾向にあることは確かです。このように散布図が右上がりの関係にあるとき，2 変数に正の相関関係があるといいます。また，成人の年齢と体力の関係のように 2 変数が描く散布図が右下がりのときは，負の相関関係があるといいます。

4.2.2　共分散と相関係数

　比率尺度もしくは間隔尺度をなす 2 変数の相関関係の強さを表す指標として共分散（covariance）と相関係数（correlation coefficient）があります。共分散は 2 変数が共に変化する程度を表す指標で，2 変数を x と y とした場合，

4.2 散布図と相関係数

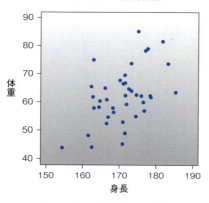

図 4.1　身長と体重の散布図

$$s(x, y) = \frac{1}{n} \sum_{i=1}^{n} (x_i - \bar{x})(y_i - \bar{y}) \tag{4.1}$$

$$u(x, y) = \frac{1}{n-1} \sum_{i=1}^{n} (x_i - \bar{x})(y_i - \bar{y}) \tag{4.2}$$

と定義されます．2つの値とも共分散とよばれますが，2つを区別するときは不偏性を有する $u(x, y)$ を**不偏共分散**（unbiased covariance）とよびます．Rは共分散として不偏共分散を出力します．

計算例

計算手順を示すために**表 4.1** の先頭 5 名を使って共分散を求めます．身長と体重の平均値からの偏差とその積和は**表 4.2** に示す通りですから，2変数の共分散は次の通りです．

$$s(x, y) = \frac{1}{5} \times 264.662 = 52.9324, \quad u(x, y) = \frac{1}{4} \times 264.662 = 66.1655$$

ところで，**表 4.2** に示す身長の測定単位（cm）をメートル（m）に変えると散布図の形は変わりませんが，共分散の値は 1/100 になります．そのため，2変数の相関関係の強さを検討するためには次式で定義される**ピアソン**（Pearson, K.）**の積率相関係数**（product moment correlation coefficient）を使用

第 4 章　量的変数の相関関係を理解する

表 4.2　5 名の身長と体重

番号 (i)	身長 (x_i)	体重 (y_i)	$x_i - \bar{x}$	$y_i - \bar{y}$	$(x_i - \bar{x})(y_i - \bar{y})$
1	178.6	61.7	4.38	−4.68	−20.4984
2	181.9	81.6	7.68	15.22	116.8896
3	170.9	45.2	−3.32	−21.18	70.3176
4	164.5	58.2	−9.72	−8.18	79.5096
5	175.2	85.2	0.98	18.82	18.4436
M	174.22	66.38			総和　264.6620
SD ($u(x)$)	6.7939	16.7575			

します。単に相関係数という場合はピアソンの積率相関係数を指します。

$$r(x,\ y) = \frac{s(x,\ y)}{s(x)\ s(y)} \tag{4.3}$$

$$r(x,\ y) = \frac{u(x,\ y)}{u(x)\ u(y)} \tag{4.4}$$

　定義式の分子は 2 変数の共分散，分母は 2 変数の標準偏差の積です。式 (4.3) と式 (4.4) で定義される相関係数の値は一致します。

計算例

　表 4.2 に示す 5 名の身長と体重の相関係数は次の通りです。

$$r(x,\ y) = \frac{u(x,\ y)}{u(x)\ u(y)} = \frac{66.1655}{6.7939 \times 16.7575} = 0.5812$$

1.　相関係数の最小値と最大値

　負の値を 2 乗すると正ですから，

$$\frac{1}{n} \sum_{i=1}^{n} \left[\frac{x_i - \bar{x}}{s(x)} \pm \frac{y_i - \bar{y}}{s(y)} \right]^2 = 2 \pm 2r(x,\ y) \geq 0$$

が成り立ちますので，$1 \pm r(x,\ y) \geq 0$ を満たさなくてはいけません。したがって，相関係数の取り得る値の範囲は次の通りです。

$$-1 \leq r(x, y) \leq 1 \tag{4.5}$$

　このように相関係数は −1 から 1 までの値を取りますが，散布図の状態と相関係数の値の関係がわかりにくいと思いますので，相関係数が 0.2 刻みで −.6 から 1.0 の値となる散布図を図 4.2 に示しました。それぞれの散布図の上部に相関係数の値（r）を入れましたので，散布図の状態と相関係数の値を見比べてください。散布図が細長くなるほど相関係数は ±1 に近づき，右上がりの直線上に点が並ぶとき +1（最大値），右下がりの直線上に点が並ぶとき −1（最小値）となります。散布図から相関係数が −.2 〜 +.2 程度のときは 2 変数の相関関係はほとんどなく，−.6 以下もしくは +.6 以上になると明瞭な相関関係が見て取れると思います。また，2 変数の間にまったく相関関係がないときは 0 となり，2 変数が無相関であるといいます。

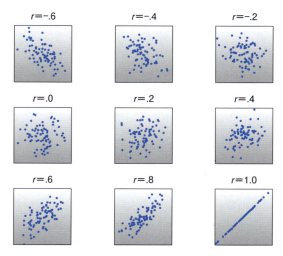

図 4.2　散布図とその相関係数

　相関係数の値から相関関係の強さを解釈する絶対的な基準はありませんので，一つの目安を表 4.3 に示します。また，相関係数を効果量（effect size）として解釈する場合，表 4.4 に示す基準を目安とすることがあります。なお，相関係数の絶対値は 1 を超えませんから，論文や書籍では小数点の前の 0 を省略して

.497，−.380 のように表記することが多いです。

表 4.3　相関係数の判断基準

相関係数の絶対値	判断基準
.00～ .20	極めて弱い相関
.20～ .40	弱い相関
.40～ .70	中程度の相関
.70～1.00	強い相関

表 4.4　相関係数の効果量としての解釈

相関係数の絶対値	解釈の目安
.10	効果は小さい
.30	効果はやや大きい
.50	効果は大きい

4.2.3　相関係数の性質

相関係数を使用する際に注意すべき事項がありますので，ここで相関係数の性質を紹介します（山際・服部, 2016）。

1.　直線的な関係と曲線的な関係

相関係数は図 4.2 に示すような直線的な関係がある 2 変数へ適用します。

2.　相関関係と因果関係

相関係数は個人差を利用して 2 変数の関係の大きさを表しますから，2 変数の間に因果関係がなくても大きな値を取ることがあります。相関係数が大きいというだけで因果関係があると断定することはできません。

3.　外れ値の影響

相関係数は**外れ値**の影響を受けますので，外れ値の有無に注意が必要です。

4.　合併効果と切断効果

図 4.3 の合併効果の散布図は 7 歳（□），9 歳（■），11 歳（○），13 歳（●）の子どもの身長と体重の散布図です。年齢ごとの相関係数の値は 7 歳が .164，9 歳が .105，11 歳が .013，13 歳が .415 ですから，13 歳の相関係数がやや大きいですが，他の年齢の相関係数は小さいです。しかし，加齢に伴って身長と体重が増加しますから，全年齢で求めた相関係数の値は .838 と大きくなります。このように異なる母集団の標本を合わせることによって相関係数の値が歪む現象を**合併効果**といいます。この事例は合併によって相関係数が大きくなりましたが，逆に相関が見えなくなることもあります。

4.3 順序尺度をなす変数の相関係数

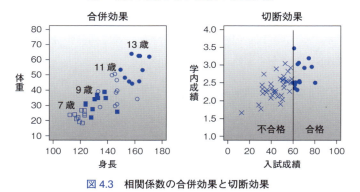

図 4.3 相関係数の合併効果と切断効果

切断効果という現象があります。よく知られた事例が入学試験の成績と入学後の学内成績の相関関係です。図 4.3 の切断効果には，すべての受験者が入学したと仮定する入試成績と学内成績の散布図を示しています。受験者全体（●と×）の相関係数は .619 ですが，実際に学内成績を利用できるのは合格者（●）に限られますから，相関係数が合格者では .171 へと低下します。

4.3 順序尺度をなす変数の相関係数

順序尺度をなす 2 変数に適用する相関係数として**スピアマン**（Spearman, C.）**の順位相関係数**（rank correlation coefficient）と**ケンドール**（Kendall, M. G.）**の順位相関係数**があります。

1. スピアマンの順位相関係数

スピアマンの順位相関係数は，

$$r_S(x, y) = 1 - \frac{6\sum_{i=1}^{n}(r_{xi} - r_{yi})^2}{n^3 - n} \tag{4.6}$$

と定義されます。ここで，n は総数，r_{xi} と r_{yi} はそれぞれ測定値 x_i と y_i の順位です。同順位があるときは，順位の平均を取ります。例えば，測定値が「1，2，4，4，5」の場合，順位を「1，2，3.5，3.5，5」とします。

62　　第4章　量的変数の相関関係を理解する

計算例

表4.5に示す5名の身長と体重のスピアマンの順位相関係数は順位差の2乗和が8（表4.5）ですから，次の通りです。

$$r_S(x, y) = 1 - \frac{6 \times 8}{5^3 - 5} = 0.6000$$

表4.5　順位相関係数を求める5名の身長と体重

番号 (i)	身長 (x_i)	体重 (y_i)	順位 r_{xi}	順位 r_{yi}	$r_{xi} - r_{yi}$	$(r_{xi} - r_{yi})^2$
1	178.6	61.7	4	3	1	1
2	181.9	81.6	5	4	1	1
3	170.9	45.2	2	1	1	1
4	164.5	58.2	1	2	−1	1
5	175.2	85.2	3	5	−2	4
					計	8

2. ケンドールの順位相関係数

変数 x と y の測定値の順位を r_{xi} と r_{yi} とします。そして，$i < j$ とする範囲で2変数の順位を比較し，

　　$r_{xi} - r_{xj}$ の符号と $r_{yi} - r_{yj}$ の符号が同じ場合は同順

　　$r_{xi} - r_{xj}$ の符号と $r_{yi} - r_{yj}$ の符号が異なる場合は逆順

とします。そして，同順の数を P，逆順の数を Q とし，

$$r_K(x, y) = \frac{P - Q}{n(n-1)/2} \tag{4.7}$$

を求めます。これがケンドールの順位相関係数です。ここで，n は総数です。同順位があるときは計算式が異なります（金井, 1977）。

計算例

表4.5に示す5名の身長と体重のケンドールの順位相関係数を求めます。まず，総数 n は5ですから，順位を比較する回数は $n(n-1)/2 = 10$ です。測定

４.３　順序尺度をなす変数の相関係数　　　63

値の同順位が 7 回，逆順位が 3 回あり，それぞれ 2 変数の中に同順位はありません。したがって，ケンドールの順位相関係数は次の通りです。

$$r_K(x,\ y) = \frac{7-3}{5(5-1)/2} = 0.4000$$

4.3.1　R を用いた散布図の作成と相関係数の算出

計算には**表 4.1** に示す 40 名の身長と体重を用います。plot() 関数を用いて散布図を作成し，cor() 関数を用いて相関係数を求めます。

■**命令文**（先頭の数値と：記号は説明のためのものです）

番号（i）と身長（x）と体重（y）が**男子 40 名の身長と体重.xlsx** に保存されているとします。

```
1: library(openxlsx)
2: setwd("K:/データファイル")
3: mydata <- read.xlsx("男子40名の身長と体重.xlsx")
4: par(mai=c(1.0, 1.0, 0.5, 0.5))
5: plot(mydata$x, mydata$y,
       xlim = c(150, 190), ylim = c(40, 90),
       xlab = "身長", ylab = "体重",
       pch = 16, cex = 1.5,
       cex.lab = 2.0, cex.axis = 2.0)
6: cor(mydata$x, mydata$y)                         # r(x,y)
7: cor(mydata$x, mydata$y, method = "spearman") # r_S
8: cor(mydata$x, mydata$y, method = "kendall")  # r_K
9: cor(mydata[, 2:3]) # 相関行列として出力する
```

■**命令文の意味**

5: mydata$x が散布図の横軸，mydata$y が縦軸となります。

6: 身長（mydata$x）と体重（mydata$y）の積率相関係数が算出されます。

9: 2 列目に身長（x），3 列目に体重（y）が代入されていますので，2 変数の**相関行列**（correlation matrix）が出力されます。行列とは縦と横に要素（数値や文字）を並べたものです（本書 p.68；水野, 1996）。

64   第4章　量的変数の相関関係を理解する

■**実 行 結 果**

　散布図は**図** 4.1 の通りです。積率相関係数は 0.4972602，スピアマンの順位
相関係数は 0.4472906，ケンドールの順位相関係数は 0.3022509 と出力されて
います。論文に記載するときは小数点以下2桁か3桁でよいです。

```
> cor(mydata$x, mydata$y)
[1] 0.4972602
> cor(mydata$x, mydata$y, method = "spearman")
[1] 0.4472906
> cor(mydata$x, mydata$y, method = "kendall")
[1] 0.3022509
>  cor(mydata[, 2:3]) # 相関行列として出力する
          x         y
x 1.0000000 0.4972602
y 0.4972602 1.0000000
```

参 考 図 書

第1章の参考図書を参照してください。

復 習 問 題

1. 相関係数の最小値と最大値はいくらでしょうか。

2. 2名の教師（x と y）による論文の評定値を**表 4.6** に示します。R の cor() 関数を用いて評定値のピアソンの積率相関係数，スピアマンの順位相関係数，ケンドールの順位相関係数を求めてください。

表 4.6　2名の教師による論文の評定値（$n=15$）

教師	論文番号														
	1	2	3	4	5	6	7	8	9	10	11	12	13	14	15
x	9	10	6	4	8	7	3	5	6	6	6	7	6	8	3
y	5	9	2	4	10	4	3	4	3	3	6	7	6	4	4

3. **表 4.7** に中学生 30 名の学校内での居場所感，ストレス，適応感の得点を示します。男女別に3変数の記述統計量と相関係数を求めてください。

表 4.7　中学生の居場所感，ストレス，適応感（$n=30$）

番号	性別	居場所感	ストレス	適応感	番号	性別	居場所感	ストレス	適応感
1	女	14	8	23	16	男	13	14	25
2	男	20	9	33	17	男	12	11	21
3	女	13	13	12	18	男	14	6	24
4	女	14	11	17	19	男	11	12	18
5	男	10	12	25	20	男	18	12	27
6	男	19	8	37	21	女	19	9	39
7	男	20	4	30	22	男	15	13	32
8	男	11	12	25	23	男	13	12	31
9	女	14	10	43	24	男	17	5	25
10	女	15	9	31	25	男	17	12	32
11	男	15	11	31	26	女	8	15	1
12	女	22	7	37	27	女	11	9	28
13	男	15	14	32	28	男	15	9	45
14	男	15	10	33	29	男	15	8	35
15	女	13	10	29	30	女	8	12	28

4. **表 4.8** に1世帯当たりの食品購入額（総務省, 2019）を示します。品目間の相関係数を求め，相関の高い品目を探してください。

表 4.8　1世帯当たりの食品購入額（円；1 カ月）（総務省. 2019）

都市名	鰻	サラダ	コロッケ	カツレツ	天ぷら	焼売	餃子	焼き鳥	ハンバーグ
札幌	705	3559	1273	869	9086	983	1839	2497	1127
秋田	1205	4604	1709	2130	10233	660	1612	3061	1258
宇都宮	2541	6486	2049	2409	12389	800	3241	2666	1153
横浜	2851	5431	2089	1977	8970	2126	1778	2614	1219
甲府	2047	6392	2402	3150	12622	1433	2119	2642	1786
名古屋	2499	4972	2177	1962	10301	975	1762	1702	1244
神戸	2643	5155	2276	1732	10189	615	2133	1847	1131
岡山	1139	4521	1943	1596	9718	611	1968	2146	1266
松山	2224	4452	1857	1353	10925	631	1886	2093	1038
長崎	2135	3150	1546	1866	10103	490	1714	1353	1186
那覇	1266	3337	1414	2448	11654	519	1847	1429	2486
浜松	4730	5722	1949	1999	9475	1018	3501	1978	1336

（注）鰻：うなぎのかば焼き，天ぷら：天ぷら・フライ。

第 **5** 章

質的変数の連関を理解する

名義尺度あるいは順序尺度をなす 2 つの質的な変数の関係は連関とよばれ，その強さはクロス集計表を作成して検討します。クロス集計表を見ればおおよその連関を知ることはできますが，解釈が主観的になってはいけません。本章ではそのような連関の強さを記述する指標について学びます。

5.1 一様性とクロス集計表

ある大学の 3 年生に希望就職先の業種を尋ね，回答者の所属学部（5 学部）と希望業種（7 業種とその他）の関係を**表 5.1** のような**クロス集計表**（**クロス表**；cross tabulation，**分割表**；contingency table）にまとめました。

表 5.1　大学 3 年生の所属学部別希望業種

学部		小売り	金融	マスコミ	医療	教育	製造	不動産	その他	計
					希望業種					
人文	度数	15	15	6	5	9	15	10	16	91
	%	16.5	16.5	6.6	5.5	9.9	16.5	11.0	17.6	19.5
経済	度数	17	38	6	4	5	17	11	14	112
	%	15.2	33.9	5.4	3.6	4.5	15.2	9.8	12.5	24.0
社会	度数	18	18	13	5	5	18	9	17	103
	%	17.5	17.5	12.6	4.9	4.9	17.5	8.7	16.5	22.1
体育	度数	11	9	5	6	11	17	6	10	75
	%	14.7	12.0	6.7	8.0	14.7	22.7	8.0	13.3	16.1
福祉	度数	13	15	4	19	5	7	10	13	86
	%	15.1	17.4	4.7	22.1	5.8	8.1	11.6	15.1	18.4
	計	74	95	34	39	35	74	46	70	467
	%	15.8	20.3	7.3	8.4	7.5	15.8	9.9	15.0	

クロス集計表において，各学部の数値の並びは**行**（row），各業種の数値の並びは**列**（column）とよばれます。例えば，第 2 行（経済学部）の要素は「17,

38, 6, 4, 5, 17, 11, 14」，第4列（医療）の要素は「5, 4, 5, 6, 19」です。
そして，この表は5行8列の**行列**（5×8の行列）とよばれます。

　行と列が交わる箇所が**セル**（cell）で，各セルには2変数の該当するカテゴリの回答者数（度数）が入ります。さらに，最右列には行ごとの和（**行和**，row total），最下列には列ごとの和（**列和**，column total），右下隅には**総度数**（total frequency）が入ります。全体の度数を**周辺度数**（marginal frequency）といいます。

　ここでは希望業種に関する学部間の違いに関心がありますから，学部ごとの回答者総数を100％とし，各セルに相対度数（％）を入れました。学部間で希望業種の回答分布が同様であれば分布が**一様**であるといえますが，**表5.1**では社会学部でマスコミの希望者が他学部よりも多く，福祉学部で医療の希望者が多いですから，学部間で希望業種の分布は一様ではないように思われます。

5.2 連関とクロス集計表

　表5.2のクロス集計表は女子受刑者（716名）の自傷行為の反復経験の有無と自殺未遂の有無の関係をまとめたものです（國吉・神藤・鈴木・田畑・岡，2017）。自傷行為の経験と自殺未遂歴を2つの変数と見なすことができますので，クロス集計表で表す2変数の関係は**連関**（association）とよばれます。2変数に関係がないときは2変数に連関がない，もしくは独立であるといいます。

表5.2　自傷行為の反復経験と自殺未遂歴

自傷行為		自殺未遂		計
		なし	あり	
なし	度数	464	109	573
	％	64.80	15.22	80.03
あり	度数	53	90	143
	％	7.40	12.57	19.97
計	度数	517	199	716
	％	72.21	27.79	100.00

5.3 連関の強さを表す指標

ここでは連関の強さを表す基本的な指標について説明します（他にも多数の指標があり，森・吉田（1990）で詳しく説明されています）。

5.3.1 χ^2 値

多数の指標の中で最も基本となる指標は**χ^2 値**（カイ 2 乗値）です。χ^2 値は i 行 j 列のセルの**観測度数**（observed frequency）を n_{ij}，2 変数に連関がないときに期待される度数（**期待度数**；expected frequency）を e_{ij} として

$$\chi^2 = \sum_{i=1}^{r} \sum_{j=1}^{c} \frac{(n_{ij} - e_{ij})^2}{e_{ij}} \tag{5.1}$$

と定義されます。2 変数に関連がないとき，i 行のカテゴリを取る割合（$n_{i.}/n$）と j 列のカテゴリを取る割合（$n_{.j}/n$）の積（$[n_{i.}/n] \times [n_{.j}/n]$）が i 行 j 列を取る割合になります。したがって，i 行 j 列のセルの期待度数は

$$e_{ij} = \frac{n_{i.}}{n} \times \frac{n_{.j}}{n} \times n = \frac{n_{i.}n_{.j}}{n} \tag{5.2}$$

です。$n_{i.}$ は i 行の行和，$n_{.j}$ は j 列の列和，n は総度数です。関連がないときは観測度数 n_{ij} と期待度数 e_{ij} が一致して χ^2 値はゼロになります。逆に，2 変数の連関が大きいほど観測度数 n_{ij} と期待度数 e_{ij} が大きくずれて χ^2 値が大きくなります。

計算例

先の**表 5.2** のクロス集計表に当てはめると，セルの期待度数は

$$e_{11} = \frac{573 \times 517}{716} = 413.7444, \quad e_{12} = \frac{573 \times 199}{716} = 159.2556$$

$$e_{21} = \frac{143 \times 517}{716} = 103.2556, \quad e_{22} = \frac{143 \times 199}{716} = 39.7444$$

ですから，χ^2 値は

70   第 5 章 質的変数の連関を理解する

$$\chi^2 = \frac{(464 - 413.7444)^2}{413.7444} + \frac{(109 - 159.2556)^2}{159.2556}$$

$$+ \frac{(53 - 103.2556)^2}{103.2556} + \frac{(90 - 39.7444)^2}{39.7444}$$

$$= 109.9699$$

です。また，表 5.1 のクロス集計表の χ^2 値は次の通りです。

$$\chi^2 = \frac{(15 - 14.4197)^2}{14.4197} + \frac{(15 - 18.5118)^2}{18.5118} + \frac{(6 - 6.6253)^2}{6.6253} +$$

$$\cdots + \frac{(10 - 8.4711)^2}{8.4711} + \frac{(13 - 12.8908)^2}{12.8908}$$

$$= 61.03085$$

ところで，クロス集計表の相対度数を変えずに各セルの度数を m 倍すると，χ^2 値も m 倍の大きさになります。このため，相対度数が一定でも，総度数 n が大きくなるほど χ^2 値は大きくなりますから，χ^2 値から連関の強さを絶対的に評価することはできません。

5.3.2 クラメールの連関係数

クラメール（Cramér, H.）の連関係数 V は

$$V = \sqrt{\frac{\chi^2}{n(k-1)}} \tag{5.3}$$

と定義されます。n は総度数，k は行数 r と列数 c の小さい方の値です。総度数と行数と列数が一定という条件のもとで，2 変数の連関が最大になるとき χ^2 値は $n(k-1)$ ですから，クラメールの連関係数 V の最小値は 0，最大値は 1 です。したがって，相関係数と同様（表 4.3，表 4.4）に解釈することができます。

計算例

表 5.2 のクロス集計表の χ^2 は 109.9699，総度数は 716，行数 r と列数 c はともに 2 ですから，クラメールの連関係数 V は

$$V = \sqrt{\frac{109.9699}{716 \times (2-1)}} = 0.3919$$

となり，やや大きな連関があるといえます。また，**表**5.1 のクロス集計表の χ^2 値は 61.0309，総度数は 467，行数 r（学部）は 5，列数 c（希望業種）は 8 です。したがって，k は 5 ですから，クラメールの連関係数は

$$V = \sqrt{\frac{61.0309}{467 \times (5-1)}} = 0.1808$$

です。いくつかの学部の希望業種に特徴が見られますが，全体的に学部と希望業種の連関は小さいようです。

5.3.3 コーエンの w

コーエン（Cohen, 1988）は連関の強さを表す効果量として

$$w = \sqrt{\sum_{i=1}^{r}\sum_{j=1}^{c}\frac{(p_{n_{ij}} - p_{e_{ij}})^2}{p_{e_{ij}}}} \tag{5.4}$$

を提案しています。ここで，$p_{n_{ij}}$ は各セルの相対度数 n_{ij}/n，$p_{e_{ij}}$ は期待相対度数 e_{ij}/n ですから，**コーエン**（Cohen, J.）の w は相対度数を用いて連関の強さを表しています。

式(5.4)を書き換えると，w は χ^2 とクラメールの連関係数 V との間に

$$w = \sqrt{\frac{\chi^2}{n}} = \sqrt{k-1}\,V \tag{5.5}$$

という関係があります。k は行数 r と列数 c の小さい方の値です。クラメールの連関係数 V の最大値は 1 ですから，コーエンの w の最大値は $\sqrt{k-1}$ です。したがって，クラメールの連関係数 V が同一の値のクロス集計表でも，行数と列数が異なれば w の値も異なります。コーエンは w を解釈する場合，0.10 を小さな効果，0.30 を中程度の効果，0.50 を大きな効果としています。

72　　　第 5 章　質的変数の連関を理解する

計算例

表 5.2 のクロス集計表では

$$w = \sqrt{2-1} \times 0.392 = 0.392 \tag{5.6}$$

です。また，表 5.1 のクロス集計表では

$$w = \sqrt{5-1} \times 0.181 = 0.362 \tag{5.7}$$

です。いずれも効果量としては中程度の大きさであるといえます。

5.3.4　ピアソンの連関係数 C

ピアソン（Pearson, K.）の連関係数 C は

$$C = \sqrt{\frac{\chi^2}{n + \chi^2}} \tag{5.8}$$

と定義されます。C の最小値は 0 です。また，χ^2 の最大値は $n(k-1)$ ですから，C の最大値は $\sqrt{1 - 1/k}$ です。k は行数 r と列数 c の小さい方の値です。

5.4　残　差

連関係数 V や w から 2 変数の連関があるといえるときは，観測度数と期待度数との違いに着目して特徴を見ていきます。その際に着目する値がセルの残差です。i 行 j 列の残差（residual）r_{ij} は

$$r_{ij} = n_{ij} - e_{ij} \tag{5.9}$$

と定義され，この絶対値が大きいセルに連関の特徴が現れます。しかし，相対度数が一定でも総度数が大きくなると残差も大きくなりますので，r_{ij} を絶対的に評価することはできません。そのため，セル度数の誤差分散 v_{ij} を用いて残差を調整をした**調整済み標準化残差**（adjusted standardized residual）

$$a_{ij} = \frac{n_{ij} - e_{ij}}{\sqrt{v_{ij}}} \tag{5.10}$$

$$\text{ここで,} \quad v_{ij} = \left(\frac{n_i.n_{.j}}{n}\right)\left(\frac{n - n_{i.}}{n}\right)\left(\frac{n - n_{.j}}{n}\right)$$

を使用してクロス集計表の特徴を読み取ります。連関がないときは $a_{ij} <$ -1.960 となる確率と $a_{ij} > 1.960$ となる確率がそれぞれ .025 ですから，a_{ij} の絶対値が 1.960 を超えるとき，行のカテゴリ i と列のカテゴリ j の関係が強いと解釈します。

計算例

先の**表 5.2** のクロス集計表が 2 行 2 列ですから，誤差分散はすべて一致して，

$$v_{11} = v_{12} = v_{21} = v_{22} = 22.9665$$

となりますので，調整済み標準化残差は

$$a_{11} = \frac{464 - 413.7444}{\sqrt{22.9665}} = 10.4867, \quad a_{12} = \frac{109 - 159.2556}{\sqrt{22.9665}} = -10.4867$$

$$a_{21} = \frac{53 - 103.2556}{\sqrt{22.9665}} = -10.4867, \quad a_{22} = \frac{90 - 39.7444}{\sqrt{22.9665}} = 10.4867$$

です。これより，自傷行為を繰り返している人ほど，自殺未遂を経験している傾向が強いといえます。

一方，**表 5.1** のクロス集計表で調整済み標準化残差の絶対値が 1.960 よりも大きいセルに注目すると，経済学部は医療（-2.097），福祉学部は製造（-2.167）を希望する者が他学部よりも少なく，経済学部は金融（4.097），社会学部はマスコミ（2.363），体育学部は教育（2.575）を希望する者が他学部よりも多いという特徴が見られます。

5.4.1 Rを用いたクロス集計表の作成と諸指標の算出

表 5.2 は論文から引用したクロス集計表ですから，セルの度数を読み込んでクロス集計表を作成する手順と諸指標の計算手順を説明します。

第 5 章 質的変数の連関を理解する

■命令文（先頭の数値と：記号は説明のためのものです）

```
 1: mycross <- matrix(c(464, 109,
                        53,  90), ncol = 2, byrow = T)
 2: mycross
 3: addmargins(mycross)      # 周辺度数
 4: round(prop.table(mycross, 1) * 100, 2) # 行和を100とするセル%
 5: round(rowSums(prop.table(mycross) * 100), 2) # セル%の行和
 6: round(colSums(prop.table(mycross) * 100), 2) # セル%の列和
 7: crtest <- chisq.test(mycross, correct = FALSE) # カイ2乗検定
 8: chi2 <- crtest$statistic # カイ2乗値 chi^2 の代入
 9: chi2                     # カイ2乗値 chi^2
10: n <- sum(mycross)        # 総数 n
11: k <- min(dim(mycross))   # 行数と列数の小さい方の値 k
12: sqrt(chi2/(n*(k-1)))     # 係数 V
13: sqrt(chi2/n)             # 係数 w
14: sqrt(chi2/(n+chi2))      # 係数 C
15: crtest$stdres            # 調整済み標準化残差
```

■命令文の意味

1: c()関数によりセルの度数を並べ，matrix()関数へ渡して行列にします。ncol = 2 は列数を 2 とすること，byrow = T は行ごとにセルの度数を埋めていくことを指示しています。

7: chisq.test()関数はχ^2値，期待度数，標準化残差，調整済み標準化残差などを求めます。式(5.1)を用いますので correct = FALSE を指定します。標準設定では 2 行 2 列のクロス集計表に限り，イェーツ（Yates, F.）の連続修正が施されます（p.146）。

■実 行 結 果

sqrt(chi2/(n*(k-1)))以降の計算結果に X-squared（カイ 2 乗）と表示されますが，数値はクラメールの連関係数 V，コーエンの w，スピアマンの C です。

```
> chi2                 # カイ2乗値 chi^2
X-squared
 109.9698
> n <- sum(mycross)    # 総数 n
> k <- min(dim(mycross)) # 行数と列数の小さい方の値 k
```

5.4 残　差

```
> sqrt(chi2/(n*(k-1)))      # 係数 V
X-squared
0.3919045
> sqrt(chi2/n)              # 係数 w
X-squared
0.3919045
> sqrt(chi2/(n+chi2))       # 係数 C
X-squared
0.3648839
> crtest$stdres             # 調整済み標準化残差
          [,1]      [,2]
[1,]  10.48665 -10.48665
[2,] -10.48665  10.48665
```

■補 足 説 明

(1) **自傷自殺未遂**.xlsx に jishou と jisatsu として保存されている回答（経験ありが 1，経験なしが 2）を読み込んでクロス集計表を作成する命令文は次の通りです。table() 関数はクロス集計表を作成します。

```
library(openxlsx)
setwd("K:/データファイル")
mydata <- read.xlsx("自傷自殺未遂.xlsx")
mycross <- table(mydata$jishou, mydata$jisatsu)
mycross
```

(2) χ^2 値等の計算には gmodels パッケージ（Warnes, Bolker, Lumley, & Johnson, 2018）の CrossTable() 関数も利用できます。

76   第5章　質的変数の連関を理解する

参 考 図 書

第1章の参考図書を参照してください。

復 習 問 題

1. クロス集計表から算出される χ^2 値，クラメールの連関係数 V，コーエンの w，ピアソンの連関係数 C の最小値と最大値はいくつでしょうか。

2. 表5.1に示すクロス集計表の χ^2 値，クラメールの連関係数 V，コーエンの w，ピアソンの連関係数 C，期待度数，調整済み標準化残差を求めてください。

3. 表5.1に示すクロス集計表の度数をすべて10倍して，χ^2 値，クラメールの連関係数 V，コーエンの w，ピアソンの連関係数 C を求めてください。

第**6**章

平均値に関する仮説検定を理解する

　すでに述べたように，心理統計法は記述統計と推測統計から構成されます。本書では第3章と第4章で記述統計について学びました。記述統計の目的は収集したデータの特徴を平均値や標準偏差，さらに相関係数などの数値を用いて記述することにあります。収集したデータを1つの標本（サンプル）とするなら，その背後には標本で得られた知見を一般化したい母集団を考えることができます。本章では，記述統計で得られた知見を母集団へと一般化する方法と，母集団の統計量を推測する方法を平均値を手がかりとして学びます。

6.1　母集団と標本

　今年，ある都市の女子高等学校で迎えた新入生280名の平均身長を知りたいとしましょう。たかだか280名ですから悉皆調査（全数調査）も可能かもしれませんが，担当クラスの女子40名の身長を手がかりとして280名の平均身長を推測するとします。このとき，表題の**母集団**（population）とは調査や研究で関心の対象となる集団のことですから，新入生の280名が母集団です。また，**標本**（**サンプル**；sample）とは母集団から抽出された一部の集団ですから，担当クラスの女子40名です。今，標本はこのクラスの学生だけですから，**標本数**（number of sample）は1です。また，1つの標本を構成する人の数は一般的に**標本の大きさ**（**標本サイズ**；sample size）とよばれます。

　仮に母集団が大きくても，母集団を構成する要素が有限であるときは**有限母集団**（finite population），無限であるときは**無限母集団**（infinite population）とよばれます。本書で紹介する統計的方法は無限母集団を仮定していますので，そうした方法を小さな有限母集団に適用すると分析結果が歪みます。しかし，心理学の研究では母集団の要素が有限であっても比較的大きいはずですから，

78   第 6 章　平均値に関する仮説検定を理解する

歪みは小さいと考えてよいと思います。

　ところで，ある人が精巧に作られた歪みのないサイコロを 15 回振り，出る目を予知する実験をしたとしましょう。このときの母集団と標本は何でしょうか。この場合は人ではなく，標本は「成功」と「失敗」からなる 15 回の結果です。そして，時間と体力があればいくらでもサイコロを振ることができますから，母集団は無限個の「成功」と「失敗」という結果です。このように同一条件で測定できる無限個の要素で構成される無限母集団を考え，その一部を標本と見なすことができます。先の事例で新入生の身長を推測するときは人を母集団と標本としましたが，同じ 40 名から新入生の平均体重を推測することもできますから，実際に統計解析を行う場合は，1 変数ごとの測定値の集まりを母集団もしくは標本と考えることができます。

6.1.1　母数と統計量

　標本の特徴を記述する平均値，標準偏差，相関係数などの統計的な指標は**統計量**（statistic）もしくは**標本統計量**とよばれ，その統計量に対応する母集団の指標は**母数**（**パラメータ**，**パラメタ**；parameter）とよばれます。そのため，標本と母集団の指標を区別するときは，標本では指標の前に「標本」を付けて標本平均値，標本標準偏差，標本相関係数などと記し，母集団では「母」を付けて母平均値，母標準偏差，母相関係数などと記します。

　本書が取り上げる推測統計では母数を 1 つの定数として扱いますが，母数を確率的に変動する変数，つまり確率変数として扱うベイズ統計学（Bayesian statistics）（繁桝, 1985；渡部, 1999；豊田, 2016）もあります。

6.1.2　標本の無作為抽出

　記述統計の目的が標本の特徴を統計量を用いて記述することであるのに対し，推測統計の大きな目的は標本の統計量を用いて母数に関する推測を行うことです。このときの大事な前提は標本が母集団から無作為に抽出されていることです。これは**無作為抽出**（random sampling），その標本は**無作為標本**（random sample）とよばれます。母集団を構成する個々の要素が同一の確率で抽出され

る可能性があったとき，標本は無作為に抽出されたことになります。

標本の統計量で得られた結果を一般化したい集団が母集団ですが，その母集団から実際の研究参加者が無作為に選ばれていることは，実はまれなのではないかと思われます。調査研究を行った論文を読みますと，講義中に質問紙調査を実施していることが多いですから，論文著者が勤務する大学の学生を研究参加者としたり，知人を通して特定の大学で研究参加者を募っているのではないでしょうか。実際にそうであったとしたら，「日本の大学生」を母集団とすることはできていないと思われます。また，高校生，中学生，小学生を参加者とする研究では，論文著者が人脈を頼りに研究対象校を決めることがあります。さらに，その対象校の所在地が特定の地域に限定されることがあります。やはり，こうした研究でも母集団を単純に「日本の高校生」，「日本の中学生」，「日本の小学生」とはいえないと思われます。

母集団の設定に関し，南風原（2002, p.121）は「母集団を実際のサンプルにあわせて限定するという作業が必要になってくる」と述べています。私たちが想定する母集団から無作為に標本を抽出することはできないですから，実際の調査研究では参加者としてできる限り偏りのない標本を抽出するように努めた上で，分析結果を一般化し過ぎないように母集団を限定することが望まれます。

1. 測定値の従属関係とマルチレベル分析

小学生を対象として学力調査や意識調査を実施した場合，児童の回答は個人の特性だけでなく，級友，学級・学校規模，担任教師の特性，さらに地域の影響を受けていると思われます。測定値にこのような従属関係があるとき，児童は学級に，学級は学校に，学校は地域にネストされているといいます。こうしたネストされている状況を無視してしまうと誤った分析結果を得ることがあります。そのため，その従属関係の強さを説明する分析法として**マルチレベル分析**（multilevel analysis）があります（Luke, 2004；平井・伊藤・杉澤, 2009；Scott, Simonoff, & Marx, 2013；Finch, Bolin, & Kelley, 2014）。マルチレベル分析は**階層的線形モデル**（hierarchical linear model），**混合効果モデル**（mixed effect model），**ランダム係数モデル**（random coefficient model），**成長曲線モデル**（growth curve model）ともよばれます。

80   第 6 章　平均値に関する仮説検定を理解する

　マルチレベル分析は階層構造を持つデータだけでなく，縦断的調査データにも適用できるモデルです。本書ではマルチレベル分析を説明しませんが，マルチレベル分析は大規模調査データを分析する標準的な手法となりつつあります。

6.2 仮説検定とは

6.2.1 標本分布

　サイコロの出る目を予知する実験に話を戻しますと，サイコロを 15 回振ったところ，予知に 3 回成功しました。それでは，さらに実験を続けると，次の 15 回でも成功回数は 3 になるでしょうか。おそらくならないと思います。表 6.1 には，1 度の試行数を 15 回に固定して，さらに実験を続けた結果（5 回）を示しました。実際，2 回目の実験では 1 回しか当たっていません。表 6.1 では成功を「1」，失敗を「0」としていますので，各実験において数値の総和が成功回数，平均値が成功率に相当します。各実験の結果が 1 つの標本になりますので，ここでは標本数が 5，各標本の大きさが 15 です。

表 6.1　サイコロの出る目を当てる実験の結果

実験	結果（1：成功，0：失敗）	成功	
		回数	率
1	1 0 0 0 0 0 0 1 1 0 0 0 0 0 0	3	0.20000
2	0 0 0 0 0 0 0 0 0 0 0 0 0 1 0	1	0.06667
3	0 0 1 0 0 0 1 0 0 0 0 1 1 0 0	4	0.26667
4	0 0 0 0 0 1 0 1 0 0 0 0 0 0 0	2	0.13333
5	0 0 0 0 0 0 0 0 0 0 0 0 0 0 0	0	0.00000
	平均値	2.000	0.13333

　この実験（試行数は 15 のままとします）を無限に繰り返し，成功回数（総和）の分布を描いたとします。それは成功回数（総和）の標本分布（sampling distribution）とよばれます。同様に平均値（成功率）の分布を描くこともでき，それは平均値の標本分布とよばれます。今，実験を無限に繰り返し，といいましたが，実際には実験を行うことなく標本分布を数学的に導くことができます。

6.2 仮説検定とは

この実験では1回ごとの成功確率は一貫して1/6ですから，成功回数の標本分布は試行数を15，成功確率を1/6とする**2項分布**（binomial distribution）になります。

1. 2項分布

小細工をせずに1個のサイコロを振ったとき，出た目を当てられる成功確率を π（パイ），失敗確率を $1-\pi$ とします。予知能力のない人が精巧にできたサイコロを使えば $\pi=1/6$，$1-\pi=5/6$ です。この試行は成功確率1/6の**ベルヌーイ**（**ベルヌイ**：Bernoulli, J.）**試行**とよばれ，試行の結果を1（成功）と0（失敗）で表す変数の分布は**ベルヌーイ分布**とよばれます。ベルヌーイ分布の平均値は π，分散は $\pi(1-\pi)$ です。

それでは，そのサイコロを同じように独立して n 回振ったときの成功回数を x とします。x は0から n のいずれかを取りますが，それぞれの値を取る確率はいくらでしょうか。これは同一のベルヌーイ分布に従う n 個の変数の総和の分布であり，これが2項分布です。

$n=2$ の2項分布は，［成功 → 成功］，［成功 → 失敗］，［失敗 → 成功］，［失敗 → 失敗］という4通りの可能性がありますから，それぞれの値を取る確率は次の通りです。確率の総和は $(1-\pi)^2 + 2\pi(1-\pi) + \pi^2 = 1$ になっています。

$x=0$（［失敗 → 失敗］のみ）：$(1-\pi) \times (1-\pi) = (1-\pi)^2$

$x=1$（［成功 → 失敗］と

　　　［失敗 → 成功］）　：$\pi \times (1-\pi) + (1-\pi) \times \pi = 2\pi(1-\pi)$

$x=2$（［成功 → 成功］のみ）：$\pi \times \pi = \pi^2$

これは試行数 n を2，成功確率 π を1/6とする2項分布とよばれます。試行数 n が小さいときは，このように試行結果を場合分けして容易に確率を計算できますが，n が大きくなると，こうした計算方略は無力です。ここでは導出方法に関する詳しい説明を他書（Howell, 2013）に譲り，2項分布で定義される確率を求める計算式を紹介します。

試行数を n，成功確率を π とすると，成功回数 x が k となる確率 $P(x=k)$ は

$$P(x = k) = \underbrace{\frac{n!}{k!(n-k)!}}_{{}_nC_k} \pi^k (1-\pi)^{n-k} \tag{6.1}$$

です。${}_nC_k$（$\binom{n}{k}$ とも表記します）は n 回の試行で k 回成功する組合せの数，$n!/[k!(n-k)!]$ はそれを求める計算式です。$n!$ は n の**階乗**（factorial）で，

$$n! = n \times (n-1) \times (n-2) \times \cdots \times 2 \times 1 \tag{6.2}$$

と定義されます。ただし，$0! = 1$ とします。連続分布の確率密度関数に対応する関数が式 (6.1) ですが，これは確率を与えますので，2 項分布の**確率関数**（probability function）とよばれます。2 項分布の平均値は $n\pi$，分散は $n\pi(1-\pi)$ です。

サイコロの出る目を予知する実験（**表 6.1**）に合わせて式 (6.1) の試行数 n に 15，成功確率 π に 1/6 を代入すると，

$$P(x=0) = \frac{15!}{0!(15-0)!} \times \left(\frac{1}{6}\right)^0 \times \left(1-\frac{1}{6}\right)^{15-0} \quad = 0.0649055$$

$$P(x=1) = \frac{15!}{1!(15-1)!} \times \left(\frac{1}{6}\right)^1 \times \left(1-\frac{1}{6}\right)^{15-1} \quad = 0.1947164$$

$$\vdots \qquad\qquad\qquad\qquad\qquad \vdots$$

$$P(x=15) = \frac{15!}{15!(15-15)!} \times \left(\frac{1}{6}\right)^{15} \times \left(1-\frac{1}{6}\right)^{15-15} = 2.127 \times 10^{-12}$$

となります。$P(x=0)$ から $P(x=15)$ までの確率とそれを累積した値（$\sum_{j=0}^{k} P(x=j)$，**累積分布** [cumulative distribution] とよばれます），さらに，成功回数が k 以上になる確率（$\sum_{j=k}^{15} P(x=j)$）を**表 6.2** に示します。

2. R を用いた確率の算出

試行数 n，成功確率 π の 2 項分布において成功回数を $k(k = 0, 1, 2, \cdots, n)$ とする確率の計算には `dbinom()` 関数，累積分布の計算には `pbinom()` 関数を用います。$n = 15$，$\pi = 1/6$ の場合は次の通りです。また，`barplot()` 関数により，**図 6.1** に示す 2 項分布を描くことができます。

6.2 仮説検定とは

表 6.2 試行数 15, 成功確率 $\frac{1}{6}$ の 2 項分布

k	$P(x=k)$	$\sum_{j=0}^{k} P(x=j)$	$\sum_{j=k}^{15} P(x=j)$
0	0.0649055	0.0649055	1.0000000
1	0.1947164	0.2596219	0.9350945
2	0.2726030	0.5322249	0.7403781
3	0.2362559	0.7684808	0.4677751
4	0.1417535	0.9102343	0.2315192
5	0.0623716	0.9726059	0.0897657
6	0.0207905	0.9933964	0.0273941
7	0.0053461	0.9987425	0.0066036
8	0.0010692	0.9998118	0.0012575
9	0.0001663	0.9999781	0.0001882
10	1.996×10^{-5}	0.9999981	2.190×10^{-5}
11	1.814×10^{-6}	0.9999999	1.941×10^{-6}
12	1.210×10^{-7}	1.0000000	1.267×10^{-7}
13	5.583×10^{-9}	1.0000000	5.745×10^{-9}
14	1.595×10^{-10}	1.0000000	1.616×10^{-10}
15	2.127×10^{-12}	1.0000000	2.127×10^{-12}

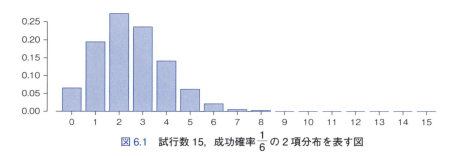

図 6.1 試行数 15, 成功確率 $\frac{1}{6}$ の 2 項分布を表す図

■命令文（先頭の数値と：記号は説明のためのものです）

```
1: n  <- 15      # 試行数
2: pi <- 1/6     # 成功確率
3: k  <- 0:n     # 成功回数
4: dbinom(k, size = n, prob = pi) # 確率
5: pbinom(k, size = n, prob = pi) # 累積分布
6: barplot(dbinom(k, size = n, prob = pi),
           names.arg = k)
```

84　　第 6 章　平均値に関する仮説検定を理解する

■命令文の意味

3: k に 0 から 15 までの整数を代入します。

6: names.arg = k は横軸のラベルとして k（0 から 15）を指定します。

■実 行 結 果

確率と累積分布は次の通りです。小さな値は *a.bcdefg*e-*hi* のように表示され
ますが，これは，$a.bcdefg \times 10^{-hi}$ という意味です。したがって，6.490547e-
02 は $6.490547 \times 10^{-02} = 6.490547/100 = 0.06490547$ です。

```
> dbinom(k, size = n, prob = pi) # 確率
 [1] 6.490547e-02 1.947164e-01 2.726030e-01 2.362559e-01
 [5] 1.417535e-01 6.237156e-02 2.079052e-02 5.346134e-03
 [9] 1.069227e-03 1.663242e-04 1.995890e-05 1.814445e-06
[13] 1.209630e-07 5.582909e-09 1.595117e-10 2.126822e-12
> pbinom(k, size = n, prob = pi) # 累積分布
 [1] 0.06490547 0.25962189 0.53222487 0.76848078 0.91023433
 [6] 0.97260589 0.99339642 0.99874255 0.99981178 0.99997810
[11] 0.99999806 0.99999987 0.99999999 1.00000000 1.00000000
[16] 1.00000000
```

6.2.2　帰無仮説と対立仮説

　予知能力があると主張する人がサイコロの出る目を 15 回予測したところ，6
回成功しました。この結果を聞き，本人が主張するように予知能力があると判
断してよいでしょうか。試行数を 15，成功確率を 1/6 とすると，成功回数の
標本分布は**表 6.2** でしたから，予知能力がない人でも .0274 の確率で少なくと
も 6 回は成功します。この確率は 0 ではありませんし，この程度の確率であれ
ば誰にでもできそうな気がしないでもありませんから，予知能力がないと判断
してしまいそうです。しかし，このような理屈で判断していくと成功回数を 7
回以上としても，その確率は厳密には 0 ではありませんから，実験を重ねても
予知能力の有無を判断することができません。

　そこで，予知能力がないとする仮説と予知能力があるとする仮説を立てます。
予知能力がないと仮定した場合，成功回数の標本分布は**表 6.2** になります。一
方，予知能力があると仮定した場合，予知能力が極めて強いときはほとんど成

6.2 仮説検定とは

功するでしょうが，弱い予知能力では成功回数の標本分布は**表 6.2** とそれほど変わらないかもしれません。一口に予知能力があるといっても，その強さがわからなければ成功回数の標本分布を特定することができません。そのため，標本分布を特定できる仮説を**帰無仮説**（null hypothesis，H_0），特定できない仮説を**対立仮説**（alternative hypothesis，H_1）とし，実験結果に基づいて仮説の採否を統計的に判断します。この手続きは**統計的仮説検定**（**仮説検定，検定**；statistical hypothesis testing）とよばれます。

1. 仮説検定の手続き

予知能力の有無を判断する仮説検定は次の手順に従います。

(1) 帰無仮説と対立仮説の設定

帰無仮説と対立仮説を

　　帰無仮説：この人に予知能力はない

　　対立仮説：この人に予知能力はある

とします。このままでは統計的に採否を判断することができませんから，仮説検定では母数を用いて 2 つの仮説を次のように表現します。

　　帰無仮説：$\pi = \frac{1}{6}$

　　対立仮説：$\pi > \frac{1}{6}$

π は帰無仮説の下で，無限個の成功と失敗という要素から構成される反応母集団において，成功が占める割合です。帰無仮説は予知能力がないとするので π は 1/6 です。対立仮説は不等号（>，<）もしくは等号否定（≠）を用いて帰無仮説を否定します。予知能力があれば反応母集団において成功が占める割合は 1/6 よりも大きいはずですから，対立仮説を $\pi > 1/6$ としました。

(2) 統計量の算出

1 つの標本を収集し，統計量を求めます。ここでは，サイコロの出る目の予知に成功した回数の 6 が標本統計量です。

(3) 帰無仮説を真とする標本分布の導出

成功回数の標本分布は試行数 n を 15，成功確率 π を 1/6 とする 2 項分布（**表 6.2**）です。

(4) p 値の算出

p 値（p-value）とは帰無仮説を真とするとき，標本統計量が実際に観測された値に等しいか，それ以上に帰無仮説に反する極端な値となる確率です。先の実験では成功回数が 6 でしたから，p 値は成功回数が 6 以上となる事象の起こる確率です。したがって，**表 6.2** に示した通り

$$p = \sum_{k=6}^{15} P(x = k) = 0.0207905 + \cdots + 2.127 \times 10^{-12} = 0.0274$$

です。p 値が極めて小さいときは，帰無仮説の下では極めて珍しい事象が起きたことを意味しますので，この値を帰無仮説を否定する材料として利用できます。p 値は**有意確率**（significance probability）ともよばれます。

(5) p 値と有意水準の値の比較

p 値と**有意水準**（significance level）の値を比較して，2 つの仮説の採否を判断します。有意水準とは帰無仮説の採否を決める基準値です。心理学の研究では .05 を用いていますので，この伝統に従えば，p 値が .05 よりも小さいとき（$p < .05$），帰無仮説の下では非常に起こりにくい事象が起きたので帰無仮説が誤っていると判断し，対立仮説を採択します。このことを有意水準 .05（5%）で帰無仮説を**棄却**する（reject），ともいいます。予知能力の有無を調べる実験では p 値は .0274 ですから，帰無仮説を棄却できます。したがって，この人には予知能力があると判断します。逆に p 値が有意水準の値以上（$p \geq .05$）のときは，特に珍しい事象が起きたとは判断せず，帰無仮説を棄却しません。帰無仮説を棄却しなくても，それが正しいと積極的に支持するわけではありませんから，判断を保留するという言い方もできます。なお，ここで説明した検定は 2 項分布を用いて p 値を求めていますので，**2 項検定**（binomial test）とよばれます。

2. R を用いた 2 項検定

`binom.test()` 関数を用いて p 値を求めることができます。次は成功回数（x）を 6，試行数（n）を 15，成功確率（p）を 1/6 とする命令文です。

6.2 仮説検定とは

■命令文（先頭の数値と：記号は説明のためのものです）

```
1: binom.test(x = 6, n = 15, p = 1/6,
              alternative = "greater")
```

■命令文の意味

1: 予知能力の有無を判断する検定では対立仮説を「$\pi > 1/6$」としましたので，引数として alternative = "greater" を指定します。

■実 行 結 果

p 値は p-value = 0.02739 として出力されます。

```
        Exact binomial test

data:  6 and 15
number of successes = 6, number of trials = 15,
p-value = 0.02739
```

6.2.3 仮説検定における誤りと検定力

先の仮説検定では，その人に予知能力があると判断しましたが，もし予知能力がないとしたら，仮説検定で誤った判断を行ったことになります。現実の場面では真実はわかりませんが，仮説検定は2種類の誤りを犯す可能性があります。その誤りを**表6.3**にまとめました。

表6.3　仮説検定における2種類の誤りと検定力

		帰無仮説が本当は	
		真のとき	偽のとき
帰無仮説を	棄却する判断は	第1種の誤り α （有意水準）	正しい $1-\beta$ （検定力）
	棄却しない判断は	正しい $1-\alpha$	第2種の誤り β

第6章　平均値に関する仮説検定を理解する

　第1の誤りは帰無仮説が真のときに帰無仮説を棄却してしまう誤りです。こ
れは**第1種の誤り**（**第1種の過誤**，**第1種の誤謬**，**タイプⅠエラー**；type I
error）とよばれます。先の例では帰無仮説を棄却しましたから，もしこの人に
予知能力がないとしたら，第1種の誤りを犯していることになります。仮説検
定では第1種の誤りを犯す確率を一定の値に抑えますが，それが有意水準の値
で，心理学の研究では一般的に .05 とします。有意水準の値は α（アルファ）
で表記されます。一方，帰無仮説が真のときに帰無仮説を棄却しないのは正し
い判断で，有意水準を α とすると，正しい判断を下す確率は $1 - \alpha$ です。

　第2の誤りは帰無仮説が偽のときに帰無仮説を棄却しない誤りです。これは
正しい対立仮説を採択しない誤りでもあり，**第2種の誤り**（**第2種の過誤**，**第
2種の誤謬**，**タイプⅡエラー**；type II error）とよばれます。第2種の誤りの
大きさは β（ベータ）と表記されます。帰無仮説が偽のときに帰無仮説を棄却
すれば正しい判断で，その正しい判断を行うことができる確率は $1 - \beta$ です。
この値は**検定力**（power；**検出力**）とよばれます。対立仮説を不等号もしくは
等号否定を用いて表現している場合は母数の値が定まらず，対立仮説の下での
標本分布を特定できませんから，β と $1 - \beta$ の値は不明です。検定力の値を求
めるためには，対立仮説において母数の値を特定の値に固定する必要がありま
す。

　ところで，.05 という有意水準を用いた場合，予知能力のない 20 人に先と同
一の実験を行ったとき，誰か1人に予知能力があると判断する可能性がありま
す。心理学は伝統的に有意水準を .05 としていますが，この値は予知能力の存
在を信じない人にとっては極めて甘い基準です。先の検定結果はにわかには受
け入れ難いと思います。

　仮説検定で帰無仮説を棄却できたとしても，それが誤っている可能性が常に
ありますから，予知能力のように特に珍しい現象を発見したときは追試（再現
実験）を行うべきでしょう。また，多数の変数を用いて検定を繰り返している
研究でも追試を行うとよいと思われます。

6.3　1つの平均値

6.3.1　1標本の t 検定

変数が母集団において正規分布に従うことを仮定し，平均値を手がかりとして，1つの標本が特定の母集団から無作為に抽出された標本といえるかどうかを検定します。これは**1標本の t 検定**（one sample t-test）とよばれます。仮説は母集団の平均値（母平均値）を μ，分析者が指定する任意の平均値を m_s として

　　帰無仮説：$\mu = m_s$

　　対立仮説：$\mu \neq m_s$

とします。対立仮説の $\mu \neq m_s$ は $\mu < m_s$ と $\mu > m_s$ という方向を持つ2つの仮説を含みますので，**両側対立仮説**（two-tailed alternative hypothesis）とよばれます。もし $\mu < m_s$ と $\mu > m_s$ の一方を対立仮説とした場合は**片側対立仮説**（one-tailed alternative hypothesis）です。

平均値の標本分布から直に p 値を求めることができませんので，1標本の t 検定では，帰無仮説が真のとき

$$t_0 = \frac{\bar{x} - m_s}{\sqrt{\dfrac{u^2(x)}{n}}} = \frac{\bar{x} - m_s}{\dfrac{u(x)}{\sqrt{n}}} \tag{6.3}$$

と定義される t_0 値の標本分布が，**自由度**（df, degree of freedom）$n-1$ の t 分布に従うことを利用して p 値を求めます。n は標本の大きさ，$\bar{x}$ は標本平均値，$u^2(x)$ は不偏分散（式(3.6)）です。式(6.3)は帰無仮説（H_0）の下で算出される値ですから，本書では t に0を添えました。

平均値が標本統計量とよばれるのに対し，t_0 は検定に必要となる統計量なので**検定統計量**（test statistic）とよばれます。本書では他の検定統計量として F 統計量や χ^2 統計量などを使用します。

計算例

80名の塾生が受けた標準学力テストの平均値が 53.163，不偏分散が 99.176

でした。標準学力テストは全国平均値が 50 点となるように作成されていますので，この塾を利用する生徒の母平均値（μ）が全国平均値の 50（m_s）と異なるかどうかを両側対立仮説を立てて検定します。

検定統計量は

$$t_0 = \frac{53.163 - 50}{\sqrt{\dfrac{99.176}{80}}} = \frac{3.163}{1.1134} = 2.8408$$

です。p 値は図 6.2 に示す通り，自由度 79 の t 分布において，$t < -2.8408$ および $2.8408 < t$ となる面積（青く塗りつぶした部分の面積）に等しいですから，

$$p = \underbrace{Pr(t < -2.8408)}_{df=79 の t 分布} + \underbrace{Pr(2.8408 < t)}_{df=79 の t 分布} = 0.0057$$

です。有意水準 .05 で帰無仮説を棄却でき，塾生の平均値が 53.163 ですから，母平均値は全国平均値よりも大きいと判断することができます。$Pr()$ は括弧内の不等号を満たす確率の意味です。

もし塾の学習効果が良い方向にあると仮定し，

帰無仮説：$\mu = 50$

対立仮説：$\mu > 50$

とする片側対立仮説とした場合，p 値は t 分布（図 6.2）において上側面積だけになりますから，次の通りです。

$$p = \underbrace{Pr(2.8408 < t)}_{df=79 の t 分布} = 0.00286$$

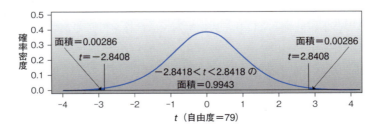

図 6.2　自由度 79 の t 分布における $t<-2.8408$ の面積と $2.8408<t$ の面積

1. Rを用いたt分布における面積の求め方

pt()関数を用いて求めます。qにt値，dfに自由度を指定します。

■命令文（先頭の数値と：記号は説明のためのものです）

```
1: pt(q = -2.8408, df = 79)               # 下側面積
2: 1 - pt(q = 2.8408, df = 79)            # 上側面積
3: pt(q = 2.8408, df = 79, lower.tail = F) # 上側面積
```

■実行結果

すべて同値となります。

```
> pt(q = -2.8408, df = 79)                # 下側面積
[1] 0.002860819
 :
```

2. 自由度とは

自由度（df）はt分布，F分布，さらにχ^2分布を参照する際に必要となるもので，

$$自由度 = 相互に独立な確率変数の数 - 推定した母数の数 \qquad (6.4)$$

です。n名の測定値から母平均値を推定したとすると，相互に独立な確率変数の数は標本の大きさのn，そして，1つの母平均値を推定していますので，自由度は$n-1$です。これが1標本の平均値を検定するt検定で参照するt分布の自由度です。

説明を変えますと，n名の測定値を用いて推定した平均値が50であるとします。このとき，$n-1$名の測定値がわかれば残る1名の値はわかりますから，自由に値を取れる測定値の個数は$n-1$となり，自由度と一致します。つまり，自由度は母数を推定したときに自由に変化できる測定値の数ともいえます。

6.3.2 信頼区間

1標本の t 検定に用いた事例（p.89）の標本の大きさに合わせ，自由度 79 $(= n - 1 = 80 - 1)$ の t 分布を図 6.3 に示します。α を .05 として上側面積 $\alpha/2$ および下側面積 $\alpha/2$ を青く塗りつぶしていますので，中央の白色部分の面積は .95 $(= 1 - \alpha)$ です。青色と真ん中の領域を分ける $t_{\alpha/2}$ は 1.9905，$-t_{\alpha/2}$ は -1.9905 です。

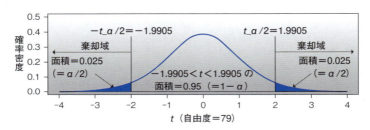

図 6.3　自由度 79 の t 分布における $\alpha/2$（.025）と $\pm t_{\alpha/2}$（±1.9905）の関係

1標本の t 検定において帰無仮説の下で式 (6.3) の t_0 は t 分布に従いますから，t_0 が

$$-t_{\alpha/2} < \underbrace{\frac{\bar{x} - m_s}{\sqrt{\dfrac{u^2(x)}{n}}}}_{\text{式 (6.3) の } t_0} < t_{\alpha/2} \tag{6.5}$$

を満たす確率は $1 - \alpha$ です。ここで，式 (6.5) の不等式を母平均値 m_s を挟むように書き換えると

$$\bar{x} - t_{\alpha/2}\sqrt{\frac{u^2(x)}{n}} < m_s < \bar{x} + t_{\alpha/2}\sqrt{\frac{u^2(x)}{n}} \tag{6.6}$$

となります。

式 (6.5) と式 (6.6) の不等式が満たす確率は変わりませんから，式 (6.6) は母平均値 m_s が $\bar{x} - t_{\alpha/2}\sqrt{u^2(x)/n}$ よりも大きく，$\bar{x} + t_{\alpha/2}\sqrt{u^2(x)/n}$ よりも小さい確率が $1 - \alpha$ であることを意味します。このとき，確率 $1 - \alpha$ もしくは $100 \times (1 - \alpha)\%$ は**信頼水準**（confidence level）（**信頼係数**，confidence coefficient；**信頼度**，

信頼率），母平均値を含む区間は信頼水準 $1-\alpha$ の**信頼区間**（confidence interval, CI）とよばれます。そして，信頼区間の下限値は**下側信頼限界**（lower confidence limit），上限値は**上側信頼限界**（upper confidence limit），2 つ合わせて**信頼限界**とよばれます。信頼区間を解釈したり，報告する場合は信頼水準を .95（$\alpha = .05$）あるいは .90（$\alpha = .10$）とすることが多いです。

　信頼区間は標本ごとに異なりますので確率変数です。したがって，$1-\alpha$ の確率で「信頼水準 $1-\alpha$ の信頼区間に母平均値を含む」という記述が正しいことを意味します。信頼区間が母平均値を含まないことはありますが，信頼水準を .95（$\alpha = .05$）としておけば，母平均値が信頼区間の範囲から大きく外れることはないと思ってよいです。

1.　R を用いた t 分布における t 値の求め方

　t 分布の下側あるいは上側の面積（確率）から t 値を求める関数は qt() です。例えば，自由度 79 の t 分布において，下側および上側面積を 0.025 とする t 値を求めるには次の命令文を使います。

■命令文（先頭の数値と : 記号は説明のためのものです）

```
1: qt(p = 0.025, df = 79)   # 下側面積を0.025とするt値
2: -qt(p = 0.025, df = 79)  # 上側面積を0.025とするt値
3: qt(p = 0.025, df = 79,
       lower.tail = F)       # 上側面積を0.025とするt値
```

■実 行 結 果

```
> qt(p = 0.025, df = 79)   # 下側面積を0.025とするt値
[1] -1.99045
> -qt(p = 0.025, df = 79)  # 上側面積を0.025とするt値
[1] 1.99045
> qt(p = 0.025, df = 79,
+     lower.tail = F)       # 上側面積を0.025とするt値
[1] 1.99045
```

計算例

1 標本の t 検定に用いた事例（p.89）の標本平均値（53.163）と不偏分散（99.176）を用いて，母平均値の信頼係数 .95（$\alpha = .05$）の信頼限界を求めます。自由度 79 の t 分布において上側確率を .025（$= \alpha/2 = .05/2$）とする t 値（$t_{\alpha/2}$）は 1.9905（図 6.3 参照）ですから，

$$\text{下側信頼限界：} \bar{x} - t_{\alpha/2}\sqrt{\frac{u^2(x)}{n}} = 53.163 - 1.9905\sqrt{\frac{99.1758}{80}} = 50.9467$$

$$\text{上側信頼限界：} \bar{x} + t_{\alpha/2}\sqrt{\frac{u^2(x)}{n}} = 53.163 + 1.9905\sqrt{\frac{99.1758}{80}} = 55.3793$$

です。信頼限界は計算に用いた標本によって異なりますが，この 80 名から推測した場合には，信頼水準 .95 で 50.95 から 55.38 の間に母平均値が含まれるといえます。このように信頼区間を用いて母数を推定する方法は**区間推定**（interval estimation），そして，1 つの値で母数を推定する方法は**点推定**（point estimate）とよばれます。

図 6.3 に示す青色の面積は合わせて α ですから，標本で求めた t_0 値が青色で示す t の領域に落ちるとき，有意水準 α で帰無仮説を棄却できます。そのため，帰無仮説を棄却できる領域は一般に**棄却域**（rejection region；**臨界域**，critical region），そして，帰無仮説を棄却できる限界値は**棄却限界値**（critical value，**臨界値**）とよばれます。

6.3.3 R を用いた平均値の検定

1. 1 標本の場合

塾生 80 名の学力テストの得点が変数名 x として **80 名の学力得点**.xlsx に保存されています。t.test() 関数を用いて 1 標本の t 検定を行います。

■命令文（先頭の数値と：記号は説明のためのものです）

```
1: library(openxlsx)        # openxlsxパッケージの読み込み
2: setwd("K:/データファイル")  # ディレクトリの変更
3: mydata <- read.xlsx("80名の学力得点.xlsx")
4: t.test(mydata$x, mu = 50)   # 1標本のt検定
```

■命令文の意味

4: t.test() の第1引数は検定する変数名（ここでは mydata$x），第2引数（mu）には帰無仮説で指定する母平均値（ここでは50）を指定します。この関数の標準設定は両側対立仮説です。

■実 行 結 果

検定統計量 t（式(6.3)）は t の 2.8404，t 分布の自由度は df の 79，p 値は p-value の 0.005729 です。alternative hypothesis は対立仮説，true mean is not equal to 50 は真の平均値が 50 ではないという意味です。95 percent confidence interval は母平均値の信頼水準 95%の信頼区間で，50.9463 が下側信頼限界で，55.3787 が上側信頼限界です。

```
        One Sample t-test

data:  mydata$x
t = 2.8404, df = 79, p-value = 0.005729
alternative hypothesis: true mean is not equal to 50
95 percent confidence interval:
 50.9463 55.3787
sample estimates:
mean of x
   53.1625
```

2つの平均値の差

6.4.1　対応のない2標本の t 検定

心理学の研究では実験群と統制群との間，中学生と高校生との間など，互い

96 第6章 平均値に関する仮説検定を理解する

に独立した母集団の平均値を比較することがあり，このときに使用されるのが**対応のない2標本のt検定**（independent two-sample t-test）です。この検定は母集団において変数が正規分布に従うことを前提としますが，変数の分布が正規分布からいくらか逸脱しても，比較的正確なp値を得ることができます。このことを検定の前提に対して**頑健**（robust）であるといいます。また，2群の母分散が互いに等しいことも前提としますが，この前提に対しては頑健ではありませんから，2群の母分散が異なり，しかも2群の人数が異なるときは後述のウェルチ（Welch）の検定を使う方がよいです。2つの検定の使い分けについては後述します（p.101）。

1. 等分散性に関するF検定

第1群の母分散をσ_1^2，第2群の母分散をσ_2^2として，仮説を

帰無仮説：$\dfrac{\sigma_1^2}{\sigma_2^2} = 1$（$\sigma_1^2 = \sigma_2^2$ と同じ意味）

対立仮説：$\dfrac{\sigma_1^2}{\sigma_2^2} \neq 1$（$\sigma_1^2 \neq \sigma_2^2$ と同じ意味）

とします。等分散性に関する**F検定**（F-test）は，帰無仮説が真のとき

$$F_0 = \frac{u_1^2(x)}{u_2^2(x)} \tag{6.7}$$

が分子自由度$n_1 - 1$，分母自由度$n_2 - 1$のF分布に従うことを利用してp値を求めます。n_1は第1群の総数，n_2は第2群の総数，$u_1^2(x)$は第1群の不偏分散，$u_2^2(x)$は第2群の不偏分散です。F_0は不偏分散の比になっていますので，**分散比**（variance ratio, ratio of variances）ともよばれます。

計算例

表6.4に減量プログラムへ参加した10名（実験群）の体重の減量と，実験群と比較するために収集した非参加者15名（統制群）の体重の減量を示します。このデータを用いて2群の間で減量の分散が異なるか否かを検定します。$u_1^2(x) = 1.998$，$u_2^2(x) = 1.123$ ですから，検定統計量F_0は

6.4 2つの平均値の差

表 6.4 体重の減量 (kg)

群	減量					平均値	分散	標準偏差
実験群	1.2	−0.6	2.4	4.1	3.2			
($n_1=10$)	2.6	1.0	0.5	0.7	1.2	1.630	1.998	1.413
統制群	0.8	2.1	0.5	−1.0	1.2			
($n_1=15$)	1.1	−1.0	−0.8	0.4	0.6			
	−0.3	−0.1	−0.4	0.2	−2.1	0.080	1.123	1.060

$$F_0 = \frac{1.998}{1.123} = 1.7788 \tag{6.8}$$

です。p 値は帰無仮説を真としたとき，標本で得られた以上に帰無仮説 ($\sigma_1^2/\sigma_2^2 = 1$) に反する結果が得られる確率ですから，図 6.4 の (a) に示す分子自由度 $n_1 - 1 = 9$，分母自由度 $n_2 - 1 = 14$ の F 分布において，$1.7788 < F$ を満たす確率，つまり

$$p = \underbrace{Pr(1.7788 < F)}_{df=9,\ 14 \text{の} F \text{分布}} = 0.1611 \tag{6.9}$$

です。さらに，式 (6.8) で F_0 を求める際に分子を実験群の分散としましたが，

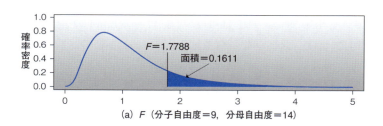

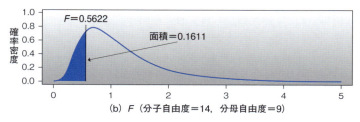

図 6.4 分子自由度 9 と分母自由度 14 および分子自由度 14 と分母自由度 9 の F 分布

第 6 章　平均値に関する仮説検定を理解する

両側対立仮説としていますから，2 群を交換して分子を統制群の分散，分母を実験群の分散として，つまり

$$F_0 = \frac{1.123}{1.998} = 0.5622 \tag{6.10}$$

を F_0 とすることができます。したがって，図 6.4 の (b) に示す分子自由度 $n_2 - 1 = 14$，分母自由度 $n_1 - 1 = 9$（自由度も交換します）の F 分布において，$F < 0.5622$ を満たす確率

$$p = \underbrace{Pr(F < 0.5622)}_{df=14, 9 の F 分布} = 0.1611 \tag{6.11}$$

を p 値として加える必要があります。以上から，F 検定の p 値は

$$p = \underbrace{Pr(1.7788 < F)}_{df=9, 14 の F 分布} + \underbrace{Pr(F < 0.5622)}_{df=14, 9 の F 分布} = 0.3222$$

となります。なお，式 (6.9) と式 (6.11) の値は一致します。

　通常の仮説検定は有意水準を .05 としますが，t 検定を行うための予備検定として F 検定を使用する際は，有意水準の値として .20 が推奨されています（永田，1992）。

2.　R を用いた F 分布における面積の求め方

　pf() 関数を用います。分子自由度 9，分母自由度 14 の F 分布における 1.7788 の上側面積，および分子自由度 14，分母自由度 9 の F 分布における 0.5622 = 1/1.7788 の下側面積は次のように求めます。

■命令文（先頭の数値と : 記号は説明のためのものです）

```
1: pf(q = 1.7788, df1 = 9, df2 = 14, lower.tail = F)  # 上側面積
2: pf(q = 1/1.7788, df1 = 14, df2 = 9)                # 下側面積
```

■命令文の意味

1: q に F 値，df1 に分子自由度，df2 に分母自由度を指定します。上側面積を求めるので lower.tail = F を指定します。

6.4 2つの平均値の差　　99

■実 行 結 果

```
> pf(q = 1.7788, df1 = 9, df2 = 14, lower.tail = F) # 上側面積
[1] 0.1611121
> pf(q = 1/1.7788, df1 = 14, df2 = 9)                # 下側面積
[1] 0.1611121
```

3. 等分散を仮定する場合——対応のない2標本のt検定

2群の母分散を等しいと判断した場合，対応のない2標本のt検定により平均値の差を検定します。この検定は第1群の母平均値をμ_1，第2群の母平均値をμ_2として，帰無仮説と対立仮説を

　　帰無仮説：$\mu_1 = \mu_2$

　　対立仮説：$\mu_2 \neq \mu_2$

とします。ここでは両側対立仮説としています。帰無仮説が真のとき

$$t_0 = \frac{(\bar{x}_1 - \bar{x}_2) - (\mu_1 - \mu_2)}{\sqrt{\dfrac{(n_1 - 1)u_1^2(x) + (n_2 - 1)u_2^2(x)}{n_1 + n_2 - 2}\left(\dfrac{1}{n_1} + \dfrac{1}{n_2}\right)}} \tag{6.12}$$

が自由度$n_1 + n_2 - 2$のt分布に従うことを利用してp値を求めます。

計算例

表6.4に示す2群の母平均値の差を検定してみます。$n_1 = 10$，$n_2 = 15$，$\bar{x}_1 = 1.630$，$\bar{x}_2 = 0.080$，$u_1^2(x) = 1.998$，$u_2^2(x) = 1.123$，さらに帰無仮説の下では$\mu_1 - \mu_2 = 0$ですから，検定統計量は

$$t_0 = \frac{1.630 - 0.080}{\sqrt{\dfrac{(10 - 1) \times 1.998 + (15 - 1) \times 1.123}{10 + 15 - 2} \times \left(\dfrac{1}{10} + \dfrac{1}{15}\right)}} = \frac{1.550}{0.4942}$$

$$= 3.1364$$

です。p値は自由度23のt分布において，$t < -3.1364$および$3.1364 < t$を合わせた確率ですから

$$p = \underbrace{Pr(t < -3.1364)}_{df=23 \, \text{の} \, t \, \text{分布}} + \underbrace{Pr(3.1364 < t)}_{df=23 \, \text{の} \, t \, \text{分布}} = 0.0046$$

となります。したがって，有意水準 .05 で 2 群の母平均値に差があると判断でき，ダイエットプログラムの効果はあるようです。

4. 等分散性を仮定しない場合——ウェルチ（Welch）の検定

2 群の間に等分散性を仮定せずに母平均値の差を検定する方法として，**ウェルチ（Welch, B. F.）の検定**があります。この検定は次の t_0 とその自由度 df を用いて p 値を求めます。

$$t_0 = \frac{(\bar{x}_1 - \bar{x}_2) - (\mu_1 - \mu_2)}{\sqrt{\dfrac{u_1^2(x)}{n_1} + \dfrac{u_2^2(x)}{n_2}}} \tag{6.13}$$

$$df = \frac{\left(\dfrac{u_1^2(x)}{n_1} + \dfrac{u_2^2(x)}{n_2}\right)^2}{\dfrac{u_1^4(x)}{n_1^2(n_1 - 1)} + \dfrac{u_2^4(x)}{n_2^2(n_2 - 1)}} \tag{6.14}$$

計算例

表 6.4 に示す 2 群へウェルチの検定を適用してみます。帰無仮説の下では $\mu_1 - \mu_2 = 0$ ですから，t_0 は

$$t_0 = \frac{1.630 - 0.080}{\sqrt{\dfrac{1.998}{10} + \dfrac{1.123}{15}}} = \frac{1.550}{0.5241} = 2.9575$$

その自由度は

$$df = \frac{\left(\dfrac{1.998}{10} + \dfrac{1.123}{15}\right)^2}{\dfrac{1.998^2}{10^2 \times (10 - 1)} + \dfrac{1.123^2}{15^2 \times (15 - 1)}} = \frac{0.0754}{0.0048} = 15.7083$$

です。したがって，p 値は自由度 15.7083 の t 分布において，$t < -2.9575$ および $2.9575 < t$ を合わせた確率です。

$$p = \underbrace{Pr(t < -2.9575)}_{\text{自由度}=15.7083 \text{ の } t \text{ 分布}} + \underbrace{Pr(2.9575 < t)}_{\text{自由度}=15.7083 \text{ の } t \text{ 分布}} = 0.0094$$

6.4.2　平均値差の 2 段階検定とそれに代わる手順

　平均値差の **2 段階検定**とは，2 群の平均値差を検定する前に第 1 段階で等分散性の検定を行い（**予備検定**，preliminary test），有意でなければ第 2 段階で t 検定を行い，有意なときはウェルチの検定を行う検定手続きのことです。この検定は 2 母集団の平均値差がないとき，第 1 段階で第 1 種の誤り，あるいは第 2 種の誤りを犯すことがありますから，第 2 段階で有意水準を .05 として平均値差を検定しても，実際にはそれ以上の，あるいはそれ以下の割合で帰無仮説を棄却する（第 1 種の誤り）可能性があります。

　実際，ジマーマン（Zimmerman, 2004a）のシミュレーション実験の結果を見ますと，第 2 段階で有意水準を .05 として検定しても，帰無仮説を棄却した割合が .01 以下であったり，.10 以上となったりすることがあります。そのため，2 段階検定を行う場合，永田（1992）は第 2 種の誤りを小さく抑えるために予備検定の有意水準を .20 とすることを勧めています。

　2 群の母分散が異なっても 2 群の人数が正確に等しいときは t 検定は正しい検定ですし，2 群の人数がほぼ等しいときはほぼ正しい検定です（永田, 1996）。ただ，「ほぼ正しい」範囲を限定することは難しいですから，実際の検定場面でどちらを使うべきか迷うことがあります。そのときはウェルチの検定を使えばよいと思います。

　一方，等分散性の検定を行わずにウェルチの検定を行うべきであるとする考えがあります。例えば，先に紹介した実験でも，有意水準を .05 とするウェルチの検定は .048 ～ .058 の割合で帰無仮説を棄却しています。ジマーマン（Zimmerman, 2004a, 2004b）やデラクレとラークンスとリーズ（Delacre, Lakens, & Leys, 2017）は一連の研究成果を踏まえてウェルチの検定を推奨しています。また，青木（2007）は詳細なシミュレーション実験を踏まえて同様の意見を述べています。

　以上から，検定の手順をまとめると次のようになります。

102　　第 6 章　平均値に関する仮説検定を理解する

1.　2 群の人数が正確に等しい場合

t 検定を使用します。予備検定（等分散性の検定）は不要です。

2.　2 群の人数比が 1.5 未満の場合

2 群の人数が正確に等しくないときはウェルチの検定を使用します。もし 2 段階検定を行う場合は予備検定（等分散性の検定）の有意水準を .20 として，有意でなければ t 検定，有意なときはウェルチの検定を使います。

3.　2 群の人数比が 1.5 以上，もしくは選択に迷った場合

ウェルチの検定を使用します。予備検定（等分散性の検定）は不要です。

6.4.3　信頼区間

1.　等分散の場合

1 標本の平均値の場合（p.92）と同様の手順に従い，母平均値差 $\mu_1 - \mu_2$ の信頼区間を求めることができます。信頼水準 $1 - \alpha$ の信頼限界は次の通りです。

$$
\text{下側信頼限界：} (\bar{x}_1 - \bar{x}_2) - t_{\alpha/2} \sqrt{\frac{(n_1 - 1)u_1^2(x) + (n_2 - 1)u_2^2(x)}{n_1 + n_2 - 2} \left(\frac{1}{n_1} + \frac{1}{n_2} \right)}
$$

(6.15)

$$
\text{上側信頼限界：} (\bar{x}_1 - \bar{x}_2) + t_{\alpha/2} \sqrt{\frac{(n_1 - 1)u_1^2(x) + (n_2 - 1)u_2^2(x)}{n_1 + n_2 - 2} \left(\frac{1}{n_1} + \frac{1}{n_2} \right)}
$$

(6.16)

計算例

表 6.4 に示す減量を用いて実験群と統制群の母平均値差の信頼水準 .95（95％）の信頼区間を求めます。$n_1 = 10$，$n_2 = 15$，$\bar{x}_1 = 1.630$，$\bar{x}_2 = 0.080$，$u_1^2(x) = 1.998$，$u_2^2(x) = 1.123$，また，自由度は $10 + 15 - 2 = 23$ ですから，$t_{\alpha/2} = 2.0687$ です。したがって，信頼限界は次の通りです。

$$\text{下側信頼限界：} (1.630 - 0.080)$$

$$- 2.0687 \times \sqrt{\frac{(10-1) \times 1.998 + (15-1) \times 1.123}{10+15-2} \left(\frac{1}{10} + \frac{1}{15} \right)}$$

$$= 1.550 - 1.0223 = 0.5277$$

$$\text{上側信頼限界：} (1.630 - 0.080)$$

$$+ 2.0687 \times \sqrt{\frac{(10-1) \times 1.998 + (15-1) \times 1.123}{10+15-2} \left(\frac{1}{10} + \frac{1}{15} \right)}$$

$$= 1.550 + 1.0223 = 2.5723$$

2. 不等分散の場合

ウェルチの検定の t_0（式 (6.13)）とその自由度に基づいて信頼区間を求めます。信頼水準 $1 - \alpha$ の母平均値差 $\mu_1 - \mu_2$ の信頼区間は次の通りです。

$$\text{下側信頼限界：} (\bar{x}_1 - \bar{x}_2) - t_{\alpha/2} \sqrt{\frac{u_1^2(x)}{n_1} + \frac{u_2^2(x)}{n_2}} \tag{6.17}$$

$$\text{上側信頼限界：} (\bar{x}_1 - \bar{x}_2) + t_{\alpha/2} \sqrt{\frac{u_1^2(x)}{n_1} + \frac{u_2^2(x)}{n_2}} \tag{6.18}$$

計算例

表 6.4 に示す減量で実験群と統制群の母平均値差の信頼水準 .95（95％）の信頼区間を求めます。ウェルチの検定で自由度は 15.7083 でしたから（p.100），$t_{\alpha/2}$ は 2.1231 です。したがって，信頼限界は次の通りです。

$$\text{下側信頼限界：} (1.630 - 0.080) - 2.1231 \times \sqrt{\frac{1.998}{10} + \frac{1.123}{15}}$$

$$= 1.550 - 2.1231 \times 0.5241 = 0.4373$$

$$\text{上側信頼限界：} (1.630 - 0.080) + 2.1231 \times \sqrt{\frac{1.998}{10} + \frac{1.123}{15}}$$

$$= 1.550 + 2.1231 \times 0.5241 = 2.6627$$

6.4.4 対応のある 2 標本の t 検定

表 6.5 は禁煙プログラムを受けた直後（x_{i1}）と 3 カ月後（x_{i2}）のニコチン依

104　　　　　　第6章　平均値に関する仮説検定を理解する

存度得点です（$n = 20$）。同一人物が禁煙プログラムに参加していますので，表のように直後と3カ月後の測定値を対応させることができます。測定値の集合を標本と見なすことができますから，このような対応づけが可能な2組の測定値は対応のある2標本とよばれ，x_{i1} の母平均値を μ_1，x_{i2} の母平均値を μ_2 として次の仮説を検定することができます。これは**対応のある2標本の t 検定**（paired two-sample t-test；dependent two-sample t-test）とよばれます。

表6.5　ニコチン依存度得点と3カ月後の変化量（$n=20$）

i	直後 (x_{i1})	3カ月後 (x_{i2})	x_i ($x_{i2}-x_{i1}$)	i	直後 (x_{i1})	3カ月後 (x_{i2})	x_i ($x_{i2}-x_{i1}$)
1	4	3	−1	11	5	5	0
2	8	8	0	12	6	7	1
3	6	7	−1	13	7	6	−1
4	6	10	4	14	8	10	2
5	7	10	3	15	3	6	3
6	7	8	1	16	4	5	1
7	7	5	−2	17	3	4	1
8	6	8	2	18	6	6	0
9	9	9	0	19	9	9	0
10	7	9	2	20	4	6	2
				平均値	6.100	7.050	0.950
				標準偏差（$u(x)$）	1.804	2.089	1.504

　　帰無仮説：$\mu_1 = \mu_2$

　　対立仮説：$\mu_1 \neq \mu_2$

　一方，対応のある2標本では個人 i の差得点 x_i（$= x_{i2} - x_{i1}$）の母平均値 μ を用いて上記の仮説を

　　帰無仮説：$\mu = 0$

　　対立仮説：$\mu \neq 0$

と表現することができます。この仮説は1標本の t 検定において m_s を0とする仮説に他なりませんから（p.89），対応のある2標本の t 検定では，式(6.3)の t_0 を用いることができます。

6.4 2つの平均値の差

計算例

1標本のt検定を用いて**表6.5**に示すニコチン依存度得点の変化量を検定します。$n = 20$, $\bar{x} = 0.950$, $u = 1.504$ ですから, t_0の値は

$$t_0 = \frac{0.950}{\sqrt{\dfrac{1.504^2}{20}}} = \frac{0.950}{0.3363} = 2.8249$$

です。したがって, 両側対立仮説としましたので, p値は自由度19のt分布において, $t < -2.8249$ および $2.8249 < t$ を合わせた確率, つまり

$$p = \underbrace{Pr(t < -2.8249)}_{df=19 \text{の}t\text{分布}} + \underbrace{Pr(2.8249 < t)}_{df=19 \text{の}t\text{分布}} = 0.0108$$

です。有意水準 .05 で帰無仮説を棄却できますので, 禁煙プログラム終了後の3カ月の間にニコチン依存度の母平均値が大きくなったといえます。

6.4.5 Rによる平均値の差の検定

ダイエット.xlsx に保存した**表6.4**の実験群と統制群の減量を用いて等分散性の検定と平均値の検定を行います。ファイルには個人の番号（i）, 減量（genryou）, 群（gun）の3変数が保存されています。gun は文字型変数で, 実験群の個人は jikken, 統制群の個人は tousei となっています。

1. 等分散性に関するF検定

等分散性の検定には var.test() 関数を使います。

■命令文（先頭の数値と：記号は説明のためのものです）

```
1: library(openxlsx)
2: setwd("K:/データファイル")
3: mydata <- read.xlsx("ダイエット.xlsx")
4: head(mydata, n = 3)
5: var.test(genryou ~ gun, data = mydata)
```

■命令文の意味

5: var.test() 関数ではチルダ記号（~）の前に等分散性を検定する変数名

106 第6章 平均値に関する仮説検定を理解する

（genryou），後に群名を表す変数名（gun）を指定します。

■実 行 結 果

検定統計量の F_0 は F，分子自由度は num df（num は分子を意味する numerator の num），分母自由度は denom df（denom は分母を意味する denominator の denom），p 値は p-value として出力されます。

```
> var.test(genryou ~ gun, data = mydata)

        F test to compare two variances

data:  genryou by gun
F = 1.7788, num df = 9, denom df = 14, p-value = 0.3222
alternative hypothesis: true ratio of variances is not
equal to 1
95 percent confidence interval:
 0.5542759 6.7559412
sample estimates:
ratio of variances
         1.778838
```

2. 対応のない2標本のt検定

平均値の差の検定には t.test() 関数を使います。

■命令文（先頭の数値と：記号は説明のためのものです）

すでに mydata にデータが入力されているとします。

```
1: t.test(genryou ~ gun, data = mydata, var.equal = TRUE)
```

■命令文の意味

1: t.test() 関数ではチルダ記号（~）の前に平均値の差を検定する変数名（genryou），後に群名を表す変数名（gun）を指定します。t 検定を実行するためには var.equal = TRUE を指定します。

6.4　2つの平均値の差　　107

■実 行 結 果

検定統計量の t_0 は t，自由度は df，p 値は p-value として出力されます。

```
        Two Sample t-test

data:  genryou by gun
t = 3.1363, df = 23, p-value = 0.00463
alternative hypothesis: true difference in means is not
equal to 0
95 percent confidence interval:
 0.5276579 2.5723421
sample estimates:
mean in group jikken mean in group tousei
                1.63                 0.08
```

3.　対応のない2標本のウェルチの検定

ウェルチの検定にも t.test() 関数を使います。

■命令文（先頭の数値と：記号は説明のためのものです）

すでに mydata にデータが入力されているとします。

```
 1: t.test(genryou ~ gun, data = mydata)
```

■実 行 結 果

検定名が Welch Two Sample t-test となります。

```
        Welch Two Sample t-test

data:  genryou by gun
t = 2.9575, df = 15.601, p-value = 0.009461
alternative hypothesis: true difference in means is not
equal to 0
95 percent confidence interval:
 0.4366779 2.6633221
sample estimates:
mean in group jikken mean in group tousei
                1.63                 0.08
```

108   第6章　平均値に関する仮説検定を理解する

4.　対応のある2標本のt検定

　ニコチン依存度得点.xlsx に保存した**表6.5**のニコチン依存度得点を用いて
対応のある2標本のt検定を行います。使用する関数は**t.test()**関数です。

■命令文（先頭の数値と：記号は説明のためのものです）

```
1: library(openxlsx)
2: setwd("K:/データファイル")
3: mydata <- read.xlsx("ニコチン依存度得点.xlsx")
4: names(mydata)
5: t.test(mydata$x2, mydata$x1, paired = TRUE)
```

■命令文の意味

5: t.test()関数へ2変数を渡し，引数へ paired = TRUE を指定することによ
り，対応のある2標本のt検定を実行することができます。

■実 行 結 果

　検定名が Paired t-test となりますが，読み取り方は1標本のt検定と同様
です。

```
> t.test(mydata$x2, mydata$x1, paired = TRUE)

        Paired t-test

data:  mydata$x2 and mydata$x1
t = 2.8258, df = 19, p-value = 0.0108
alternative hypothesis: true difference in means is not equal
to 0
95 percent confidence interval:
 0.2463382 1.6536618
sample estimates:
mean of the differences
                  0.95
```

コラム 6.1　2 段階検定により判断を誤る事例　　109

コラム 6.1　2 段階検定により判断を誤る事例

　ジマーマン（Zimmerman, 2004b）に倣い，2 段階検定で判断を誤る事例を 2 つ紹介します。予備検定の有意水準を .05 とする 2 段階検定に従いますと，事例（1）では t 検定を行い，事例（2）ではウェルチの検定を行うことになり，いずれも正しい対立仮説を採択できません。しかし，先の手順（p.101）に従い，事例（1）ではウェルチの検定を適用し，事例（2）では t 検定を適用すると，2 事例とも正しい対立仮説を採択することができます。

表 6.6　2 段階検定により判断を誤る事例

	事例（1）		事例（2）	
	群 1	群 2	群 1	群 2
測定値	17　25	22　18　21	17　22	20　20
	20　20	11　19　17	19　34	21　17
	20　25	13　11	15　26	13　20
	24	24　17	21　23	21　20
	20	23　19	28　31	18　21
母集団の平均値（μ）と標準偏差（σ）				
μ	20	19	20	19
σ	8	4	8	4
標本の平均値（$\bar{x}$）と標準偏差（$u(x)$）				
$\bar{x}$	21.3750	17.9167	23.6000	19.1000
$u(x)$	2.9246	4.3996	6.1137	2.5144
F 検定				
F		0.4419		5.9121
p		.2877		.0142
t 検定				
t		1.9463		2.1526
p		.0674		.0452
ウェルチの検定				
t		2.1116		2.1526
p		.0490		.0525

コラム 6.2 幾何分布と負の2項分布

　成功確率を π とするベルヌーイ試行を反復したとき，成功するまでに必要な試行数 x の分布はどのようになるでしょうか。1回の試行で成功する確率は π，1回目の試行で失敗して2回目の試行で成功する確率は $(1-\pi)\pi$ です。同様に計算を続けると，$n-1$ 回目までのすべての試行で失敗し，n 回目に成功する確率は

$$P(x = n) = (1-\pi)^{n-1}\pi \tag{6.19}$$

です。この確率関数に従う分布は**幾何分布**（geometric distribution）とよばれます。幾何分布の平均値は $1/\pi$，分散は $(1-\pi)/\pi^2$ です。

　それでは，成功回数が k（> 0）となるまでに必要な試行数 x はどのような確率分布になるでしょうか。この確率分布は成功確率 π のベルヌーイ試行を $n-1$ 回行うまでの間に $k-1$ 回に成功し，n 回目の試行で成功する確率を求めればよいです。これは試行数を $n-1$，成功確率を π とする2項分布において $k-1$ 回に成功する確率へ成功確率 π を掛けた値ですから，

$$\begin{aligned} P(x = n) &= {}_{n-1}C_{k-1}\pi^{k-1}(1-\pi)^{n-k} \times \pi \\ &= {}_{n-1}C_{k-1}\pi^{k}(1-\pi)^{n-k} \end{aligned} \tag{6.20}$$

となります。これは**負の2項分布**（negative binomial distribution）とよばれます。負の2項分布の平均値は k/π，分散は $k(1-\pi)/\pi^2$ です。図 6.5 はサイコロの出る目の予知に2回成功するまでに必要な試行数を示す負の2項分布（$k=2$, $\pi=1/6$）です。

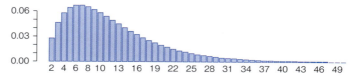

図 6.5 サイコロの出る目の予知に2回成功するまでに必要な試行数の分布（$k=2$, $\pi=1/6$）

参 考 図 書

安藤 正人（2011）. マルチレベルモデル入門 —— 実習：継時データ分析 —— ナカニシヤ出版

南風原 朝和（2002）. 心理統計学の基礎 —— 統合的理解のために —— 有斐閣

橋本 貴充・荘島 宏二郎（2016）. 実験心理学のための統計学 —— t 検定と分散分析 —— 誠信書房

Kreft, I. G. G., & de Leeuw, J. 小野寺 孝義・岩田 昇・菱村 豊・長谷川 孝治・村山 航（訳）（2006）. 基礎から学ぶマルチレベルモデル —— 入り組んだ文脈から新たな理論を創出するための統計手法 —— ナカニシヤ出版

奥村 晴彦（2016）. R で楽しむ統計 共立出版

Smithson, M.（2003）. *Confidence intervals*. Thousand Oaks, CA: Sage.

復 習 問 題

1. 対応のない 2 標本と対応のある 2 標本の違いは何でしょうか。

2. 自身が脳死と判定されたとき，心臓や肺などの臓器を提供したいと思うかどうかを 7 段階評定（高得点ほど提供したい）で尋ねたところ，表 6.7 のような結果となりました。有意水準を .05 として，年齢群の間で平均値差の検定を行ってください。

表 6.7 臓器提供に関する質問の記述統計量

年齢群	回答者数	平均値	不偏分散 $(u^2(x))$
20 歳代	30	4.733	2.1333
30 歳代	25	4.080	1.5767

3. 次頁の数値を実験群と統制群の母集団と見なし，2 群から無作為にそれぞれ 15 名を抽出して平均値差の検定（両側対立仮説）を行ってください。

4. 対応のない 2 標本の平均値差を検定する統計量 t_0（式 (6.12)）を分散 $s_1^2(x)$ と $s_2^2(x)$（式 (3.5)）を用いて表現してください。

第6章 平均値に関する仮説検定を理解する

実験群
$\mu_1 = 54.7$

55 53 41 49 58 59 43 51 39 52 66 63 53 65 62 56 45 53 64 60 49 33 48 34 42
51 48 46 54 52 36 54 65 57 41 41 59 37 52 48 66 47 47 63 45 55 57 52 48 62
51 52 69 76 60 63 46 60 49 58 43 50 47 58 66 67 62 50 61 43 59 41 45 53 40
67 40 51 44 70 61 53 62 62 59 57 62 77 43 54 51 53 56 67 61 41 39 64 56 67
47 59 45 62 49 61 62 38 65 66 42 66 50 52 64 56 65 62 68 65 50 57 55 43 61
46 57 44 51 43 69 61 35 48 50 45 60 62 62 65 38 43 35 70 59 66 60 56 68 56
51 53 67 46 46 32 61 67 43 39 62 50 60 48 51 48 65 40 57 41 44 51 56 66 49
68 57 52 65 60 59 61 41 53 61 76 52 58 62 55 56 65 48 42 40 52 38 41 44 44
67 58 69 64 44 60 66 42 53 42 56 68 51 37 59 42 62 51 51 45 52 52 59 52 54
62 56 71 61 68 52 42 53 55 59 63 47 33 44 42 71 62 64 59 60 54 56 51 51 65
66 64 40 46 48 66 48 44 44 45 59 60 32 55 65 63 56 31 55 52 52 51 50 57 79
70 48 50 62 78 58 56 44 67 55 43 56 52 58 69 57 61 47 59 59 66 67 45 52 68
70 61 49 63 56 58 51 63 41 43 60 68 79 54 53 75 70 43 81 63 66 65 63 53 51
58 53 51 55 55 60 61 35 48 54 52 54 56 58 61 67 58 50 61 48 71 49 59 76 45
46 68 39 66 77 59 67 65 62 75 66 62 41 42 45 38 63 47 77 51 55 59 51 51 57
77 58 49 40 59 50 51 62 49 41 44 48 49 74 54 49 51 58 44 56 55 64 76 49 67
54 67 77 59 48 35 35 46 67 49 54 55 50 70 77 25 37 51 59 43 60 67 49 63 61
53 48 67 70 68 54 64 55 63 52 54 65 41 45 55 70 47 65 58 54 46 60 69 55 42
67 40 30 48 52 51 52 55 64 51 48 73 54 66 55 40 82 48 66 55 50 36 65 52 43
67 53 64 33 68 51 52 68 63 40 49 56 37 39 57 64 52 68 56 33 50 66 53 46 46

統制群
$\mu_2 = 50.1$

59 43 52 48 58 67 62 50 67 61 36 52 59 50 60 61 54 54 47 55 37 49 44 57 47
56 67 26 37 62 63 49 43 35 63 62 59 27 36 36 39 41 44 60 55 38 58 32 44 37
47 43 24 58 53 49 59 48 60 31 39 59 85 57 48 52 64 46 54 57 59 65 62 52 37
49 60 40 42 67 38 46 34 47 44 57 44 45 60 49 46 48 53 52 71 37 56 68 52 59
41 49 36 53 64 38 48 34 55 46 33 75 55 43 41 33 56 41 57 50 49 51 43 50 44
74 49 42 47 51 39 57 53 47 63 40 45 48 47 70 59 51 48 42 56 47 33 53 41 44
41 58 42 60 77 49 49 37 54 60 48 51 46 53 53 80 47 61 43 51 55 46 52 63 34
42 55 62 53 52 55 31 62 54 50 34 55 43 64 33 52 43 42 44 67 27 34 57 59 58
48 43 55 56 33 47 55 33 48 46 38 55 52 38 58 44 34 40 61 59 42 45 39 46 42
44 42 41 50 47 20 30 50 46 48 35 41 41 56 48 47 45 46 57 62 62 57 62 52 55
31 54 62 36 46 44 53 61 46 74 62 53 55 47 64 46 49 53 62 47 59 45 43 38 45
51 63 64 52 58 43 53 41 52 43 57 46 47 55 51 57 47 55 49 43 34 61 27 52 58
29 55 50 39 56 43 46 43 59 59 54 41 57 55 50 56 58 45 43 50 58 61 47 41 53
50 48 40 51 52 40 50 58 38 69 45 59 51 40 58 38 55 52 44 50 56 33 56 41 56
44 49 57 36 66 42 42 60 51 52 36 65 50 62 53 58 61 50 48 57 55 46 54 43 53
47 50 45 49 35 63 52 53 61 47 50 43 71 59 60 38 35 48 52 43 67 49 43 46 72
55 60 58 63 56 49 45 52 52 57 51 43 46 53 47 60 62 48 47 34 56 57 65 34 63
48 66 71 63 54 62 55 61 56 46 51 57 65 60 41 44 63 44 50 63 53 58 47 59 52
55 62 47 55 65 65 52 46 30 44 51 46 69 35 57 38 47 50 54 58 56 63 44 52 44
42 33 43 45 43 55 44 54 57 46 42 54 42 52 58 68 57 50 38 44 58 55 53 50 48

第 **7** 章

平均値差の効果量を理解する

実験群と統制群との間に検定を適用して実験効果を検出できたとしても，標本が大きくなるほど p 値はいくらでも小さくなりますから，実験効果の大きさを p 値自体から判断することはできません。そのため，2 群の平均値差を基準化して実験効果の大きさを表す効果量とよばれる指標が提案されています。本章では，実験効果の大きさを解釈するために必要となる基本的な効果量について学びます。

7.1 効果量の必要性

対応のない 2 標本の t 検定は，第 1 群（以下，実験群とします）の母平均値を μ_1，第 2 群（以下，統制群とします）の母平均値を μ_2 として

帰無仮説：$\mu_1 = \mu_2$

対立仮説：$\mu_2 \neq \mu_2$

を検定します。この検定で帰無仮説を棄却できれば 2 群の母平均値が異なるといえますが，$\mu_1 = \mu_2$ を否定するだけですから，母平均値の差 $\mu_1 - \mu_2$ が大きいとも小さいともいえません。しかも，標本平均値の差 $\bar{x}_1 - \bar{x}_2$ が一定でも，標本の大きさ n_1 と n_2 が大きくなれば $|t_0|$ の値（式 (6.12)）も大きくなりますから，実質的な実験効果がなくても帰無仮説を棄却することがあります。そのため，p 値から実験効果の大きさを判断することはできません。

図 7.1 は実験群の得点分布（$\mu_1 = 60$）と統制群の得点分布（$\mu_2 = 50$）が正規分布に従うとものとして，2 群の分布を描いたものです。上段の図（A）は標準偏差が 2 群とも 10，下段の図（B）は 20 です。色アミの面積は統制群において，測定値が実験群の平均値に届かない部分の面積を表しています。その値は上段の図（A）が .841（84.1%），下段の図（B）が .691（69.1%）です。

上段の図（A）と下段の図（B）では統制群と実験群の平均値はそれぞれ同じですが，色アミの面積は上段の図（A）の方が大きいです。したがって，実験の効果は上段の図（A）の方が大きいといえるでしょう。

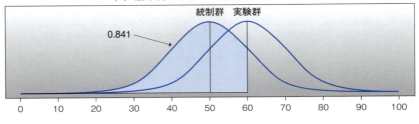

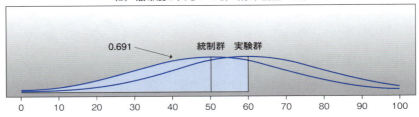

図 7.1　統制群と実験群の得点分布（標準偏差が異なる 2 事例）

　このように平均値の差から単純に実験効果の大きさを判断することはできないですから，帰無仮説を棄却できた場合，平均値の差を測定単位と散布度に依存しない標準化**効果量**（effect size）とよばれる値へ変換して実験効果（平均値差）の大きさを判断します。効果量として多数の指標が提案されていますが（大久保・岡田，2012；南風原，2014），以下では，平均値の差に基づく ***d* 族**（*d*-family）として分類される効果量，相関係数に基づく ***r* 族**（*r*-family）とよばれる効果量，さらに，図 7.1 のように 2 群の分布の重なりや確率に基づく効果量を紹介します。

7.2 対応のない 2 標本の場合

7.2.1 d 族による効果量

d 族の効果量の基本は

$$d = \frac{\bar{x}_1 - \bar{x}_2}{s} \tag{7.1}$$

です。ここで，$\bar{x}_1$ と $\bar{x}_2$ はそれぞれ実験群と統制群の平均値，分母の s は 2 群の共通の標準偏差です。つまり，d は 2 群の平均値差が標準偏差の何倍大きいかで実験効果の大きさを表します。

s の算出法には 2 つの考え方があり，1 つは 2 群の標本分散（式 (3.5)）の $s^2(x_1)$ と $s^2(x_2)$ を用いる

$$s_{(v)} = \sqrt{\frac{n_1 s^2(x_1) + n_2 s^2(x_2)}{n_1 + n_2}} \tag{7.2}$$

です。もう 1 つは 2 群の不偏分散（式 (3.6)）$u^2(x_1)$ と $u^2(x_2)$ を用いる

$$s_{(u)} = \sqrt{\frac{(n_1 - 1)u^2(x_1) + (n_2 - 1)u^2(x_2)}{n_1 + n_2 - 2}} \tag{7.3}$$

です。2 つの標準偏差はいずれも**プールした標準偏差**（pooled standard deviation）とよばれます。

式 (7.1) の s として $s_{(v)}$ を用いた場合は記述統計的な効果量，$s_{(u)}$ を用いた場合は推測統計的な効果量となります。標準偏差としてどちらを用いたかにより，d のよび方が異なるのですが，書籍や論文で名称が 1 つに定まっていないのが現状です（大久保・岡田, 2012；南風原, 2014）。そのため，以下では南風原（2014）に倣い，s として $s_{(u)}$ を用いた d，すなわち

$$d = \frac{\bar{x}_1 - \bar{x}_2}{s_{(u)}} = \frac{\bar{x}_1 - \bar{x}_2}{\sqrt{\dfrac{(n_1 - 1)u^2(x_1) + (n_2 - 1)u^2(x_2)}{n_1 + n_2 - 2}}} \tag{7.4}$$

を**標準化平均値差**（standardized mean difference）とよびますが，これを**コーエン**（Cohen, J.）**の d** とよぶ文献（例えば，Smithson, 2003）もあります。

116　　第 7 章　平均値差の効果量を理解する

式 (7.4) の d に $\sqrt{n_1 n_2/(n_1 + n_2)}$ を乗じた値が t 検定の t_0（式 (6.12)）に一致しますから，その t_0 を用いて

$$d = t_0 \sqrt{\frac{n_1 + n_2}{n_1 n_2}} \tag{7.5}$$

として d を求めることができます。したがって，信頼度を $1 - \alpha$ とする場合，自由度が $n_1 + n_2 - 2$ の非心 t 分布において，t 検定で求めた t_0 よりも大きい範囲の面積が $\alpha/2$ と等しい非心度を λ_l（下側信頼限界），t_0 よりも小さい範囲の面積が $\alpha/2$ と等しい非心度を λ_u（上側限界値）として，この 2 つの値を次式に代入することにより，効果量の信頼限界を求めることができます。非心度は t 分布の位置を定める値です。

$$\text{下側信頼限界：} d_l = \lambda_l \sqrt{\frac{n_1 + n_2}{n_1 n_2}} \tag{7.6}$$

$$\text{上側信頼限界：} d_u = \lambda_u \sqrt{\frac{n_1 + n_2}{n_1 n_2}} \tag{7.7}$$

計算例

表 6.4 に示す測定値を用いてダイエットプログラムの効果量を求めます。$n_1 = 10$，$s^2(x_1) = 1.7981$，$n_2 = 15$，$s^2(x_2) = 1.0483$ ですから，式 (7.2) のプールした標準偏差は

$$s_{(v)} = \sqrt{\frac{10 \times 1.7981 + 15 \times 1.0483}{10 + 15}} = 1.1611$$

したがって，これを式 (7.2) の s とする効果量は

$$d = \frac{1.63 - 0.08}{1.1611} = 1.3349$$

です。また，$u^2(x_1) = 1.9979$，$u^2(x_2) = 1.1231$ ですから，式 (7.3) の標準偏差は

$$s_{(u)} = \sqrt{\frac{9 \times 1.9979 + 14 \times 1.1231}{10 + 15 - 2}} = 1.2105$$

です。したがって，標準化平均値差 d は

7.2 対応のない2標本の場合

$$d = \frac{1.63 - 0.08}{1.2105} = 1.2805$$

となります。一つの目安として効果量は表 7.1 のように解釈しますので（Cohen, 1992），この値からはダイエットプログラムの効果は大きいといえます。

表 7.1 効果量 d の解釈

効果量 d の絶対値	解釈の目安
0.20	小さい効果（平均値差は小さい）
0.50	中程度の効果（平均値差はやや大きい）
0.80	大きい効果（平均値差は大きい）

次に効果量の信頼限界です。計算に必要な t_0 は 3.1363（自由度 = 23）でした（p.99）。t_0 の値と非心度の信頼限界の関係は図 7.2 の通りです。信頼度を .95（95%）とすると α は .05 ですから，3.1363 よりも大きい側へ右下がりの斜線を入れた面積が .025（$= \alpha/2$）となる非心 t 分布の非心度が下側信頼限界（$\lambda_l = 0.9510$），3.1363 よりも小さい側へ左下がりの斜線を入れた面積が .025（$= \alpha/2$）となる非心 t 分布の非心度が上側信頼限界（$\lambda_u = 5.2655$）です。したがって，標準化平均値差 d の信頼限界は

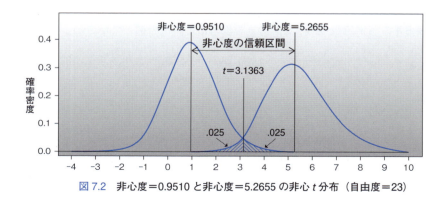

図 7.2 非心度 = 0.9510 と非心度 = 5.2655 の非心 t 分布（自由度 = 23）

下側信頼限界：$d_l = 0.9510\sqrt{\dfrac{10+15}{10\times15}} = 0.3882$

上側信頼限界：$d_u = 5.2655\sqrt{\dfrac{10+15}{10\times15}} = 2.1496$

です。この信頼区間に基づくなら母集団の効果量は中程度の可能性もありますし，極めて大きい可能性もあります。信頼区間の幅を狭めて効果量の大きさを判断するためには大きな標本を必要とします。

　ところで，式 (7.4) の d は母集団の標準化平均値差を過大に推定します。そのため，推定値の偏りを修正する式 (7.8) の標準化平均値差 g が提案され，**ヘッジス**（Hedges, L. V.）**のg** とよばれることがあります。式 (7.8) 中の $\Gamma()$ はガンマ関数，a は $n_1 + n_2 - 2$ です。修正係数として J_1 の方が精度は高いのですが，J_1 と J_2 との違いは極めて小さいですから，J_2 を使えばよいでしょう。

$$g = \underbrace{\frac{\Gamma\left(\dfrac{a}{2}\right)}{\sqrt{\dfrac{a}{2}}\,\Gamma\left(\dfrac{a-1}{2}\right)}}_{\text{修正係数}(J_1)} d \approx \underbrace{\left(1 - \frac{3}{4(n_1+n_2)-9}\right)}_{\text{修正係数}(J_2)} d \tag{7.8}$$

　g を式 (7.5) の左辺へ代入して t_0 の値を算出して非心度の信頼限界（λ_l，λ_u）を求め，それを式 (7.6) と式 (7.7) の右辺へ代入するとヘッジスの g の信頼限界となります。

計算例

　表 6.4 の測定値からヘッジスの g を求めると，次の通りです。

$$g = \left(1 - \frac{3}{4\times(10+15)-9}\right) \times 1.2805 = 0.9670 \times 1.2805 = 1.2382$$

　また，ヘッジスの g を式 (7.5) の左辺へ代入して t_0 を求めると

$$t = 1.2381 \times \sqrt{\frac{10\times15}{10+15}} = 3.0327$$

ですから，信頼度を 95% とする非心度の下側限界値（λ_l）は 0.8602，上側限界値（λ_u）は 5.1502 です。したがって，ヘッジスの g の信頼限界は

7.2 対応のない2標本の場合

下側信頼限界：$d_l = 0.8602\sqrt{\dfrac{10+15}{10\times15}} = 0.3512$

上側信頼限界：$d_u = 5.1502\sqrt{\dfrac{10+15}{10\times15}} = 2.1026$

です。

なお，平均値差は統制群の標準偏差を基準として標準化されることがあり，グラス（Glass, G. V.）のΔ（デルタ）とよばれます。

7.2.2 *r*族による効果量

この効果量は平均値の差の大きさを次式を用いて相関係数として表します。

$$r = \sqrt{\frac{t_0^2}{t_0^2 + df}} \tag{7.9}$$

ここで，t_0 は t 検定で算出された t_0 の値，df は自由度です。平均値よりも大きい群に属する個人を1，小さい群に属する個人を0とする変数を作り，測定値との間で相関係数を求めると，その値が r に一致します。r は0から1の値を取りますので，一つの目安として表7.2のように解釈します（Cohen, 1992）。

表7.2　効果量 *r* の解釈

効果量 *r*	解釈の目安
.10	小さい効果（平均値差は小さい）
.30	中程度の効果（平均値差はやや大きい）
.50	大きい効果（平均値差は大きい）

計算例

表6.4に示す実験群の効果量は，$t_0 = 3.1363$，$df = 23$ ですから

$$r = \sqrt{\frac{3.1363^2}{3.1363^2 + 23}} = 0.5473$$

となり，ダイエットプログラムの効果は大きいといえます。なお，一方の変数が2つの値（ここでは，0と1）しか取らないので，この相関係数は点双列相関係数（point biserial correlation coefficient）とよばれます。

7.2.3 確率に基づく効果量

図 7.1 に示す色アミ部分の面積は**コーエンの U_3** とよばれます。U_3 の値は実験群の分布から見ると，統制群の平均値を超える面積に等しいですから，実験効果の大きさを表します。U_3 は 2 群の分布が重なるときに .5（50％）となり，実験効果が大きいほど 1（100％）に近づきます。標準化平均値差 d は実験群の平均値を統制群の平均値と共通の標準偏差を用いて標準化した値ですから，標準正規分布に従う変数 z において

$$z < d \tag{7.10}$$

を満たす確率が U_3 になります。

一方，南風原・芝（1987）は，実験群から選ばれた測定値が統制群から選ばれた測定値よりも大きい確率を**優越率**（π_d；probability of dominance）とよび，平均値差の大きさを解釈する確率的な指標としています。優越率は 2 群の測定値が同一分散の正規分布に従うと仮定すれば，標準正規分布に従う変数 z と標準化平均値差 d により

$$z < \frac{d}{\sqrt{2}} \tag{7.11}$$

を満たす確率として求めることができます。優越率は 0〜1 の範囲を取り，2 群の平均値が等しいときに .5 となります。その他に **common language effect size（CLES）** という指標が提案されていますが（McGraw & Wong, 1992），これは優越率と同じです。また，CLES を一般化し，順序尺度データへ適用する指標もあります（Vargha & Delaney, 2000）。

優越率と類似した指標にクリフ（Cliff, 1993）が提案した指標（δ）があります。これは実験群の測定値（n_1 個）と統制群の測定値（n_2 個）の大きさを対比較して（総計 $n_1 n_2$ 回），実験群の測定値が大きい割合を π_{d+}，統制群の測定値が大きい割合を π_{d-} とし，

$$\delta = \pi_{d+} - \pi_{d-} \tag{7.12}$$

として算出できます。**クリフ**（Cliff, N.）**の δ** の最小値は −1，最大値は 1 です。

7.2 対応のない 2 標本の場合

2 群の測定値が同一分散の正規分布に従うと仮定すれば，$\pi_{d-} = 1 - \pi_{d+}$，また，優越率 π_d との間で $\pi_d = \pi_{d+}$ が成り立ちますので

$$\delta = \pi_{d+} - \pi_{d-} = \pi_d - (1 - \pi_d) = 2\pi_d - 1 \tag{7.13}$$

という関係があります。

計算例

表 6.4 に示す測定値を用いてコーエンの U_3，優越率（π_d；CLES），クリフの δ を求めます。まず，U_3 ですが，統制群の 14 名の測定値が実験群の平均値 1.63 よりも小さいですから，U_3 は

$$U_3 = \frac{14}{15} \times 100 = 93.33 \, (\%)$$

です。一方，優越率は，実験群と統制群の測定値の大きさを対比較すると，全 150 対の中で 122 対で実験群の測定値の方が大きいですから

$$\pi_d = \frac{122}{150} = 0.8133$$

です。この値は π_{d+} でもあります。また，統制群の測定値の方が大きい対は 25 組ありますから

$$\pi_{d-} = \frac{25}{150} = 0.1667$$

です。したがって，クリフの δ は次の通りです。

$$\delta = 0.8133 - 0.1667 = 0.6466$$

次に実験群と統制群の測定値が等分散の正規分布に従うと仮定して計算します。標準化平均値差 d は 1.2805 でしたから，U_3 は標準正規分布に従う変数 z が $z < 1.2805$ を満たす割合，つまり

$$U_3 = \underbrace{Pr(z < 1.2805)}_{\text{標準正規分布}} \times 100 = 0.8998 \times 100 = 89.98 \, (\%)$$

です。また，優越率は

$$\pi_d = \underbrace{Pr\left(z < \frac{1.2805}{\sqrt{2}}\right)}_{\text{標準正規分布}} = 0.8174$$

です。そして，クリフの δ は優越率 π_d との間に式 (7.13) の関係がありますから，次の通りです。

$$\delta = 2 \times 0.8174 - 1 = 0.6348$$

標準化平均値差としてヘッジスの g（式 (7.8)）を用いた場合，$g = 1.2381$ でしたから，同様の手順で計算を進めると U_3, π_d, δ は次の通りです。

$$U_3 = \underbrace{Pr(z < 1.2381)}_{\text{標準正規分布}} \times 100 = 0.8922 \times 100 = 89.22\,（\%）$$

$$\pi_d = \underbrace{Pr\left(z < \frac{1.2381}{\sqrt{2}}\right)}_{\text{標準正規分布}} = 0.8093$$

$$\delta = 2 \times 0.8093 - 1 = 0.6186$$

1. 標準化平均値差 d とコーエンの U_3，優越率 π_d，クリフの δ との関係

測定値の分布に正規分布を仮定すると，標準化平均値差 d，コーエンの U_3，優越率 π_d（CLES），クリフの δ には相互に一意の関係がありますので，その関係を**表 7.3** にまとめました。

表 7.3　標準化平均値差（d）と確率的指標（U_3, π_d, δ）との関係

d	.00	.10	.20	.50	.80	1.00	1.20	1.40	1.60	1.80	2.00	2.50
U_3	.50	.54	.58	.69	.79	.84	.88	.92	.95	.96	.98	.99
π_d	.50	.53	.56	.64	.71	.76	.80	.84	.87	.90	.92	.96
δ	.00	.06	.11	.28	.43	.52	.60	.68	.74	.80	.84	.92

標準化平均値差 d は実験効果の大きさをおおよそ**表 7.1** のように解釈しますが，例えば，中程度の効果（$d = 0.50$）は $U_3 = .69$，$\pi_d = .64$，$\delta = .28$ に相当することが読み取れます。

7.3 1 標本および対応のある 2 標本の場合

1 標本の平均値の検定に用いる式 (6.3) の t_0 を書き換えると

$$t_0 = \frac{\bar{x} - m_s}{\sqrt{\dfrac{u^2(x)}{n}}} = \frac{\bar{x} - m_s}{\dfrac{u(x)}{\sqrt{n}}} = \underbrace{\frac{\bar{x} - m_s}{u(x)}}_{d} \sqrt{n} \tag{7.14}$$

となります。ここで，$\bar{x}$ は標本の平均値，m_s は帰無仮説で仮定する母平均値，$u^2(x)$ は不偏分散，n は標本の大きさです。標本の平均値と帰無仮説で定める平均値の違いを標準偏差で割った値を効果量とすることができますので，式中の d が効果量です。したがって，d は t_0 と標本の大きさ n を用いて

$$d = \frac{t_0}{\sqrt{n}} \tag{7.15}$$

として求めることができます。

計算例

表 6.5 のデータを用いた変化量の検定では，$t_0 = 2.8258$，$n = 20$ でしたから，効果量は

$$d = \frac{2.8258}{\sqrt{20}} = 0.6319$$

となります。また，標準化平均値差 d の場合と同様の手順に従い，自由度 $n-1$ の非心 t 分布を用いて非心度の信頼限界（λ_l, λ_u）を求め，それを利用して効果量の信頼区間を求めることができます。この事例では非心度の信頼限界が

$$\lambda_l = 0.6416, \quad \lambda_u = 4.9486$$

ですから，効果量の信頼限界は次の通りです。

$$\text{下側限界値}：d_l = \frac{0.6416}{\sqrt{20}} = 0.1435, \quad \text{上側限界値}：d_u = \frac{4.9486}{\sqrt{20}} = 1.1065$$

対応のある 2 標本の場合，式 (7.15) の効果量を使用すべきとする意見と，対

応のない2標本と同様に標準化平均値差 d やヘッジスの g を使用すべきとする意見があります。また，介入を行う事前事後実験研究では，介入によって事後の測定値の分布が歪むことがありますので，事前の測定値の標準偏差を用いて変化量を標準化するという考え方もあります。このような対応のある2標本の効果量の求め方については，大久保・岡田（2012）に詳しい議論があります。

7.4 R を用いた効果量の算出

Rには効果量を算出するためのパッケージとして compute.es（Del Re, 2013），effsize（Torchiano, 2019），MBESS（Kelley, 2019），orddom（Rogmann, 2013）などがあります。ここでは MBESS の関数を用いて標準化平均値差 d とヘッジスの g（式 (7.8)）を算出し，orddom の関数を用いて優越率 π_d（CLES）とクリフの δ を求めます。

1. 対応のない2標本の場合

■命令文（先頭の数値と：記号は説明のためのものです）

表 6.4 に示す測定値を用いてダイエットプログラムの効果量を求めます。

```
 1: library(openxlsx)    # パッケージの読み込み
 2: library(MBESS)       # パッケージの読み込み
 3: library(orddom)      # パッケージの読み込み
 4: setwd("K:/データファイル")
 5: mydata <- read.xlsx("ダイエット.xlsx")     # データ
 6: gun1 <- mydata[mydata$gun == "jikken", 2] # 実験群
 7: gun2 <- mydata[mydata$gun == "tousei", 2] # 統制群
 8: m1 <- mean(gun1)      # 実験群の平均値
 9: m2 <- mean(gun2)      # 統制群の平均値
10: s1 <- sd(gun1)        # 実験群の標準偏差
11: s2 <- sd(gun2)        # 統制群の標準偏差
12: n1 <- length(gun1)    # 実験群の人数
13: n2 <- length(gun2)    # 統制群の人数
14: d <- smd(Mean.1 = m1, Mean.2 = m2, s.1 = s1, s.2 = s2,
            n.1 = n1, n.2 = n2) # 効果量（d）の算出
15: ci.smd(smd = d, n.1 = n1, n.2 = n2) # dの信頼区間
16: g <- smd(Mean.1 = m1, Mean.2 = m2, s.1 = s1, s.2 = s2,
            n.1 = n1, n.2 = n2,
            Unbiased = TRUE)     # 効果量（g）の算出
17: ci.smd(smd = g, n.1 = n1, n.2 = n2) # gの信頼区間
```

7.4 Rを用いた効果量の算出 125

```
18: orddom(gun2, gun1) # 統制群，実験群の順で指定する
19: table(gun2 < m1)/n2 * 100 # 素データから求めたU3
```

■命令文の意味

6: [mydata$gun == "jikken", 2] により，gun が jikken に等しい個人（実験群）を選び，第2列の変数（genryou）を gun1 へ代入します。

7: [mydata$gun == "tousei", 2] により，gun が tousei に等しい個人（統制群）を選び，第2列の変数（genryou）を gun1 へ代入します。

■実 行 結 果

Lower.Conf.Limit.smd は標準化平均値差の下側信頼限界値，smd は標準化平均値差，Upper.Conf.Limit.smd は標準化平均値差の上側信頼限界値です。標準化平均値差 d は 1.280，信頼度 95%の信頼区間は 0.388〜2.150 です。また，ヘッジスの g は 1.238，信頼度 95%の信頼区間は 0.351〜2.103 です。

orddom() 関数の出力（一部のみ）では，PS Y>X の第1列の値（0.8133…）が優越率 π_d（CLES），delta の第1列の値（0.6466…）がクリフの δ です。また，CI low の 0.1883… と CI high の 0.8736… はクリフの δ の信頼度 95%の信頼限界です。

TRUE の下の値（93.3333…）が統制群（gun2）の測定値と実験群（gun1）の平均値を比較して求めたコーエンの U_3 です。

```
> ci.smd(smd = d, n.1 = n1, n.2 = n2) # dの信頼区間
$Lower.Conf.Limit.smd
[1] 0.3882292

$smd
[1] 1.280408

$Upper.Conf.Limit.smd
[1] 2.149617

> ci.smd(smd = g, n.1 = n1, n.2 = n2) # gの信頼区間
$Lower.Conf.Limit.smd
[1] 0.3512025
```

第7章　平均値差の効果量を理解する

```
$smd
[1] 1.238119

$Upper.Conf.Limit.smd
[1] 2.102577

> orddom(gun2, gun1) # 統制群，実験群の順で指定する
                ordinal                    metric
N #Y>X          "122"                      "122"
PS Y>X          "0.813333333333333"        "0.809857052623089"
delta           "0.646666666666667"        "1.55"
CI low          "0.18837686294457"         "0.500151294463618"
CI high         "0.873685203002785"        "2.59984870553638"

> table(gun2 < m1)/n2 * 100 # 素データから求めたU3

    FALSE       TRUE
 6.666667 93.333333
```

■補足説明

(1) 実験群と統制群に等分散の正規分布を仮定するコーエンの U_3，優越率 π_d（CLES），クリフの δ，r 属の効果量 r とその信頼区間は，compute.es パッケージの mes() 関数を用いて求めることができます。

```
library(compute.es) # パッケージの読み込み
mes(m.1 = m1, m.2 = m2, sd.1 = s1, sd.2 = s2,
    n.1 = n1, n.2 = n2, dig = 4)
```

U3(d) は標準化平均値差 d に基づいて算出されたコーエンの U_3，CLES(d) は優越率 π_d（CLES），Cliff's Delta はクリフの δ，U3(g) はヘッジスの g に基づいて算出されたコーエンの U_3，CLES(g) は優越率 π_d（CLES）です。また，r [95 %CI] = 0.5314 [0.1499 , 0.7752] は効果量を表す相関係数 r とその信頼区間です。

7.4 Rを用いた効果量の算出 127

```
> mes(m.1 = m1, m.2 = m2, sd.1 = s1, sd.2 = s2,
+       n.1 = n1, n.2 = n2, dig = 4)
Mean Differences ES:

 d [ 95 %CI] = 1.2804 [ 0.3565 , 2.2043 ]
  var(d) = 0.1995
  p-value(d) = 0.0087
  U3(d) = 89.9799 %
  CLES(d) = 81.7369 %
  Cliff's Delta = 0.6347

 g [ 95 %CI] = 1.2382 [ 0.3448 , 2.1316 ]
  var(g) = 0.1865
  p-value(g) = 0.0087
  U3(g) = 89.2178 %
  CLES(g) = 80.9359 %

 Correlation ES:

 r [ 95 %CI] = 0.5314 [ 0.1499 , 0.7752 ]
  var(r) = 0.0177
  p-value(r) = 0.0107
```

2. 1 標本および対応のある 2 標本の場合

MBESS パッケージの ci.sm() 関数は 1 標本の平均値の効果量（式 (7.15)）と
その信頼区間を求めることができます。

■命令文（先頭の数値と : 記号は説明のためのものです）

表 6.5 に示す測定値を用います。ci.sm() 関数には変化量の平均値，標準偏
差（不偏分散の平方根），人数を渡します。あるいは，t 検定で得られた t 値と
人数を渡してもよいです。

128   第 7 章　平均値差の効果量を理解する

```
 1: library(openxlsx)            # パッケージの読み込み
 2: library(MBESS)               # パッケージの読み込み
 3: setwd("K:/データファイル")
 4: mydata <- read.xlsx("ニコチン依存度得点.xlsx")
 5: names(mydata)                # 変数名の確認
 6: x <- mydata$x2 - mydata$x1   # 変化量
 7: m <- mean(x)                 # 変化量の平均値
 8: s <- sd(x)                   # 変化量の標準偏差
 9: n <- length(x)              # 人数
10: ci.sm(Mean = m, SD = s, N = n)
11: tval <- as.numeric(t.test(x, mu = 0)$statistic) # t値
12: ci.sm(ncp = tval, N = n)     # ncpへt値を代入する
```

■命令文の意味

10: Mean に平均値，SD に標準偏差，N に人数を渡します。

12: ncp に t 値を代入して効果量を求めることもできます（結果を省略）。

■実 行 結 果

　Lower.Conf.Limit.Standardized.Mean は標準化効果量の下側限界値，
Standardized.Mean は標準化効果量，Upper.Conf.Limit.Standardized.Mean
は標準化効果量の上側限界値です。

```
> ci.sm(Mean = m, SD = s, N = n)
[1] "The 0.95 confidence limits for the standardized mean
 are given as:"
$Lower.Conf.Limit.Standardized.Mean
[1] 0.1434463

$Standardized.Mean
[1] 0.631857

$Upper.Conf.Limit.Standardized.Mean
[1] 1.106534
```

コラム 7.1　対応のない 2 標本の t 検定における検定力

　統制群と実験群を設けて予備実験を行ったところ，標準化平均値差（コーエンの d）が 0.5 でした。それでは，真の標準化平均値差が 0.5 であるとして，2 群の実験参加者数をそれぞれ 40（総計 80）として実験を行ったとき，帰無仮説（標準化平均値差 = 0.0）を棄却できる確率，すなわち検定力はいくらでしょうか。有意水準（α）を .05 とする片側対立仮説として求めてみます。

　帰無仮説が真のとき，式 (6.12) で定義される統計量 t_0 は自由度 78（= 80 − 2）の t 分布に従います。一方，対立仮説（標準化平均値差 = 0.5）の下で t 統計量は非心度 2.2361（= $d\sqrt{n/2}$ = $0.5 \times \sqrt{40/2}$）の t 分布に従います。その 2 つの t 分布を図 7.3 に示します。

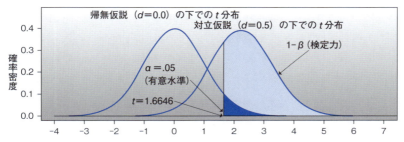

図 7.3 帰無仮説（d=0.0）と対立仮説（d=0.5）の下での t 分布および検定力

　t 分布の自由度は 78 で片側対立仮説としましたから，棄却限界値は 1.6646，したがって，青く塗りつぶした面積が α（有意水準）です。そして，検定力（$1 - \beta$）は色アミの面積（青く塗りつぶした面積を含みます），

$$\text{検定力} = \underbrace{Pr(1.6646 < t)}_{df=78,\ 非心度 = 2.2361\ の\ t\ 分布} = 0.7163$$

になります。これより，対立仮説が真であるとしても，各群 40 名で帰無仮説を棄却できる確率は .70 程度ということがわかります。一方，同様に片側対立仮説として，おおよそ 70 名（総計 140 名）で検定力は .90 になります。

130 第 7 章 平均値差の効果量を理解する

参 考 図 書

南風原 朝和（2014）. 続・心理統計学の基礎 ── 統合的理解を広げ深める ── 有
斐閣

村井 潤一郎・橋本 貴充（編著）（2017）. 心理学のためのサンプルサイズ設計入門
講談社

永田 靖（2003）. サンプルサイズの決め方 朝倉書店

大久保 街亜・岡田 謙介（2012）. 伝えるための心理統計 ── 効果量・信頼区間・検
定力 ── 勁草書房

復 習 問 題

1. アロマテラピーの不安低減効果の有無を検討するために，事前事後実験計画に基
づき，実験群（20 名）では施術（3 週間）の前後に，また，統制群（20 名）では
特別の施術を行わずに 3 週間の間隔を空けて 2 回，状態不安を測定しました。表
7.4 に示す 40 名の変化量（事前の得点－事後の得点）を用い，2 群の変化量の平
均値差を検定してください。また，アロマテラピーの効果量を求めてください。

表 7.4 状態不安尺度得点の変化量

群	状態不安得点の変化量									
実験群	−4	13	−4	−4	5	26	19	13	10	−16
(n_1=20)	1	18	22	13	13	14	7	19	5	22
統制群	4	−2	1	−6	3	−3	−9	9	15	2
(n_2=20)	5	8	7	9	−5	−9	−8	7	−10	5

Rho, Han, Kim, & Lee（2006）を参考にして作成しました。変化量の値が大
きいほど不安が低減したことを表します。

2. 表 7.4 の測定値を用いた平均値差の t 検定の結果から，r 族による効果量を求めて
ください。

第 **8** 章
相関係数と連関係数に関する仮説検定を理解する

第4章で学んだ相関係数は量的な2変数の間に直線的な関係を仮定して，その関係の強さを表します。また，質的な2変数の関係の強さは第5章で学んだ χ^2 値やクラメールの連関係数などで表すことができます。本章では，推測統計の一つとして相関係数と連関係数の検定について学びます。

8.1　1つの相関係数

8.1.1　無相関検定

心理学の研究では2変数の相関関係の有無を確認することが多く，**無相関検定**はそのようなときに使用されます。この検定は母集団の相関係数（母相関係数とよばれます）の値を ρ（ロー）として，次の仮説を検定します。

帰無仮説：$\rho = 0$

対立仮説：$\rho \neq 0$

ここでは両側対立仮説としました。この検定は帰無仮説が真のとき

$$t_0 = \frac{r(x,\ y)}{\sqrt{\dfrac{1-r(x,\ y)^2}{n-2}}} \tag{8.1}$$

が自由度 $n-2$ の t 分布に従うことを利用して p 値を求めます。$r(x,\ y)$ は標本の相関係数，n は標本の大きさです。

132　第 8 章　相関係数と連関係数に関する仮説検定を理解する

計算例

表 4.1 に示す男子大学 1 年生 40 名の身長 (x) と体重 (y) の相関係数は 0.4973 でした (p.64)。このデータを用いて無相関検定を行うと，検定統計量 t_0 は

$$t_0 = \frac{0.4973}{\sqrt{\dfrac{1 - .4973^2}{40 - 2}}} = \frac{0.4973}{0.1407} = 3.5345$$

ですから，p 値は自由度 38 の t 分布において，$t < -3.5345$ および $3.5345 < t$ を満たす確率，すなわち

$$p = \underbrace{Pr(t < -3.5345)}_{df=38\,の\,t\,分布} + \underbrace{Pr(3.5345 < t)}_{df=38\,の\,t\,分布} = 0.0011$$

です。したがって，有意水準 .05 で帰無仮説を棄却できます。

8.1.2　任意の値に等しいとする仮説の検定

母相関係数を ρ として，次の仮説を検定することができます。r_s は分析者が指定する任意の値 ($-1 < r_s < 1$) です。

帰無仮説：$\rho = r_s$

対立仮説：$\rho \neq r_s$

この検定は帰無仮説が真のとき

$$z_0 = \frac{z_r - z_s}{\sqrt{\dfrac{1}{n - 3}}} \tag{8.2}$$

が標準正規分布に従うことを利用して p 値を求めます。ここで，z_r と z_s は標本の相関係数 $r(x, y)$ と r_s をそれぞれ式 (8.3) の r へ代入し，z へ変換した値です。n は標本の大きさです。$\log_e$ は自然対数で，この変換は**フィッシャー**（Fisher, R. A.）**の z 変換**（z transformation）とよばれます。

$$z = \frac{1}{2} \log_e \left(\frac{1 + r}{1 - r} \right) \tag{8.3}$$

8.1 1つの相関係数　　133

計算例

　知能検査と学力検査の得点の相関係数は .80 といわれていますが，65 名（n）の子どもで調査したところ，標本の相関係数（$r(x, y)$）は .70 でした。この結果から母相関係数が .80（r_s）と異なると判断してよいかを両側対立仮説として検定します。$r(x, y)$ と r_s の値を z 変換すると

$$z_r = \frac{1}{2} \log_e \left(\frac{1 + 0.70}{1 - 0.70} \right) = 0.8673, \quad z_s = \frac{1}{2} \log_e \left(\frac{1 + 0.80}{1 - 0.80} \right) = 1.0986$$

となりますから，検定統計量 z（式(8.2)）は

$$z_0 = \frac{0.8673 - 1.0986}{\sqrt{\dfrac{1}{65 - 3}}} = \frac{-0.2313}{0.1270} = -1.8213$$

です。ここでは両側対立仮説としていますので，p 値は標準正規分布において $z < -1.8213$ および $1.8213 < z$ となる確率，つまり

$$p = \underbrace{Pr(z < -1.8213)}_{\text{標準正規分布}} + \underbrace{Pr(1.8213 < z)}_{\text{標準正規分布}} = 0.0686$$

です。このデータでは，有意水準 .05 で帰無仮説を棄却することはできません。

8.1.3 信 頼 区 間

　母相関係数が r_s に等しいとき，式(8.2)の z 値は標準正規分布に従います。したがって，標準正規分布の上側面積を $\alpha/2$ とする値を $z_{\alpha/2}$ とすれば

$$-z_{\alpha/2} < \underbrace{\frac{z_r - z_s}{\sqrt{\dfrac{1}{n - 3}}}}_{\text{式(8.2)の}\, z_0} < z_{\alpha/2} \tag{8.4}$$

を満たす確率は $1 - \alpha$ です。この不等式で z_s は母相関係数 r_s を z 変換した値です。この不等式を z_s を挟む不等式へ書き換えると

$$\underbrace{z_r - z_{\alpha/2} \sqrt{\frac{1}{n - 3}}}_{z\text{下限}} < z_s < \underbrace{z_r + z_{\alpha/2} \sqrt{\frac{1}{n - 3}}}_{z\text{上限}} \tag{8.5}$$

134 第 8 章　相関係数と連関係数に関する仮説検定を理解する

を得ます。この 2 つの信頼限界を相関係数へ逆変換した値が母相関係数の信頼限界です。ここで，exp ( ) は指数関数（p.10）です。

$$\text{下側信頼限界}: \frac{\exp(2 \times z_{\text{下限}}) - 1}{\exp(2 \times z_{\text{下限}}) + 1} \tag{8.6}$$

$$\text{上側信頼限界}: \frac{\exp(2 \times z_{\text{上限}}) - 1}{\exp(2 \times z_{\text{上限}}) + 1} \tag{8.7}$$

計算例

表 4.1 に示す 40 名の身長（x）と体重（y）を用い，信頼水準を .95（95%）とする母相関係数の信頼区間を求めます。まず，2 変数の標本相関係数は $r(x, y) = 0.4973$ でしたから，z 変換を施した値は

$$z_r = \frac{1}{2} \log_e \left(\frac{1 + 0.4973}{1 - 0.4973} \right) = 0.5457$$

です。また，$n = 40$，$z_{.025} = 1.9600$ ですから

$$z_{\text{下限}} = 0.5457 - 1.9600 \times \sqrt{\frac{1}{40 - 3}} = 0.2235$$

$$z_{\text{上限}} = 0.5457 + 1.9600 \times \sqrt{\frac{1}{40 - 3}} = 0.8679$$

となり，これを式 (8.6) と式 (8.7) の右辺へ代入した次の値が信頼限界です。

$$\text{下側信頼限界}: \frac{\exp(2 \times 0.2235) - 1}{\exp(2 \times 0.2235) + 1} = 0.2199$$

$$\text{上側信頼限界}: \frac{\exp(2 \times 0.8679) - 1}{\exp(2 \times 0.8679) + 1} = 0.7003$$

標本の大きさが 40 と小さいですから，信頼区間が幅広いのは仕方がありません。

8.1.4　R を用いた相関係数の検定

1.　**無相関検定**

男子 40 名の身長と体重.xlsx に保存されている身長（変数名は x）と体重

8.1　1つの相関係数　　135

（変数名は y）を用いて無相関検定を行います。検定に利用するのは cor.
test() 関数です。

■命令文（先頭の数値と：記号は説明のためのものです）

```
1: library(openxlsx)
2: setwd("K:/データファイル")
3: mydata <- read.xlsx("男子40名の身長と体重.xlsx")
4: cor.test(mydata$x, mydata$y)
```

■命令文の意味

4: cor.test() 関数の引数には無相関検定を行う 2 変数の名前を指定します。
ここでは，mydata$x と mydata$y とします。

■実 行 結 果

　検定統計量 t_0 は t として出力された 3.5331，参照する t 分布の自由度は df
として出力された 38，p 値は p-value として出力された 0.001097 です。また，
95 percent confidence interval の下に表示された 2 つの数値は信頼水準
95% の信頼限界です。

```
> cor.test(mydata$x, mydata$y)

        Pearson's product-moment correlation

data:  mydata$x and mydata$y
t = 3.5331, df = 38, p-value = 0.001097
alternative hypothesis: true correlation is not equal to 0
95 percent confidence interval:
 0.2197978 0.7002933
sample estimates:
      cor
0.4972602
```

■補 足 説 明

(1) 次のように psych パッケージの corr.test() 関数は 2 変数以上を含む

136　　　第 8 章　相関係数と連関係数に関する仮説検定を理解する

データフレームに適用できます。

```
library(psych)
print(corr.test(mydata[, 2:3]), digits = 4)
```

8.2　2 つの相関係数の差

1.　対応のない 2 標本に基づく相関係数の差

　抑うつ感と孤独感の相関係数が男子（$n_1 = 90$）は .220，女子（$n_2 = 85$）は .470 でした。2 つの母相関係数の間に有意な差があるといえるでしょうか。このような対応のない 2 標本の母相関係数の違いを検定する方法を説明します。仮説は第 1 群の母相関係数を ρ_1，第 2 群の母相関係数を ρ_2 とすると

　　　帰無仮説：$\rho_1 = \rho_1$

　　　対立仮説：$\rho_1 \neq \rho_2$

です。ここでは両側対立仮説としました。この検定は帰無仮説が真のとき

$$z_0 = \frac{(z_1 - z_2) - (z_{\rho_1} - z_{\rho_2})}{\sqrt{\dfrac{1}{n_1 - 3} + \dfrac{1}{n_2 - 3}}} \tag{8.8}$$

が標準正規分布に従うことを利用して p 値を求めます。ここで，n_1 は第 1 群の標本の大きさ，n_2 は第 2 群の標本の大きさ，z_1 と z_2 はそれぞれ r_1 と r_2 を式 (8.3) の r に代入して z に変換した値，z_{ρ_1} と z_{ρ_2} は同様に ρ_1 と ρ_2 を z に変換した値です。

計算例

　抑うつ感と孤独感の相関係数の値が男子（$n_1 = 90$）は .220，女子（$n_2 = 85$）は .470 ですから，相関係数を z 変換した値は

$$z_1 = \frac{1}{2} \log_e \left(\frac{1 + 0.220}{1 - 0.220} \right) = 0.2237, \quad z_2 = \frac{1}{2} \log_e \left(\frac{1 + 0.470}{1 - 0.470} \right) = 0.5101$$

です。この 2 つの値と標本の大きさを式 (8.8) に代入すると，帰無仮説の下で

は $z_{\rho_1} - z_{\rho_2} = 0$ ですから，式(8.8)の z_0 は

$$z_0 = \frac{0.2237 - 0.5101}{\sqrt{\dfrac{1}{90-3} + \dfrac{1}{85-3}}} = -1.8608$$

となります。ここでは両側対立仮説としますので，p 値は標準正規分布において $z < -1.8608$ と $1.8608 < z$ の確率，つまり

$$p = \underbrace{Pr(z < -1.8608)}_{\text{標準正規分布}} + \underbrace{Pr(1.8608 < z)}_{\text{標準正規分布}} = 0.0628$$

です。母相関係数の間には有意水準 .05 で有意差があるとはいえません。

2. 1つの変数が共通する2つの相関係数の差 (1標本)

65名（n）に実施した学力検査（x_1）と2つの知能検査（検査 A を x_2，検査 B を x_3 とします）の得点の相関係数が $r(x_1, x_2) = 0.732$，$r(x_1, x_3) = 0.668$，$r(x_2, x_3) = 0.833$ です。学力検査との間の相関係数は検査 A の方がやや大きいですが，2つの知能検査の間で学力検査との相関関係に有意な差があるといえるでしょうか。

この事例のように1つの変数が共通する2つの相関係数の検定として**ウィリアムズ**（Williams, E. J.）**の方法**（Williams, 1959；Steiger, 1980）とホテリング（Hotelling, H.）の方法（岩原, 1965）があります。ニールとダン（Neill & Dunn, 1975）のシミュレーション実験によれば，第1種と第2種の誤りに関し，ウィリアムズの方法はホテリングの方法よりも優れていますので，ここではウィリアムズの方法を説明します。

この検定の仮説は

　帰無仮説：$\rho_{12} = \rho_{13}$

　対立仮説：$\rho_{12} \neq \rho_{13}$

です。ここで，ρ_{12} は変数 x_1 と x_2 の母相関係数，ρ_{13} は変数 x_1 と x_3 の母相関係数です。ウィリアムズの方法は帰無仮説が真のとき

$$t_0 = (r_{12} - r_{13}) \sqrt{\frac{(n-1)(1+r_{23})}{2\left(\dfrac{n-1}{n-3}\right)|\boldsymbol{R}| + \left(\dfrac{r_{12}+r_{13}}{2}\right)^2 (1-r_{23})^3}} \tag{8.9}$$

が自由度 $n-3$ の t 分布に従うことを利用します。ここで，n は標本の大きさ，r_{12} は変数 x_1 と x_2 の相関係数，r_{13} は変数 x_1 と x_3 の相関係数，r_{23} は変数 x_2 と x_3 の相関係数です。また，$|R|$ は次式で算出される行列 R（3 次の対称行列）の**行列式**（determinant）とよばれる値です。

$$|R| = 1 - r_{12}^2 - r_{13}^2 - r_{23}^2 + 2r_{12}r_{13}r_{23} \tag{8.10}$$

計算例

学力検査（x_1）と 2 つの知能検査（$x_2,\ x_3$）との相関係数が $r(x_1,\ x_2) = 0.732,\ r(x_1,\ x_3) = 0.668,\ r(x_2,\ x_3) = 0.833$ であるとすると

$$|R| = 1 - 0.732^2 - 0.668^2 - 0.833^2 + 2 \times 0.732 \times 0.668 \times 0.833 = 0.1387$$

したがって

$$t_0 = (0.732 - 0.668)$$

$$\times \sqrt{\frac{(65-1) \times (1 + 0.833)}{2 \times \left(\dfrac{65-1}{65-3}\right) \times 0.1387 + \left(\dfrac{0.732 + 0.668}{2}\right)^2 \times (1 - 0.833)^3}}$$

$$= 1.2903$$

です。p 値は自由度 62 の t 分布において，$t < -1.2903$ と $1.2903 < t$ の面積ですから，

$$p = \underbrace{Pr(t < -1.2903)}_{df=62 \text{ の } t \text{分布}} + \underbrace{Pr(1.2903 < t)}_{df=62 \text{ の } t \text{分布}} = 0.2017$$

です。有意水準 .05（5%）で帰無仮説を棄却することはできません。

3. 変数が共通しない 2 つの相関係数の差（1 標本）

1 つの標本において，変数が共通しない 2 つの相関係数の差を検定することができます。この検定は変数 x_1 と x_2 の母相関係数を ρ_{12}，変数 x_3 と x_4 の母相関係数を ρ_{34} とし，検定仮説を

帰無仮説：$\rho_{12} = \rho_{34}$

対立仮説：$\rho_{12} \neq \rho_{34}$

とします。帰無仮説が真のとき

$$z_0 = \frac{z_{12} - z_{34}}{\sqrt{\dfrac{2(1 - z_{1234})}{n - 3}}} \tag{8.11}$$

が標準正規分布に従うことを利用して p 値を求めます。ここで，z_{12} は標本の相関係数 r_{12} を z 変換した値，z_{34} は標本の相関係数 r_{34} を z 変換した値です。また，z_{1234} は次の 2 つの方法のいずれかで与えます。

(1) 2 つの相関係数（r_{12} と r_{34}）をプールする方法

$$z_{1234} = \frac{r_{1234}}{(1 - r_p^2)(1 - r_p^2)}$$

$$r_p = \frac{r_{12} + r_{34}}{2}$$

$$r_{1234} = \frac{1}{2}\big[(r_{13} - r_p r_{23})(r_{24} - r_{23} r_p) + (r_{14} - r_{13} r_p)(r_{23} - r_p r_{13})$$
$$+ (r_{13} - r_{14} r_p)(r_{24} - r_p r_{14}) + (r_{14} - r_p r_{24})(r_{23} - r_{24} r_p)\big]$$

(2) 2 つの相関係数（r_{12} と r_{34}）をプールしない方法

$$z_{1234} = \frac{r_{1234}}{(1 - r_{12}^2)(1 - r_{34}^2)}$$

$$r_{1234} = \frac{1}{2}\big[(r_{13} - r_{12} r_{23})(r_{24} - r_{23} r_{34}) + (r_{14} - r_{13} r_{34})(r_{23} - r_{12} r_{13})$$
$$+ (r_{13} - r_{14} r_{34})(r_{24} - r_{12} r_{14}) + (r_{14} - r_{12} r_{24})(r_{23} - r_{24} r_{34})\big]$$

計算例

表 8.1 は父の身長（x_1），息子の身長（x_2），父の体重（x_3），息子の体重（x_4）の相関係数行列（$n = 120$）です。親子の身長の相関係数は .325，体重の相関係数は .160 ですから，体重よりも身長の相関係数の方がやや大きいですが，2

表 8.1 父と息子の身長と体重の相関係数（$n=120$）

変数	x_1	x_2	x_3	x_4
父の身長（x_1）	1.000			
息子の身長（x_2）	.325	1.000		
父の体重（x_3）	.320	.105	1.000	
息子の体重（x_4）	.123	.453	.160	1.000

140   第 8 章　相関係数と連関係数に関する仮説検定を理解する

つの間に有意差があるといえるでしょうか。

2 つの相関係数（r_{12} と r_{34}）をプールする方法とプールしない方法に分けて計算結果を次に示します。

（1）2 つの相関係数（r_{12} と r_{34}）をプールする方法

$$r_p = \frac{0.325 + 0.160}{2} = 0.2425$$

$$r_{1234} = 0.1249$$

$$z_{1234} = \frac{0.1249}{(1 - 0.2425^2)(1 - 0.2425^2)} = 0.1410$$

$$z_0 = \frac{0.3372 - 0.1614}{\sqrt{\dfrac{2(1 - 0.1410)}{120 - 3}}} = 1.4508$$

z_0 が 1.4508 となりましたので，p 値は標準正規分布において $z < -1.4508$ と $1.4508 < z$ の確率を加えた値ですから，.1468 となります。

（2）2 つの相関係数（r_{12} と r_{34}）をプールしない方法

$$r_{1234} = 0.1240$$

$$z_{1234} = \frac{0.1240}{(1 - 0.325^2)(1 - 0.160^2)} = 0.1423$$

$$z_0 = \frac{0.3372 - 0.1614}{\sqrt{\dfrac{2(1 - 0.1423)}{120 - 3}}} = 1.4519$$

z_0 が 1.4519 となりましたので，p 値は標準正規分布において $z < -1.4519$ と $1.4519 < z$ の確率を加えた値ですから，.1465 となります。

2 つの方法で p 値を求めましたが，いずれの方法でも $p > .05$ となり，帰無仮説を棄却することはできませんでした。

8.2.1　R を用いた相関係数の検定

psych パッケージの r.test() 関数を説明します。

1. 対応のない 2 標本に基づく相関係数の差

抑うつ感と孤独感との相関係数が男子（$n_1 = 90$）は .220，女子（$n_2 = 85$）

8.2 2つの相関係数の差 141

は.470 であるとして，2つの母相関係数の差を検定します。

■**命令文（先頭の数値と：記号は説明のためのものです）**

```
1: library(psych)
2: n1 <- 90 # 第1群（男子）の人数をn1へ代入
3: n2 <- 85 # 第2群（女子）の人数をn2へ代入
4: r12 <- 0.220 # 第1群（男子）の相関係数をr12へ代入
5: r34 <- 0.470 # 第2群（女子）の相関係数をr34へ代入
6: print(r.test(n = n1, n2 = n2, r12 = r12, r34 = r34),
        digits = 4)
```

■**命令文の意味**

6: r.test() 関数では，第1群の人数を与える引数名が n であることに注意します。

■**実 行 結 果**

　検定統計量の z_0（式 (8.8)）は z value として出力された 1.8609，p 値は probability として出力された 0.0628 です。

```
> print(r.test(n = n1, n2 = n2, r12 = r12, r34 = r34),
+       digits = 4)
Test of difference between two independent correlations
 z value 1.8609    with probability  0.0628
```

2. 1つの変数が共通する2つの相関係数の差（1標本）

　65名（n）に実施した学力検査（x_1）と2つの知能検査（検査Aを x_2，検査Bを x_3 とします）の得点の相関係数が $r(x_1, x_2) = 0.732$，$r(x_1, x_3) = 0.668$，$r(x_2, x_3) = 0.833$ でした。2つの知能検査の間で学力検査との相関関係に有意な差があるといえるかどうかをウィリアムズの方法で検定します。

142 第8章 相関係数と連関係数に関する仮説検定を理解する

■命令文（先頭の数値と：記号は説明のためのものです）

```
1: library(psych)
2: n <- 65        # 人数をnへ代入
3: r12 <- 0.732 # r(x1,x2)の値をr12へ代入
4: r13 <- 0.668 # r(x1,x3)の値をr13へ代入
5: r23 <- 0.833 # r(x2,x3)の値をr23へ代入
6: print(r.test(n = n, r12 = r12, r13 = r13, r23 = r23),
        digits = 4)
```

■実 行 結 果

　検定統計量 t_0（式 (8.9)）は t value として出力された 1.2903，p 値は probability として出力された 0.2017 です。

```
> print(r.test(n = n, r12 = r12, r13 = r13, r23 = r23),
+       digits = 4)
Test of difference between two correlated  correlations
 t value 1.2903    with probability < 0.2017
```

3. 変数が共通しない2つの相関係数の差（1標本）

　表8.1 の相関係数を用いて親子間の身長の相関係数と体重の相関係数の差を検定します。2つの相関係数（r_{12} と r_{34}）をプールする方法とプールしない方法がありますので，2つの方法を実行する命令文を示します。

■命令文（先頭の数値と：記号は説明のためのものです）

```
 1: library(psych)
 2: n <- 120       # 人数をnへ代入
 3: r12 <- 0.325 # r(x1,x2)の値をr12へ代入
 4: r13 <- 0.320 # r(x1,x3)の値をr13へ代入
 5: r23 <- 0.105 # r(x2,x3)の値をr23へ代入
 6: r14 <- 0.123 # r(x1,x4)の値をr14へ代入
 7: r24 <- 0.453 # r(x2,x4)の値をr24へ代入
 8: r34 <- 0.160 # r(x3,x4)の値をr34へ代入
 9: print(r.test(n = n, r12 = r12, r34 = r34, r13 = r13,
    r14 = r14, r23 = r23, r24 = r24), digits = 4)
10: print(r.test(n = n, r12 = r12, r34 = r34, r13 = r13,
    r14 = r14, r23 = r23, r24 = r24, pooled = FALSE),
    digits = 4)
```

■命令文の意味

9: 相関係数（r_{12} と r_{34}）をプールする方法が標準設定になっています。

10: pooled = FALSE を指定するとプールしない方法になります。

■実 行 結 果

2つの相関係数（r_{12} と r_{34}）をプールした場合，検定統計量 z_0（式 (8.11)）は 1.4512，p 値は 0.1467，相関係数をプールしない場合，z_0 は 1.4522，p 値は 0.1464 です。いずれの場合も有意差があるとはいえません。

```
> print(r.test(n = n, r12 = r12, r34 = r34, r13 = r13,
+ r14 = r14, r23 = r23, r24 = r24), digits = 4)
Test of difference between two dependent correlations
 z value 1.4512    with probability  0.1467

> print(r.test(n = n, r12 = r12, r34 = r34, r13 = r13,
+ r14 = r14, r23 = r23, r24 = r24, pooled = FALSE),
+ digits = 4)
Test of difference between two dependent correlations
 z value 1.4522    with probability  0.1464
```

8.3 連　　関

8.3.1 χ^2 検 定

大学3年生の所属学部と希望業種との関係を**表 5.1** にまとめました。このクロス集計表の χ^2 値は 61.031，クラメールの連関係数 V は .181 ですから（p.71），学部間で希望業種にやや違いが見られます。また，**表 5.2** は自傷行為の反復経験と自殺未遂歴の関係をまとめたもので，χ^2 値は 109.970，クラメールの連関係数 V は .392 でした。2変数にはやや大きな連関が見られます。ここでは，このようなクロス集計表に基づく一様性に関する検定と連関に関する検定を取り上げますが，検定統計量はまったく同じです。この検定は **χ^2 検定**（カイ2乗検定，chi-square test）とよばれ，帰無仮説と対立仮説は，

　　帰無仮説：分布が一様である　　　帰無仮説：連関がない

　　対立仮説：分布が一様ではない　　対立仮説：連関がある

144   第 8 章   相関係数と連関係数に関する仮説検定を理解する

です。

帰無仮説が真のとき，式 (8.12) で定義される χ_0^2 値は，自由度 $(r-1)(c-1)$ の χ^2 分布に従いますので，これを利用して p 値を求めます。ここで，r はクロス集計表の行数，c は列数です。

$$\chi_0^2 = \sum_{i=1}^{r} \sum_{j=1}^{c} \frac{(n_{ij} - e_{ij})^2}{e_{ij}} \tag{8.12}$$

計算例

表 5.1 のクロス集計表の行数 c は 5，列数 r は 8，χ_0^2 値は 61.0309 です。χ_0^2 の値は分布が一様であるときに 0 となりますので，p 値は自由度 $(5-1) \times (8-1) = 28$ の χ^2 分布において，$61.0309 < \chi^2$ を満たす確率，

$$p = \underbrace{Pr(61.0309 < \chi^2)}_{df=28\ の\ \chi^2\ 分布} = 0.0003$$

です。有意水準 .05 で帰無仮説を棄却することができます。各学部の特徴は標準化残差（p.72）から読み取ります。

また，表 5.2 のクロス集計表に χ^2 検定を適用すると，$p < .0001$（ほぼ 0 です）となり，高度に有意といえます。自傷行為を繰り返した人ほど，自殺未遂を多く経験していたといえます。

8.3.2　フィッシャーの正確検定

連関に関する検定の一つとして**フィッシャー**（Fisher, R. A.）**の正確検定**（exact test）（**直接確率法**ともよばれます）があります。この検定は周辺度数を固定した上で，標本で得られた結果およびそれ以上に生じにくい結果が得られる確率を合計し，p 値とします。

表 8.2 を標本のクロス集計表として，p 値の求め方を説明します。この表は 1 人の学生に日本人学生 15 名と外国人学生 10 名の顔写真を見てもらい，国籍（日本あるいは外国）を当てられるかどうかを調べた結果です。国籍の判断は写真ごとに，他の写真に影響されないように独立して行ってもらいました。実験では，日本人学生として選択すべき写真の枚数を 15 枚に限定していますか

8.3 連 関

ら，**表** 8.2 に示すクロス集計表の周辺度数は固定されます。

表 8.2 計算例に用いるクロス集計表

| 真の国籍 | 推測した国籍 | | 計 |
	日本	外国	
日本	11 (a)	4 (b)	15 ($a+b$)
外国	4 (c)	6 (d)	10 ($c+d$)
計	15 ($a+c$)	10 ($b+d$)	25 ($a+b+c+d$)

　表中の括弧内に示す a，b，c，d は各セルの度数を表します。ここで，第 1
行目の行和（$a+b$）と第 1 列目の列和（$a+c$）をそれぞれ 15 に固定すると，
a が取り得る値は 5 から 15 の 11 ケースです。この 11 ケースについて，セル
の度数をまとめたものが**表** 8.3 です。

表 8.3 出現可能な度数と生起確率

ケース	a	b	c	d	生起確率
1	5	10	10	0	0.0009187★
2	6	9	9	1	0.0153116★
3	7	8	8	2	0.0885886
4	8	7	7	3	0.2362364
5	9	6	6	4	0.3215439
6	10	5	5	5	0.2315116
7	11	4	4	6	0.0876938★
8	12	3	3	7	0.0167036★
9	13	2	2	8	0.0014455★
10	14	1	1	9	0.0000459★
11	15	0	0	10	0.0000003★

　各ケースのクロス集計表が出現する確率は超幾何分布に従いますので，
ケースごとに次式を用いて計算することができます。

$$\text{生起確率} = \frac{(a+b)!(c+d)!(a+c)!(b+d)!}{(a+b+c+d)!a!b!c!d!} \tag{8.13}$$

ここで，$n!$ は n の階乗（p.82）です。このように計算した確率が**表** 8.3 に示す
生起確率です。

　標本とした**表** 8.2 のクロス集計表は**表** 8.3 のケース 7 に該当します。その

146   第 8 章　相関係数と連関係数に関する仮説検定を理解する

ケース 7 の生起確率は 0.0876938 ですから，p 値は 0.0876938 とこの値より小さい生起確率（生起確率の後ろに ★ を付けました）を合わせた値

$$p = \underbrace{0.0009187 + 0.0153116}_{\text{ケース 1 とケース 2 の生起確率の合計}}$$

$$+ \underbrace{0.0876938 + 0.0167036 + 0.0014455 + 0.0000459 + 0.0000003}_{\text{ケース 7〜ケース 11 の生起確率の合計}}$$

$$= 0.1221194$$

です。したがって，有意水準 .05 で有意とはいえません。

1. χ^2 検定かフィッシャーの正確検定か

　実際の研究場面では χ^2 検定とフィッシャーの正確検定のどちらを使うべきかで迷います。さらに，2 行 2 列のクロス集計表では，この迷いにイェーツの連続修正を行うべきかどうかの選択肢が加わります。どの方法を用いて p 値を算出するのがよいのか，第 1 種の誤りに着目して，先行研究と小規模のシミュレーション実験から得られた知見を紹介します。

(1) 周辺度数が固定されている場合

(a) 2 × 2 のクロス集計表

　計算例として使用した実験（**表 8.2**）のように周辺度数が固定されるクロス集計表の場合には，それを前提とするフィッシャーの正確検定を適用します。また，χ^2 検定を利用する場合はイェーツの連続修正を行うとよいです。

(b) 3 行（列）以上のクロス集計表

　χ^2 検定とフィッシャーの正確検定で求めた p 値に大差はありませんが，フィッシャーの正確検定を用いる方が無難です。

(2) 周辺度数が固定されていない場合

(a) 2 × 2 のクロス集計表

　2 行 2 列のクロス集計表の場合，周辺度数が固定されていない調査データでも，期待度数が 5 以下のセルがあるときはイェーツの連続修正を行うべきであるといわれることがあります。しかし，イェーツの連続修正を行うと，p 値がやや大きくなりますので，2 変数の連関を見落とす可能性が高くなります。χ^2 検定はセルの度数が小さくても頑健ですから（Camilli & Hopkins, 1978, 1979；

p.154），イェーツの連続修正は不要です。

(b) 3 行（列）以上のクロス集計表

表 5.1 のように周辺度数が固定されていない場合は χ^2 検定を利用します。シミュレーション実験をしてみますと，半数のセルで期待度数が 5 に満たなくても，χ^2 検定は頑健であるように思われます。

2. オ ッ ズ 比

表 8.2 において，日本人学生の顔写真から日本人学生と判断した割合 $a/(a+b)$ を外国人学生と判断した割合 $b/(a+b)$ で割った値 a/b は**オッズ**（odds）とよばれます。同様に外国人学生で求めた値 c/d もオッズです。**オッズ比**（odds ratio, OR）とは，この 2 つのオッズの比

$$OR = \frac{a/b}{c/d} \tag{8.14}$$

です。オッズ比が 1 のときは顔写真から学生の国籍を推測できないこと，1 よりも大きいほど正確な判断ができたことになります。表 8.2 のオッズ比は

$$\frac{11/4}{4/6} = 4.125$$

です。

オッズ比の対数（**対数オッズ比**）$\log_e(OR)$ は分散 v が

$$v = \frac{1}{a} + \frac{1}{b} + \frac{1}{c} + \frac{1}{d} \tag{8.15}$$

の正規分布に近似的に従います。したがって，母相関係数の信頼区間（p.133）と同様の手順に倣ってオッズ比の信頼区間を求めることができ

$$\text{下側信頼限界：} \exp\left[\log_e(OR) - z_{\alpha/2}\sqrt{v}\right] \tag{8.16}$$

$$\text{上側信頼限界：} \exp\left[\log_e(OR) + z_{\alpha/2}\sqrt{v}\right] \tag{8.17}$$

となります。ここで，$\exp[\ ]$ は指数関数，$z_{\alpha/2}$ は標準正規分布において上側面積を $\alpha/2$ とする値です。

148 第 8 章 相関係数と連関係数に関する仮説検定を理解する

計算例

信頼水準を .95（$\alpha = .05$）として**表 8.2** のオッズ比の信頼区間を求めます。
$v = 1/11 + 1/4 + 1/4 + 1/6 = 0.7576$, $z_{.05/2}$ は 1.9600 ですから

下側信頼限界：$\exp\left[\log_e(4.125) - 1.9600 \times \sqrt{0.7576}\right] = 0.7491$

上側信頼限界：$\exp\left[\log_e(4.125) + 1.9600 \times \sqrt{0.7576}\right] = 22.7157$

となります。

8.3.3 Rを用いた連関の検定

1. χ^2 検 定

式 (8.12) の χ_0^2 値を求めるために chisq.test() 関数（p.74）を使用しました。この関数を用いて**表 5.1** の χ_0^2 値を求めた際の出力は次の通りです。最終行に出力された X-squared が χ_0^2 値，df が自由度，p-value が p 値です。

```
> chisq.test(mycross, correct = FALSE)

        Pearson's Chi-squared test

data:  mycross
X-squared = 61.031, df = 28, p-value = 0.0003003
```

2. フィッシャーの正確検定

fisher.test() 関数と exact2x2 パッケージ（Fay & Hunsberger, 2018）の fisher.exact() 関数がありますが，fisher.exact() 関数を紹介します。

なお，3 行（列）以上のクロス集計表へフィッシャーの正確検定を適用する場合は fisher.test() 関数を使用します。

■命令文（先頭の数値と：記号は説明のためのものです）

```
1: library(exact2x2)             # パッケージの読み込み
2: mycross <- matrix(c(11, 4,
                       4, 6), ncol = 2, byrow = T)
3: fisher.exact(mycross)
```

8.4 クラメールの連関係数の信頼区間 149

■実 行 結 果

p 値 は p-value に 出 力 さ れ た 0.1221 で す。95 percent confidence interval はオッズ比の信頼水準 95% の信頼区間です。3.874906 はオッズ比の条件付き最尤推定値です。これに対し,式 (8.14) の $(a/b)/(c/d)$ は最尤推定値です。

```
> fisher.exact(mycross)

        Two-sided Fisher's Exact Test (usual method using
minimum likelihood)

data:  mycross
p-value = 0.1221
alternative hypothesis: true odds ratio is not equal to 1
95 percent confidence interval:
  0.7054 23.4196
sample estimates:
odds ratio
  3.874906
```

8.4 クラメールの連関係数の信頼区間

式 (5.3) に示すクラメールの連関係数は χ^2 分布の非心度を用いて表現できますから,非心度の信頼限界からクラメールの連関係数の信頼区間を求めることができます (南風原, 2014)。非心度の下側信頼限界を λ_l,上側信頼限界を λ_u とすると,クラメールの連関係数の信頼限界は

$$下側信頼限界 : V_l = \sqrt{\frac{df + \lambda_l}{n(k-1)}} \tag{8.18}$$

$$上側信頼限界 : V_u = \sqrt{\frac{df + \lambda_u}{n(k-1)}} \tag{8.19}$$

で求めることができます。ここで,df は自由度,n は総度数,k は行数と列数の小さい方の値です。

150 　第8章　相関係数と連関係数に関する仮説検定を理解する

計算例

表 5.2 のクロス集計表を用いてクラメールの連関係数の信頼区間を求めます。表の χ_0^2 値は 109.9699，自由度は 1 でしたから，非心度の信頼度 95% の信頼限界は

$$\lambda_l = 72.7044, \quad \lambda_u = 154.9183$$

です。また，$df = 1$，$n = 716$，$k = 2$ ですから，クラメールの連関係数の信頼限界は

$$V_l = \sqrt{\frac{1 + 72.7044}{716 \times (2 - 1)}} = \sqrt{0.1029} = 0.3208$$

$$V_u = \sqrt{\frac{1 + 154.9183}{716 \times (2 - 1)}} = \sqrt{0.2178} = 0.4667$$

となります。下限値が .30 を超えていますので，自傷行為の反復経験と自殺未遂歴の間に中程度の連関があると判断することができます。

8.4.1　Rを用いた信頼区間の算出

MBESS パッケージに登録されている conf.limits.nc.chisq() 関数を用いて非心度の信頼限界を求め，クラメールの連関係数の信頼区間を求めます。

■命令文（先頭の数値と：記号は説明のためのものです）

```
 1: library(MBESS)                # パッケージの読み込み
 2: mycross <- matrix(c(464, 109, # クロス集計表の作成
                        53,  90), ncol = 2, byrow = T)
 3: c2test <- chisq.test(mycross, correct = FALSE)
 4: chi2 <- as.numeric(c2test$statistic) # カイ2乗値
 5: df <- c2test$parameter          # 自由度
 6: n <- sum(c2test$observed)       # 標本の大きさ
 7: k <- min(dim(c2test$observed))  # min(行数,列数)
 8: sqrt(chi2/(n * (k - 1)))        # 連関係数 V
 9: ncplu <- conf.limits.nc.chisq(Chi.Square = chi2,
                       df = df )      # 非心度の信頼限界
10: sqrt((df + as.numeric(ncplu[c(1,3)]))/ # Vの信頼限界
        (n * (k - 1)))
```

■命令文の意味

10：クラメールの連関係数 V の信頼限界を求めます。

■実 行 結 果

クラメールの連関係数 V は 0.3919045，その下側信頼限界 V_l は 0.3208412，上側信頼限界 V_u は 0.4666506 です。

```
> sqrt(chi2/(n * (k - 1)))            # 連関係数 V
[1] 0.3919045

> sqrt((df + as.numeric(ncplu[c(1,3)])))/ # Vの信頼限界
+     (n * (k - 1)))
[1] 0.3208412 0.4666506
```

8.5 対応のある 2 つの比

8.5.1 マクネマー（McNemar）検定

同一の対象者 35 名に説明前後で同一の質問をして，回答を**表 8.4** にまとめました。説明前の賛成率は 20/35，説明後は 28/35 です。これは説明前に賛成していた 20 名のうち 2 名が説明後に反対へ変わり，反対していた 15 名のうち 10 名が賛成に変わったからです。この結果から，説明後に意見が変化したといえるでしょうか。このような対応のある比の検定として**マクネマー**（McNemar, Q.）**検定**が知られています。仮説は次の通りです。

表 8.4 マクネマー検定に用いるクロス集計表

説明前	説明後		
	賛成	反対	計
賛成	18 (*a*)	2 (*b*)	20 (*a+b*)
反対	10 (*c*)	5 (*d*)	15 (*c+d*)
計	28 (*a+c*)	7 (*b+d*)	35 (*a+b+c+d*)

帰無仮説：説明前後の賛成者数（賛成率）は等しい

152　第8章　相関係数と連関係数に関する仮説検定を理解する

対立仮説：説明前後の賛成者数（賛成率）は異なる

帰無仮説を真とすれば，b（あるいは c）の値は試行数を $b+c$，成功確率を $1/2$ とする2項分布に従いますので，検定には試行数を 12（$= b+c$），成功確率を $1/2$ とする2項検定を利用すればよいです。

計算例

両側対立仮説の下で正確な p 値は

$$p = \underbrace{0.0002441 + 0.0029296 + 0.0161132}_{b \leq 2 \text{ の確率}} +$$

$$\underbrace{0.0161132 + 0.0029296 + 0.0002441}_{10 \leq b \text{ の確率}} = 0.0385742$$

です。有意水準 .05（5％）で帰無仮説を棄却することができ，説明後に賛成者が増えたと判断できます。

8.5.2　Rを用いたマクネマー検定

exact2x2 パッケージに登録されている mcnemar.exact() 関数と stats パッケージの binom.test() 関数を用いた計算例を示します。

■命令文（先頭の数値と：記号は説明のためのものです）

```
1: library(exact2x2)
2: mycross <- matrix(c(18, 2,
                       10, 5), ncol = 2, byrow = T)
3: mcnemar.exact(mycross)            # 2項分布を利用
4: binom.test(x = 2, n = 12, p = 1/2) # 2項検定
```

■命令文の意味

3: mcnemar.exact() 関数へ mycross を渡し，p 値を求めます。

4: binom.test() 関数へ b の値，$b+c$ の値，確率 $1/2$ を渡します。

8.5 対応のある2つの比

■実 行 結 果

出力の一部を省略しますが，いずれも p 値は 0.03857 と出力されます。

```
> mcnemar.exact(mycross)          # 2項分布を利用

        Exact McNemar test (with central confidence intervals)

data:  mycross
b = 2, c = 10, p-value = 0.03857

> binom.test(x = 2, n = 12, p = 1/2) # 2項検定

        Exact binomial test

data:  2 and 12
number of successes = 2, number of trials = 12, p-value = 0.03857
```

154　第 8 章　相関係数と連関係数に関する仮説検定を理解する

コラム 8.1　χ^2 検定の頑健性

　周辺度数を固定しない 2 行 2 列と 2 行 3 列のクロス集計表としてシミュレーション実験を行い，χ^2 検定，イェーツの連続修正を伴う χ^2 検定，尤度比検定，フィッシャーの正確検定の棄却率（棄却された割合）を調べてみました。命令文は奥村（2018）を参考に作成しました。帰無仮説は**表 8.5** に示す母比率と期待度数，有意水準（α）は 5%，実験回数は各条件で 100,000 回です。表中の χ^2 は χ^2 検定，Yates はイェーツの連続修正を伴う χ^2 検定，尤度比は尤度比検定，Fisher はフィッシャーの正確検定です。結果を見ると χ^2 検定は頑健といえ，イェーツの連続修正を行う必要はないようです。

表 8.5　連関に関するシミュレーション実験の結果

セルの母比率（上段）セルの期待度数（下段）						χ^2	Yates	尤度比	Fisher
2 行 2 列									
0.250	0.250	0.250	0.250						
2	2	2	2			6.334	0.571	0.000	0.745
4	4	4	4			6.958	1.358	5.211	2.397
10	10	10	10			4.971	2.015	5.012	2.594
20	20	20	20			5.403	3.128	5.485	4.066
2 行 2 列									
0.083	0.167	0.250	0.500						
1	2	3	6			4.700	0.391	0.941	1.210
2	4	6	12			4.861	1.118	3.140	2.061
5	10	15	30			5.150	2.149	5.113	3.424
10	20	30	60			5.108	2.941	5.342	3.963
2 行 2 列									
0.042	0.125	0.208	0.625						
1	3	5	15			4.499	0.882	2.751	1.516
2	6	10	30			4.294	1.423	3.274	2.693
5	25	15	75			5.033	2.412	5.103	3.645
10	50	30	150			4.922	3.015	5.212	3.938
2 行 3 列									
0.056	0.111	0.167	0.111	0.222	0.333				
1	2	3	2	4	6	4.358	—	0.892	3.600
2	4	6	4	8	12	4.845	—	3.585	4.496
5	10	15	10	20	30	5.034	—	5.197	4.892
10	20	30	20	40	60	4.982	—	5.246	4.953

コラム 8.2 2項分布とポアソン分布の正規近似

中心極限定理によれば，平均値 μ と分散 σ^2 の分布に従う n 個の変数の総和 x は，変数の数 n を大きくしていくと平均値 $n\mu$，分散 $n\sigma^2$ の正規分布に近づきます。したがって，成功確率 p のベルヌーイ分布（平均値は p，分散は $p(1-p)$）に従う n 変数の総和 x は，平均値 np，分散 $np(1-p)$ の正規分布に近づくことになります。一方，ベルヌーイ分布に従う n 変数の総和 x は2項分布ですから，この定理を用いると，試行数 n，成功確率 p の2項分布を正規分布で近似することができ，これは2項分布の**正規近似**（normal approximation）とよばれます。正規近似を用いると，試行数 n，成功確率 p の2項分布において成功回数 x が k 以下となる確率を，平均値 np，分散 $np(1-p)$ の正規分布を用いて

$$p(x \leq k) = \underbrace{Pr\left(x \leq \frac{k+0.5-np}{\sqrt{np(1-p)}}\right)}_{\text{平均値 } np, \text{ 分散 } np(1-p) \text{ の正規分布}} \tag{8.20}$$

として，つまり，x が $(k+0.5-np)/\sqrt{np(1-p)}$ 以下の面積として求めることができます（竹内・藤野, 1981）。0.5 は近似を良くするための修正項です。

2項分布で平均値 np を一定の値 λ としたまま p を 0 へ近づけると，変数 x の分布は平均値 λ の**ポアソン分布**（Poisson distribution）になります。ポアソン分布を用いると，所定の時間内に事象が平均的に λ 回生じるときに，k 回生じる確率は

$$p(x = k) = \frac{\lambda^k}{k!} \exp(-\lambda) \tag{8.21}$$

です。ポアソン分布は分散も λ ですから，中心極限定理を用いて正規分布で近似すると，事象の生起回数 x が k 以下となる確率を

$$p(x \leq k) = \underbrace{Pr\left(x \leq \frac{k+0.5-\lambda}{\sqrt{\lambda}}\right)}_{\text{平均値 } \lambda, \text{ 分散 } \lambda \text{ の正規分布}} \tag{8.22}$$

として求めることができます（竹内・藤野, 1981）。

156　　　第 8 章　相関係数と連関係数に関する仮説検定を理解する

参 考 図 書

第 1 章の参考図書を参照してください。

復 習 問 題

1. 不要物を捨てることができないため込み傾向，特性不安，うつ傾向の間に正の相
   関があることが知られています（土屋垣内ら，2015）。大学生 30 名を対象として調
   べたところ，**表 8.6** の相関係数を得ました。(a) ため込み傾向と特性不安の無相関
   検定を行ってください。また，(b) ため込み傾向と特性不安の母相関係数の値とた
   め込み傾向とうつ傾向の母相関係数の値が異なるといえるでしょうか。両側対立仮
   説として，ウィリアムズの方法で検定を行ってください。

表 8.6　**ため込み傾向と特性不安とうつ傾向の相関係数**（$n=30$）

	ため込み傾向	特性不安	うつ傾向
ため込み傾向	1.0000	0.3330	0.3746
特性不安	0.3330	1.0000	0.7174
うつ傾向	0.3746	0.7174	1.0000

2. **表 8.7** に公認心理師と臨床心理士の資格試験を受検した 30 名の合否結果を示しま
   す。合否の連関の検定を行ってください。

表 8.7　**2 つの資格試験の合否**（$n=30$）

臨床心理士	公認心理師		
	合格	不合格	合計
合格	21	3	24
不合格	2	4	6
合計	23	7	30

3. ロフタスとパーマー（Loftus & Palmer, 1974）は学生に交通事故の映像を見ても
   らった 1 週間後，smashed 群（50 名）には「車が激突した（smashed）とき，割れ
   た窓ガラスを見ましたか」，hit 群（50 名）には「車がぶつかった（hit）とき，割
   れた窓ガラスを見ましたか」，統制群には「割れた窓ガラスを見ましたか」と質問
   をしました（実際には窓ガラスは割れていません）。**表 8.8** に示す回答結果から，3
   群の回答比率に差があるといえるでしょうか。

参考図書・復習問題　　　　　　　　　　157

表 8.8　「**割れた窓ガラスを見ましたか**」に対する回答（括弧内は％）

群	回答		計
	はい	いいえ	
smashed 群	16（32.0）	34（68.0）	50
hit 群	7（14.0）	43（86.0）	50
統制群	6（12.0）	44（88.0）	50
計	29（19.3）	121（80.7）	150

第 **9** 章

単回帰分析を理解する

学習意欲が高い人ほど学習時間は長いでしょうし，学習時間が長い人ほど良い成績を取る傾向が強いと思われます。本章で学ぶ単回帰分析は，このような量的な 2 変数の間に因果関係があるとき，その関係の強さを探るために用います。

9.1 因果関係と単回帰分析

次の事例のように私たちの身の回りにはたくさんの因果関係が見られます。
単回帰分析（simple regression analysis）はこのような量的 2 変数の間に因果関係があると仮定して関係の強さを検討します。複数の量的変数を一度に用いて1 つの量的変数の値を予測する方法を重回帰分析（multiple regression analysis）といいますが，1 つの量的変数のみを用いて予測するので単回帰分析とよばれます。

（ⅰ）気温とかき氷の売上げ

　理由：暑くなるほど冷たいかき氷を食べたくなります。

（ⅱ）時間と緊張感

　理由：試合開始や授業の発表時刻が近づくと，緊張して脈拍数が増えます。

（ⅲ）練習量と熟達度

　理由：練習を積めば積むほど上手になります。

9.1.1 回帰直線と最小 2 乗法

表 4.2 の 5 名の身長と体重の散布図を図 9.1 に示します。2 変数の相関係数は .581（p.58）ですから，身長と体重の間にはやや大きな相関関係があります。しかも，背が伸びれば体重が増えるという関係を仮定できますが，体重が増え

ても身長が伸びるという関係は考えにくいですから，ここでは身長から体重を予測してみます。

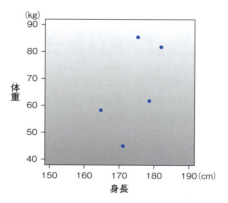

図 9.1　5 名の身長と体重の散布図

1. 回帰直線

　回帰分析では予測に用いる変数は**独立変数**（independent variable），予測される変数は**従属変数**（dependent variable）とよばれます。したがって，この事例では身長が独立変数，体重が従属変数です。独立変数は**説明変数**（explanatory variable），従属変数は**目的変数**（objective variable）ともよばれます。

　独立変数と従属変数の散布図の形に応じて予測式を作りますが，この 5 名では身長と体重の間に線型の関係が見られますから，個人 i の身長を x_i，体重を y_i として，

$$\hat{y}_i = a + bx_i \tag{9.1}$$

により体重を予測します。これは x（身長）から y（体重）を予測する式ですが，y（体重）の x（身長）への**回帰直線**（regression line）とよばれます。$\hat{y}_i$ は体重の予測値で，y の上に ˆ が乗っていますのでワイハットと読みます。予測値は個人 i の身長に一定の値 b を乗じ，a を加えた値です。b は**回帰係数**（regression coefficient），a は**切片**（**定数**, intercept）とよばれます。

9.1 因果関係と単回帰分析

　回帰係数 b は x の値が測定単位分だけ，つまり，身長が 1cm 大きくなったときに期待される体重の増加量（単位は kg）を表します。一方，切片 a の値はデータが同じでも体重の測定単位によって変わりますので，特段の意味はありません。

　さて，切片 a と回帰係数 b は未知数ですが，仮に求まったとして図 9.2 に回帰直線を入れました。散布図のほぼ中央を貫いて右上へ向かう実線が回帰直線です。回帰直線はより良い予測ができなくてはいけませんから，予測の良さを表す数量として，

$$Q = \sum_{i=1}^{n} (\underbrace{y_i - \hat{y}_i}_{\text{予測の誤差}})^2 = \sum_{i=1}^{n} [y_i - \underbrace{(a + bx_i)}_{\hat{y}_i}]^2 \tag{9.2}$$

を定義します。図 9.2 に示す 5 名の点（●）から回帰直線まで垂線を引き，回帰直線と交わったところに短い線分（–）を入れました。この線分の縦軸の座標値が体重の予測値 $\hat{y}_i$ ですから，●印と線分（–）を結ぶ破線が**予測の誤差**（**残差**，$y_i - \hat{y}_i$）を表します。予測の誤差は回帰直線よりも上に位置する個人では正値，下に位置する個人では負値になります。このため，予測の良さの指標が正値となるように式 (9.2) は予測の誤差の 2 乗和を用いています。したがって，この Q が小さいほど予測が良いことになります。

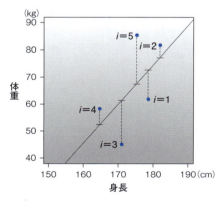

図 9.2　単回帰式と予測の誤差

2. 最小2乗法

式 (9.2) で定義される Q は回帰直線の位置に応じて変化しますが，負にはなりませんので，Q を最小にする切片 a と回帰係数 b の値があるはずです。それを求める手続きが**最小2乗法**（method of least squares）です。最小2乗法は式 (9.2) の未知数 a と b について偏微分し，その結果を 0 とおいて整理した連立方程式（正規方程式とよばれます）を解いて求めます。解は次の通りです。$u(x, y)$ は不偏共分散，$u^2(x)$ と $u^2(y)$ は不偏分散です。

$$b = \begin{cases} \dfrac{u(x,\ y)}{u^2(x)} \\ r(x,\ y)\dfrac{u(y)}{u(x)} \end{cases} \tag{9.3}$$

$$a = \bar{y} - b\bar{x} \tag{9.4}$$

相関係数は $r(x,\ y) = u(x,\ y)/[u(x)\ u(y)]$ と定義されますから，式 (9.3) には分散と共分散で表現した b の解と相関係数を用いて表現した b の解を書きました。a の値は式 (9.4) の b に式 (9.3) で求めた値を代入して求めます。

計算例

図 9.2 に示す回帰直線の回帰係数と切片は

$$b = \frac{u(x,\ y)}{u^2(x)} = \frac{66.1655}{46.1570} = 1.4335$$

$$a = \bar{y} - b\bar{x} = 66.38 - 1.4335 \times 174.22 = -183.3644$$

です。したがって，予測式は，

$$\hat{y}_i = -183.36 + 1.43x_i$$

です。この予測式が図 9.2 に示す実線で，この式を用いた 5 名の体重の予測値は次の通りです。

$$\hat{y}_1 = -183.36 + 1.43 \times 61.7 = 72.0, \quad \hat{y}_2 = -183.36 + 1.43 \times 81.6 = 76.8$$

$$\hat{y}_3 = -183.36 + 1.43 \times 45.2 = 61.0, \quad \hat{y}_4 = -183.36 + 1.43 \times 58.2 = 51.9$$

$$\hat{y}_5 = -183.36 + 1.43 \times 85.2 = 67.2$$

9.1 因果関係と単回帰分析

計算例

表 4.1（p.56）に示す 40 名の身長（x）と体重（x）を用いた場合

$$b = \frac{u(x, y)}{u^2(x)} = \frac{32.3188}{43.6607} = 0.7402$$

$$a = \bar{y} - b\bar{x} = 62.1425 - 0.7402 \times 170.9925 = -64.4262$$

ですから，予測式は

$$\hat{y}_i = -64.43 + 0.74x_i$$

となります。回帰係数に注目すると，男子大学生の場合は身長に 1cm の違いがあると，体重の予測値に 0.74kg の違いが生じることになります。

身長を 0cm とすると体重の予測値が $-64.43 + 0.74 \times 0 = -64.43$ となり，切片の値と一致しますが，意味のない予測をしていることがわかります。これは極端ですが，一般に回帰直線が適用できるのは，それを求めるために利用した標本と同じ母集団（p.77）から選ばれた標本です。したがって，この回帰直線は男子大学 1 年生のみに適用すべきであり，男子中学生や女子大学生などに適用することはできません。こうした適用外の標本で予測値を求めることは**外挿**（extrapolation）とよばれ，適用すべき範囲内で予測値を求める**補間**（interpolation）と区別されます。

3. 標準回帰係数

独立変数と従属変数の標準得点（式(3.27)）を用いて算出した回帰係数は**標準回帰係数**（standardized regression coefficient），あるいは**ベータ係数**とよばれます。標準得点の標準偏差は 1 ですから，式(9.3)より，標準回帰係数は 2 変数の相関係数 $r(x, y)$ と等値です。そして，標準得点の平均値は 0 ですから，標準得点を用いて求めた切片は式(9.4)より常に 0 となります。

9.1.2 予測の精度

回帰直線が得られても予測の精度が高いとは限りませんから，予測の精度を調べておく必要があります。

第9章 単回帰分析を理解する

1. 決定係数と非決定係数

予測の誤差 e_i は $y_i - \hat{y}_i$ のことですから，y_i を

$$y_i = \hat{y}_i + e_i \tag{9.5}$$

と分解することができます。この関係を使って従属変数 y の不偏分散 $u^2(y)$ を右辺の予測値 $\hat{y}_i$ と誤差 e_i を用いて求めると，

$$u^2(y) = u^2(\hat{y}) + u^2(e) \tag{9.6}$$

を得ます。さらに，この式の両辺を $u^2(y)$ を割ると

$$1 = \underbrace{\frac{u^2(\hat{y})}{u^2(y)}}_{\text{決定係数}} + \underbrace{\frac{u^2(e)}{u^2(y)}}_{\text{非決定係数}} \tag{9.7}$$

という関係がわかります。予測の誤差が小さくなるほど式 (9.7) の右辺第 2 項の $u^2(e)/u^2(y)$ は小さくなり，右辺第 1 項の $u^2(\hat{y})/u^2(y)$ は大きくなります。そこで，右辺第 1 項の $u^2(\hat{y})/u^2(y)$ を予測の精度の指標として利用しています。これは**決定係数**（**分散説明率**；coefficient of determination）とよばれます。逆に，$u^2(e)/u^2(y)$ は**非決定係数**（coefficient of nondetermination）とよばれます。決定係数と非決定係数の最大値はそれぞれ 1 です。

ここでは誤差の分散を $u^2(e)$ と表記しましたが，誤差の 2 乗和を $n-1$ で割った値ですから，不偏性を有しません。誤差の不偏分散は誤差の 2 乗和を $n-2$ で割った値です。

2. 予測の誤差分散と予測の標準誤差

予測が良いほど予測の誤差は小さいですから，**予測の誤差分散** $u^2(e)$ を一つの指標とすることができます。$r^2(x, y)$ が .5 以上，つまり，相関係数の絶対値が .707 以上のとき，予測の誤差分散が従属変数の分散の 2 分の 1 以下になります。予測の誤差分散の平方根 $u(e)$ は**予測の標準誤差**とよばれます。

3. 重相関係数とその 2 乗

主に重回帰分析で利用されますが，従属変数の観測値と予測値との間の相関係数 $r(y, \hat{y})$ は**重相関係数**（**R**）とよばれます。重相関係数の値が大きいほど予測が良いといえますから，**重相関係数の 2 乗**（squared of multiple correlation coefficient, R^2) を予測の精度の指標とすることができます。特に単回帰分析の場合，重相関係数の 2 乗は，

$$R^2 = r(y, \hat{y})^2 = \left[\frac{u(y, \hat{y})}{u(y)\,u(\hat{y})} \right]^2 = \frac{b^2 u(y, x)^2}{b^2 u^2(y)\,u^2(x)} = r(x, y)^2 \qquad (9.8)$$

となります。したがって，$r(x, y)$ の絶対値が大きいほど予測の精度が高いことになります。なお，重相関係数 $r(y, \hat{y})$ は負にはなりませんので，$r(y, \hat{y}) = |r(x, y)|$ という関係があります。

決定係数は $u^2(\hat{y})/u^2(y)$ ですが，単回帰分析では

$$\frac{u^2(\hat{y})}{u^2(y)} = \frac{u^2(a + bx)}{u^2(y)} = b^2 \frac{u^2(x)}{u^2(y)} = r(x, y)^2 = r(y, \hat{y})^2 \qquad (9.9)$$

となりますので，決定係数は独立変数と従属変数の相関係数の 2 乗 $r(x, y)^2$ と一致し，重相関係数の 2 乗 $r(y, \hat{y})^2$ とも一致します。

計算例

表 4.1 の 40 名を用いた単回帰分析の結果から，これまで説明してきた指標の値を求めると，次の通りです。

$$\frac{u^2(\hat{y})}{u^2(y)} = r(x, y)^2 = r(y, \hat{y})^2 = 0.4973^2 = 0.2473$$

$$u^2(e) = u^2(y)(1 - r(x, y)^2) = 96.7502 \times (1 - 0.2473) = 72.8239$$

$$u(e) = 8.5337$$

9.2 有意性検定

決定係数（重相関係数の 2 乗）と切片と回帰係数の有意性検定の方法（Cohen, Cohen, West, & Aiken, 2003；Fox, 2008）を説明します。

9.2.1 決定係数（重相関係数の 2 乗）

母集団の決定係数（重相関係数の 2 乗，R^2）に関して

166 第 9 章　単回帰分析を理解する

帰無仮説：母集団の決定係数 $= 0$

対立仮説：母集団の決定係数 > 0

とする仮説を検定することができます．帰無仮説が真のとき，標本の決定係数を R^2 として

$$F_0 = \frac{R^2}{(1 - R^2)/(n - 2)} \tag{9.10}$$

が分子自由度が 1，分母自由度が $n - 2$ の F 分布に従うことを利用して p 値を求めます．F 分布において F が式 (9.10) の F_0 よりも大きな確率，つまり

$$p = \underbrace{Pr(F_0 < F)}_{df_1 = 1,\, df_2 = n - 2\, \mathcal{O}\, F\mathrm{分布}} \tag{9.11}$$

を満たす確率が p 値です．

> **計算例**
>
> 表 4.1 の 40 名の測定値では $R^2 = 0.2473$ ですから
>
> $$F_0 = \frac{0.2473}{(1 - 0.2473)/(40 - 2)} = 12.4849$$
>
> $$p = \underbrace{Pr(12.4849 < F)}_{df_1 = 1,\, df_2 = 40 - 2\, \mathcal{O}\, F\mathrm{分布}} = 0.0011$$
>
> となり，有意水準 .05 で帰無仮説を棄却できます．

9.2.2　切片と回帰係数の有意性検定

母集団の切片は

帰無仮説：母集団の切片 $= a_s$

対立仮説：母集団の切片 $\neq a_s$

として検定することができます．帰無仮説が真のとき

$$t_0 = \frac{a - a_s}{\sqrt{\dfrac{u^2(y)(1 - R^2)}{n - 2}\left(\dfrac{n - 1}{n} + \dfrac{\bar{x}^2}{u^2(x)}\right)}} \tag{9.12}$$

は自由度 $n - 2$ の t 分布に従います．したがって，p 値は自由度 $n - 2$ の t 分布

9.2 有意性検定 167

において t が式 (9.12) の t_0 の絶対値よりも大きな確率の 2 倍，つまり

$$p = 2 \underbrace{Pr(|t_0| < t)}_{df=n-2 \text{ の } t \text{分布}} \tag{9.13}$$

です。両側対立仮説ですから，確率 $Pr(|t_0| < t)$ を 2 倍しています。

また，母集団の回帰係数は

　　帰無仮説：母集団の回帰係数 $= b_s$

　　対立仮説：母集団の回帰係数 $\neq b_s$

として検定することができます。帰無仮説が真のとき

$$t_0 = \frac{b - b_s}{\sqrt{\dfrac{u^2(y)(1 - R^2)}{(n - 2)u^2(x)}}} \tag{9.14}$$

は自由度 $n-2$ の t 分布に従いますので，両側対立仮説とした場合，p 値は自由度 $n-2$ の t 分布において，t が式 (9.14) の t_0 の絶対値よりも大きな確率の 2 倍，つまり

$$p = 2 \underbrace{Pr(|t_0| < t)}_{df=n-2 \text{ の } t \text{分布}} \tag{9.15}$$

です。

単回帰分析の場合，決定係数と回帰係数の有意性検定の結果（p 値）は一致します。

計算例

表 4.1 の 40 名の測定値で母集団の切片の値 a_s を 0 として検定を行うと，式 (9.12) の t_0 と p 値は次の通りです。

$$t_0 = \frac{-64.4306 - 0}{\sqrt{\dfrac{71.0063}{40 - 2}\left(\dfrac{40 - 1}{40} + \dfrac{170.9925^2}{42.5692}\right)}} = \frac{-64.4306}{35.8503} = -1.7972$$

$$p = 2\underbrace{Pr(|-1.7972| < t)}_{df=40-2 \text{ の } t \text{分布}} = 0.0803$$

また，回帰係数の値 b_s を 0 として検定を行うと，式 (9.14) の t_0 と p 値は次

168 第 9 章 単回帰分析を理解する

の通りです。有意水準 .01 で帰無仮説を棄却することができます。

$$t_0 = \frac{0.7402 - 0}{\sqrt{\dfrac{96.7502 \times (1 - 0.2473)}{(40 - 2) \times 43.6607}}} = \frac{0.7402}{0.2095} = 3.5332$$

$$p = 2 \underbrace{Pr(|3.5332| < t)}_{df = 40-2 \, \mathcal{O} \, t \, \text{分布}} = 0.0011$$

9.3 切片と回帰係数の区間推定

a と b をそれぞれ標本で求めた切片と回帰係数とします。信頼水準を $1 - \alpha$ とする切片と回帰係数の信頼区間は次の通りです。$Se(a)$ は切片の標準誤差とよばれ、式 (9.12) の分母、$Se(b)$ は回帰係数の標準誤差とよばれ、式 (9.14) の分母の値です。また、n は標本の大きさ、$t_{\alpha/2}$ は自由度 $n-2$ の t 分布で上側確率を $\alpha/2$ とする t 値です。

切片の下側信頼限界：$a - t_{\alpha/2}Se(a)$ (9.16)

切片の上側信頼限界：$a + t_{\alpha/2}Se(a)$ (9.17)

回帰係数の下側信頼限界：$b - t_{\alpha/2}Se(b)$ (9.18)

回帰係数の上側信頼限界：$b + t_{\alpha/2}Se(b)$ (9.19)

計算例

表 4.1 の 40 名の測定値では、自由度 38 の $t_{.05/2}$ は 2.0244 ですから、切片と回帰係数の信頼限界は次の通りです。

切片の下側信頼限界：$-64.4306 - 2.0244 \times 35.8503 = -137.0059$

切片の上側信頼限界：$-64.4306 + 2.0244 \times 35.8503 = 8.1447$

回帰係数の下側信頼限界：$0.7402 - 2.0244 \times 0.2095 = 0.3161$

回帰係数の上側信頼限界：$0.7402 + 2.0244 \times 0.2095 = 1.1643$

9.3 切片と回帰係数の区間推定

1. 標準回帰係数の有意性検定と区間推定

独立変数と従属変数の測定値を標準得点（p.45）に変換して回帰分析を行うと標準回帰係数の標準誤差（式(9.14)の分母の値）を算出できますので，それを用いて信頼区間を求めることができます。しかし，この標準誤差には標準偏差の推定に伴う歪みがありますので，近似的な方法です。そこで，ユエンとチェン（Yuan & Chan, 2011）は中心極限定理とデルタ法を用いて標準回帰係数の標準誤差をより正確に推定する方法を提案しました。

ユエンとチェンの方法（p.176）を用いると，単回帰分析の場合は次式を用いて標準回帰係数 β の標準誤差 $Se(\beta)$ を推定できます。R^2 は決定係数（重相関係数の2乗），n は標本の大きさです。n は大きいほどよいです。分母の $\sqrt{n-3}$ を $\sqrt{n}$ とすることもあります（Jones & Waller, 2013, 2015）。

$$Se(\beta) = \frac{1 - R^2}{\sqrt{n-3}} \tag{9.20}$$

母集団の標準回帰係数を0とする帰無仮説を検定する統計量は

$$t_0 = \frac{\beta}{Se(\beta)} \tag{9.21}$$

です。帰無仮説が真のとき，この t_0 は自由度 $n-2$ の t 分布に従います。

信頼水準 $1-\alpha$ の信頼区間は次の通りです。$t_{\alpha/2}$ は自由度 $n-2$ の t 分布において，上側確率を $\alpha/2$ とする t の値です。

標準回帰係数の下側信頼限界：$\beta - t_{\alpha/2}Se(\beta)$ $\tag{9.22}$

標準回帰係数の上側信頼限界：$\beta + t_{\alpha/2}Se(\beta)$ $\tag{9.23}$

計算例

表 4.1 の 40 名の測定値では $R^2 = 0.2473$ ですから，式(9.20)の分母を $\sqrt{n-3}$ とした場合

$$Se(\beta) = \frac{1 - 0.2473}{\sqrt{40-3}} = 0.1237$$

そして，標準回帰係数は 0.4973（2変数の相関係数に等しい）ですから，式

170 第 9 章 単回帰分析を理解する

(9.21) の t_0 と p 値は次の通りです。母集団の標準回帰係数を 0 とする帰無仮説は有意水準 .05 で棄却されます。

$$t_0 = \frac{0.4973}{0.1237} = 4.0202$$

$$p = 2Pr(4.0202 < t) = 0.000266$$

標準回帰係数の信頼水準 .95 の信頼区間は，$t_{.05/2} = 2.0244$ ですから，次の通りです。

下側信頼限界：$0.4973 - 2.0244 \times 0.1237 = 0.2469$

上側信頼限界：$0.4973 + 2.0244 \times 0.1237 = 0.7477$

式 (9.20) の分母を $\sqrt{n}$ とした場合は，$Se(\beta) = 0.1190$，$t_0 = 4.1790$，$p = 0.000165$，下側信頼限界 $= 0.2563$，上側信頼限界 $= 0.7382$ です。

9.4 R を用いた単回帰分析

表 4.1 に示す測定値を使います。使用する関数は lm() 関数です。

■命令文（先頭の数値と：記号は説明のためのものです）

番号（i）と身長（x）と体重（y）が男子 40 名の身長と体重.xlsx に保存されているとします。

```
1: library(openxlsx)
2: setwd("K:/データファイル")
3: mydata <- read.xlsx("男子40名の身長と体重.xlsx")
4: par(mai=c(1.0, 1.0, 0.5, 0.5))
5: plot(mydata$x, mydata$y,                # 散布図
   xlim = c(150, 190), ylim = c(40, 90),
   xlab = "身長", ylab = "体重",
   pch = 16, cex = 1.3,
   cex.lab = 1.3, cex.axis = 1.3)
6: kaikikekka <- lm(mydata$y ~ mydata$x) # 単回帰
7: summary(kaikikekka)     # 計算結果の要約
8: abline(kaikikekka)      # 回帰直線
```

9.4 Rを用いた単回帰分析　　　171

■命令文の意味

6: チルダ記号（˜）の前に従属変数名，後ろに独立変数名を書き，全体を引数として関数へ渡します。

■実行結果

切片と回帰係数は Coefficients: の Estimate 欄に出力されます。(Intercept) の右の -64.4306 が切片 a の値，mydata\$x の右の 0.7402 が回帰係数 b の値です。Std. Error は切片と回帰係数の標準誤差（式 (9.12) と式 (9.14) の分母），t value と Pr(>|t|) は切片と回帰係数の有意性検定を行うための t_0 と p 値です。

予測の標準誤差は Residual standard error: の右の 8.645，決定係数（重相関係数の 2 乗）は Multiple R-squared: の右の 0.2473，さらに，F-statistic: の 12.48 は F_0，1 と 38 がその自由度，p-value: の 0.001097 が p 値です。

```
> summary(kaikikekka)

Coefficients:
            Estimate Std. Error t value Pr(>|t|)
(Intercept) -64.4306    35.8511  -1.797   0.0803 .
mydata$x      0.7402     0.2095   3.533   0.0011 **
---
Signif. codes:  0 '***' 0.001 '**' 0.01 '*' 0.05 '.'
0.1 ' ' 1

Residual standard error: 8.645 on 38 degrees of freedom
Multiple R-squared:  0.2473,    Adjusted R-squared:  0.2275
F-statistic: 12.48 on 1 and 38 DF,  p-value: 0.001097
```

■補足説明

(1) Residual standard error: に出力された値は誤差の不偏分散の平方根（標準誤差）ですが，次式を用いて求めることができます。

$$誤差の標準誤差 = \sqrt{\frac{1}{n-2}\sum_{i=1}^{n} e_i^2} = u(y)\sqrt{\frac{(n-1)(1-R^2)}{n-2}} \tag{9.24}$$

172　　　　　第 9 章　単回帰分析を理解する

9.5 偏相関係数

図 4.3 の**合併効果**の散布図は 4 年齢群（7 歳，9 歳，11 歳，13 歳）の子ども
の身長と体重の散布図でした。4 年齢群ごとの相関係数は 7 歳が .164，9 歳が
.105，11 歳が .013，13 歳が .415 ですが，4 年齢群を合わせた相関係数の値は
.838 と大きくなります。これは加齢に従って背が伸びますし，体重も増える
からです。それでは，加齢の影響を除いた身長と体重の相関係数はいくらで
しょうか。この相関係数は年齢の影響を除いた身長と体重の**偏相関係数**
（partial correlation coefficient）とよばれ，次式を用いて求めることができます。
$r(x, y|z)$ の括弧内の $x, y|z$ は，x（身長）と y（体重）から z（年齢）の影響を
除いていることを表しています。

$$r(x, y|z) = r(e_x, e_y) = \frac{r(x, y) - r(x, z)\, r(y, z)}{\sqrt{1 - r(x, z)^2}\sqrt{1 - r(y, z)^2}} \tag{9.25}$$

計算例

図 4.3 の合併効果の身長（x），体重（y），年齢（z）の相関係数の値は，
$r(x, y) = 0.8378$，$r(x, z) = 0.9249$，$r(y, z) = 0.8678$ ですから，年齢の影響を除
去した身長と体重の偏相関係数は

$$r(x, y|z) = \frac{0.8378 - 0.9249 \times 0.8678}{\sqrt{1 - 0.9249^2}\sqrt{1 - 0.8678^2}} = 0.1862$$

です。年齢の影響を除いた身長と体重の相関関係は小さいといえます。

9.5.1 偏相関係数の有意性検定と信頼区間

1. 有意性検定

母集団の偏相関係数（母偏相関係数）を $\rho(x, y|z)$ として，次の仮説を検定す
ることができます。

　　帰無仮説：$\rho(x, y|z) = 0$
　　対立仮説：$\rho(x, y|z) \neq 0$

9.5 偏相関係数 173

ここでは両側対立仮説としました。この検定は帰無仮説が真のとき

$$t_0 = \frac{r(x, y|z)}{\sqrt{\dfrac{1 - r(x, y|z)^2}{n - 2 - s}}} \tag{9.26}$$

が自由度 $n - 2 - s$ の t 分布に従うことを利用して p 値（式 (9.27)）を求めます。$r(x, y|z)$ は標本の偏相関係数，n は標本の大きさ，また，s は 2 変数の相関係数から影響を除く変数の数ですが，ここでは z のみですから s は 1 です。

$$p = 2 \underbrace{Pr(|t_0| < t)}_{df = n - 2 - s \text{ の } t \text{ 分布}} \tag{9.27}$$

2. 信 頼 区 間

z_r を偏相関係数 $r(x, y|z)$ を z 変換した値，$z_{\alpha/2}$ を標準正規分布において上側確率を $\alpha/2$ とする z とすると，不等式

$$\underbrace{z_r - z_{\alpha/2}\sqrt{\frac{1}{n - 3 - s}}}_{z_{\text{下限}}} < z_s < \underbrace{z_r + z_{\alpha/2}\sqrt{\frac{1}{n - 3 - s}}}_{z_{\text{上限}}} \tag{9.28}$$

の $z_{\text{下限}}$ と $z_{\text{上限}}$ は標準正規分布に従う変数で表現した母偏相関係数の下側信頼限界と上側信頼限界です。したがって，この 2 つを相関係数へ逆変換した値が信頼限界です。

$$\text{下側信頼限界：} \frac{\exp(2 \times z_{\text{下限}}) - 1}{\exp(2 \times z_{\text{下限}}) + 1} \tag{9.29}$$

$$\text{上側信頼限界：} \frac{\exp(2 \times z_{\text{上限}}) - 1}{\exp(2 \times z_{\text{上限}}) + 1} \tag{9.30}$$

計算例

偏相関係数 $r(x, y|z)$ が 0.1862，$n = 40$，2 変数の相関係数から影響を除く変数の数 s は 1 ですから，

第9章　単回帰分析を理解する

$$t_0 = \frac{0.1862}{\sqrt{\dfrac{1 - 0.1862^2}{40 - 2 - 1}}} = 1.15277$$

$$p = 2 \underbrace{Pr(|1.15277| < t)}_{df=40-2-1 \text{ の } t \text{ 分布}} = 0.2564$$

となり，帰無仮説を棄却することはできません。

また，

$$z_r = \frac{1}{2} \log_e \left[\frac{1 + 0.1862}{1 - 0.1862} \right] = 0.18840$$

ですから，

$$z_{\text{下限}} : 0.18840 - 1.959964 \times \sqrt{\frac{1}{40 - 3 - 1}} = -0.13826$$

$$z_{\text{上限}} : 0.18840 + 1.959964 \times \sqrt{\frac{1}{40 - 3 - 1}} = 0.51506$$

したがって，母偏相関係数の信頼区間は次の通りです。

$$下側信頼限界 : \frac{\exp\left[2 \times (-0.13826)\right] - 1}{\exp\left[2 \times (-0.13826)\right] + 1} = -0.13743$$

$$上側信頼限界 : \frac{\exp\left[2 \times 0.51506\right] - 1}{\exp\left[2 \times 0.51506\right] + 1} = 0.47388$$

9.5.2　Rを用いた偏相関係数の算出

psych パッケージの partial.r() 関数を用いて偏相関係数を求めることができます。4 年齢群の身長と体重.xlsx ファイルに 4 年齢群の身長（x），体重（y），年齢（z）が保存されているものとして手順を説明します。

9.5　偏相関係数

■命令文（先頭の数値と：記号は説明のためのものです）

```
1: library(openxlsx)
2: library(psych)
3: setwd("K:/データファイル")
4: mydata <- read.xlsx("4年齢群の身長と体重.xlsx")
5: hensoukan <- partial.r(mydata, c(1, 2), 3) # 偏相関係数
6: print(corr.p(hensoukan, n = 40 - 1), short=FALSE,
   digits = 4) # 偏相関係数のp値と信頼区間
```

■命令文の意味

5: mydata の 1 番の変数が身長，2 番の変数が体重，3 番の変数が年齢ですから，mydata, c(1, 2), 3 とします。

6: psych パッケージの corr.p() 関数を用いて偏相関係数の p 値と信頼区間を求めます。$s = 1$ ですから，n = 40 - 1 とします。

■実 行 結 果

　偏相関係数 $r(x, y|z)$（r）は 0.1862，p 値（p）は 0.2563，下限値（lower）は-0.1374，上限値（upper）は 0.4739 です。

```
> print(corr.p(hensoukan, n = 40 - 1), short=FALSE,
+     digits = 4) # 偏相関係数のp値と信頼区間
 Confidence intervals based upon normal theory.
       lower      r  upper      p
x-y -0.1374 0.1862 0.4739 0.2563
```

コラム 9.1　標準偏回帰係数の標準誤差の推定

　ユエンとチェン（Yuan & Chan, 2011）の方法は重回帰分析，つまり複数の独立変数を用いた回帰分析を前提とし，j番目の独立変数x_jの標準誤差$Se(\beta_j)$を次式を用いて推定します。

$$Se(\beta_j) = \sqrt{\frac{\omega_j}{n-3}} \tag{9.31}$$

　　　ここで，　$\omega_j = \dfrac{s^2(x_j)c_j s^2(e)}{s^2(y)} + \dfrac{b_j^2[s^2(x_j)\boldsymbol{b}'S(\boldsymbol{X})\boldsymbol{b} - s^2(x_j)s^2(e) - s^2(x_j,y)]}{s^4(y)},$

nは標本の大きさ，$s^2(x_j)$は独立変数x_jの分散，$S(\boldsymbol{X})$は独立変数の分散共分散行列，c_jは$S(\boldsymbol{X})$の逆行列のj番目の対角要素，$s(x_j,y)$は独立変数x_jと従属変数の共分散，$s^2(y)$は従属変数yの分散，$s^2(e)$は誤差分散，b_jは独立変数x_jの偏回帰係数，$\boldsymbol{b}$は偏回帰係数を要素とするベクトルです。Yuan & Chan（2011）は標本が小さいときの推定精度を高めるために式(9.31)の分母を$n-3$としていますが，nとすることがあります（Jones & Waller, 2013, 2015）。fungibleパッケージ（Waller, 2019）の seBeta() 関数もnを用いています。一方，ダジョン（Dudgeon, 2017）は標準偏回帰係数の異分散一致推定量を導出しています。

　計算事例として服部（2011）の**表 4.2** の測定値を用いて求めた標準偏回帰係数（β），デルタ法（$n-3$およびnを用いた値）と近似的な方法に基づく標準誤差の推定値，p値（t分布の自由度は$30-4-1=25$）を**表 9.1** に示します。

表 9.1　標準誤差の推定例

独立変数	β	デルタ法			p値		
		$n-3$	n	近似法	$n-3$	n	近似法
x_1	0.082	0.145	0.137	0.150	.578	.558	.592
x_2	0.241	0.153	0.146	0.160	.129	.110	.145
x_3	0.308	0.125	0.118	0.129	.021	.015	.025
x_4	0.423	0.152	0.144	0.163	.010	.007	.016

参 考 図 書

水田 義弘（2006）. 大学で学ぶやさしい線形代数　サイエンス社

復 習 問 題

1. 独立変数と従属変数とは何でしょうか。

2. 回帰係数と標準回帰係数の違いは何でしょうか。

3. 読書習慣のある人ほど漢字の読み書きができ，本に関する知識も豊富であるとい う調査結果があります（平山, 2008）。そこで，大学生 20 名を対象として読書習慣 （読書習慣の有無と読書量），読書関連知識（漢字の読み書き，本に関する知識）を 調べたところ，**表 9.2** の結果を得ました。読書習慣（x）から読書関連知識（y）を 予測する単回帰式と標準回帰係数を求めてください。

表 9.2　**読書習慣と読書関連知識**（$n=20$）

番号	x	y	番号	x	y	番号	x	y	番号	x	y
1	33	30	6	29	26	11	24	32	16	22	26
2	36	41	7	17	26	12	27	36	17	21	25
3	25	20	8	22	27	13	26	33	18	32	39
4	18	26	9	25	24	14	31	27	19	31	29
5	29	46	10	26	22	15	16	28	20	33	30

4. 日本版 KABC-II（Kaufman & Kaufman, 2013）を用いて測定した 30 名の短期記憶 （Gsm）と長期記憶と検索（Glr）の得点を**表 9.3** に示します。短期記憶（Gsm）か ら長期記憶と検索（Glm）を予測する単回帰式を作成してください。

表 9.3　**短期記憶（Gsm）および長期記憶と検索（Glr）の標準得点**（$n=30$）

番号	Gsm	Glr	番号	Gsm	Glr	番号	Gsm	Glr
1	117	100	11	98	105	21	128	114
2	124	123	12	105	112	22	91	86
3	101	79	13	101	107	23	79	80
4	85	93	14	113	94	24	81	112
5	108	135	15	81	96	25	111	100
6	108	91	16	95	91	26	103	95
7	82	92	17	91	89	27	133	97
8	94	93	18	115	119	28	100	103
9	101	88	19	113	97	29	108	100
10	102	83	20	117	100	30	63	74

5. **表 9.4** に示す 30 名の春学期の成績から秋学期の成績を単回帰分析を用いて予測式 を作成してください。また，切片と回帰係数の信頼区間を求めてください。

第 9 章　単回帰分析を理解する

表 9.4　春学期と秋学期の試験成績（$n=30$）

番号	春学期	秋学期	番号	春学期	秋学期	番号	春学期	秋学期
1	48	67	11	52	65	21	70	83
2	72	83	12	55	73	22	88	70
3	70	42	13	52	60	23	65	62
4	72	93	14	48	47	24	65	75
5	62	58	15	70	82	25	60	43
6	80	92	16	30	48	26	50	77
7	55	67	17	55	32	27	60	53
8	38	48	18	40	43	28	70	52
9	42	65	19	62	85	29	82	83
10	48	52	20	70	82	30	80	72

第10章 参加者間1要因の分散分析を理解する

第6章で学んだt検定は2標本の母平均値の差を検定しますが、心理学の研究では3標本以上の平均値の差を検定することがあり、このとき利用されるのが分散分析です。分散分析は実験計画と密接な関係がありますので、多数のバリエーションがありますが、本章では最も基本となる分散分析を学びます。

10.1 要因と水準

表10.1は交通事故の映像を見た大学生30名を無作為に3条件（各条件10名）に分け、事故を表現する「動詞」を変えて、次の質問をしたときの回答です。3つの条件で得られた平均値が異なるように思われますが、この結果から回答が「激突」と「衝突」という動詞から誘導されたといえるでしょうか。

激突：車が「激突」したときのスピードはどれくらいだと思いますか。
衝突：車が「衝突」したときのスピードはどれくらいだと思いますか。
統制：車のスピードはどれくらいだと思いますか。

このような3つの平均値の差を検定する方法は2つあり、一つは分散分析と多重比較を行う方法、もう一つは多重比較のみを行う方法です。心理学の研究では前者の手順に従うことが多いですから、ここでは表10.1の測定値を用いて分散分析と多重比較を説明します。はじめに用語を整理しておきます。

1. 要因と水準

この実験では30名の研究参加者を無作為に3条件へ配置していますので、この実験計画は**完全無作為計画**（completely randomized design）とよばれます。

第 10 章　参加者間 1 要因の分散分析を理解する

表 10.1　3 条件で得られた回答（数値は時速；各条件 10 名）

番号 (i)	動詞 $(j, j = 1, 2, 3)$			
	激突 (x_{i1})	衝突 (x_{i2})	統制 (x_{i3})	
1	64	68	54	
2	56	60	46	
3	64	50	60	
4	66	46	42	
5	72	42	50	
6	78	44	54	
7	76	38	56	
8	54	66	48	
9	74	62	32	
10	60	52	36	全平均値
平均値 $(\bar{x}_{.j})$	$66.400\,(\bar{x}_{.1})$	$52.800\,(\bar{x}_{.2})$	$47.800\,(\bar{x}_{.3})$	$55.667\,(\bar{x}_{..})$
標準偏差	8.369	10.591	8.967	12.058

Loftus & Palmer（1974）を参考にして作成しました。

動詞の使い方を変えた 3 条件が回答に影響すると考えられますから，3 条件は**独立変数**（independent variable）に相当します。分散分析では，その独立変数が**要因**（**因子**；factor），**処理**（treatment），そして，個々の条件は**水準**（level）とよばれます。つまり，この実験では「動詞」という要因の中に「激突」，「衝突」，「統制」という 3 つの水準があります。

2.　参加者間要因と参加者内要因

　この実験のように水準ごとに異なる参加者が配置される要因は**参加者間要因**（between-participants factor, between-subjects factor）とよばれます。一方，同一の参加者がすべての水準へ配置される要因は**参加者内要因**（within-participants factor, within-subjects factor）とよばれます。参加者間要因は**対応のない要因**，また，参加者内要因は**対応のある要因**，**反復測定要因**（repeated-measurements factor）ともよばれます。

　参加者間要因では各水準に異なる参加者が配置されますから，各水準の測定値は相互に独立ですが，参加者内要因では水準間の測定値は独立ではありません。このため，水準数が同一でも，参加者間要因と参加者内要因では平均値を

比較するために用いる統計量の算出式が異なります。

3. 固定効果要因と変量効果要因

実験者がそれぞれの水準を意図的に設定し，その水準間で効果の違いを調べる要因は**固定効果要因**（fixed effect factor）とよばれます。**表 10.1** に示す実験は動詞の効果に関心がありますから，固定効果要因です。一方，水準が学校や学級あるいは児童生徒のようにたまたま選択されたもので，その違いに特段の関心がない要因は**変量効果要因**（**無作為要因**；random effect factor）とよばれます。例えば，参加者内要因の実験を行い，参加者のまとまりを要因とした場合，個人差があるのは当然ですし，その大きさに関心がないなら参加者要因は変量効果要因です。

10.2 検定の多重性の問題

参加者間 1 要因の**分散分析**（**ANOVA**；analysis of variance）は，1 要因の完全無作為計画で得られた平均値の差を検定する方法です。水準 j の母平均値を μ_j とし，仮説を

　　帰無仮説：$\mu_{.1} = \mu_{.2} = \mu_{.3}$

　　対立仮説：$[\mu_{.1} = \mu_{.2} = \mu_{.3}]$ ではない

とします。**表 10.1** に示す実験では，帰無仮説は事故を表現する動詞を変えた 3 水準の母平均値が同一であることを仮定し，対立仮説は 3 つの母平均値のうち，少なくとも 1 つが他の母平均値と異なること，つまり，動詞の使い方によって証言速度が異なることを意味します。

この検定は 3 つの母平均値が同一といえるのかどうかを検証したいのですから，3 水準の母平均値を対にして

　　帰無仮説（1）：$\mu_{.1} = \mu_{.2}$

　　帰無仮説（2）：$\mu_{.1} = \mu_{.3}$

　　帰無仮説（3）：$\mu_{.2} = \mu_{.3}$

という 3 つの帰無仮説を立て，それぞれについて t 検定を行えばよいと思われるかもしれません。しかし，3 つの帰無仮説が正しいとき，有意水準を .05 と

して t 検定を行うと，第 1 種の誤りを犯さない確率が 1 回の検定では

$$1 - 有意水準 = 1 - 0.05 = 0.95$$

ですが，3 回の t 検定が独立であるとすると，3 回とも第 1 種の誤りを犯さない確率は

$$0.95 \times 0.95 \times 0.95 = 0.95^3 = 0.8574$$

となります。したがって，t 検定を 3 回繰り返したとき，少なくとも 1 回は第 1 種の誤りを犯す確率が

$$1 - 0.8574 = 0.1426$$

と大きくなります。

これは 1 回の t 検定で有意水準を .05 として検定しても，3 回の検定を 1 組として考えると，第 1 種の誤りを犯す確率が .1426 になるということです。このように 2 回以上の検定を重ねることは**多重検定**（multiple testing），そして，多重検定により第 1 種の誤りを犯す確率が 1 回の検定で設定した有意水準よりも大きくなってしまうことを検定の**多重性**の問題とよびます。

多重検定を行うときは複数の帰無仮説がありますので，そのまとまりは**ファミリー**（family）もしくは**帰無仮説族**とよばれます。そして，ファミリーの中で，少なくとも 1 つの正しい帰無仮説を誤って棄却する確率は**ファミリーワイズの第 1 種の誤り率**（ファミリーワイズのタイプ I エラー率；familywise error rate，**実験あたりの第 1 種の誤り率**；experimentwise error rate），これに対して 1 回の検定で設定する有意水準の値は**比較あたりの第 1 種の誤り率**（comparisonwise error rate）とよばれます。

1. ファミリーワイズの第 1 種の誤り率を制御する方法

ファミリーワイズの第 1 種の誤り率 α_F と比較あたりの第 1 種の誤り率 α_C との間には，検定の回数を k とすると

$$\alpha_F = 1 - (1 - \alpha_C)^k \tag{10.1}$$

という関係があります。これを比較あたりの第 1 種の誤り率 α_C について書き

換えると

$$\alpha_C = 1 - (1 - \alpha_F)^{\frac{1}{k}} \tag{10.2}$$

となります。したがって，この関係を利用してファミリーワイズの第1種の誤り率 α_F を任意の値に設定することができます。例えば，先の事例では $k = 3$ ですから，α_F を .05 とするには，比較あたりの第1種の誤り率 α_C を

$$\alpha_C = 1 - (1 - \alpha_F)^{\frac{1}{k}} = 1 - (1 - 0.05)^{\frac{1}{3}} = 0.01695$$

として検定すればよいことになります。この方法は**シダック**（Šidák）**の方法**もしくは**ダンとシダック**（Dunn-Šidák）**の方法**とよばれています（Howell, 2013；Kirk, 2013）。

このようにファミリーワイズの第1種の誤り率 α_F が所定の値（例えば，.05）以下となるように制御して，3つ以上の母平均値の差を検定する方法は**多重比較法**（multiple comparison）とよばれます。ここで紹介したシダックの方法の他にも，多数の多重比較法が開発されています（永田・吉田, 1997；Howell, 2013；Kirk, 2013）。

心理学の研究でも多重比較法のみを用いて3つ以上の母平均値の差を検定することができるのですが，分散分析で帰無仮説が棄却されたときに多重比較を行うことが多いですから，以下でもこの2段階の手順を説明します。2段階の手順は第1段階の分散分析で第1種の誤りを犯す可能性がありますので，検定の多重性の問題を避けることはできません。

10.3 分散分析の原理

10.3.1 構造モデル

水準 j における参加者 i の測定値 x_{ij} は水準 j の効果 $\mu_{.j}$ とその効果では説明できない誤差 $\varepsilon_{ij} (= x_{ij} - \mu_{.j})$ を加えた値，すなわち

$$x_{ij} = \mu_j + \varepsilon_{ij} = \mu_j + \underbrace{(x_{ij} - \mu_{.j})}_{\varepsilon_{ij}:\text{誤差}} \tag{10.3}$$

184   第 10 章　参加者間 1 要因の分散分析を理解する

として合成されると仮定します。そして，これをすべての測定値の平均（全平均）μ を用いて

$$x_{ij} = \mu + \underbrace{(\mu_{\cdot j} - \mu)}_{\tau_j : \text{水準の効果}} + \underbrace{(x_{ij} - \mu_{\cdot j})}_{\varepsilon_{ij} : \text{誤差}} \tag{10.4}$$

と書き換えます。τ_j は $\mu_{\cdot j} - \mu$ ですから，全平均 μ を基準としたときの水準 j の効果を表します。水準の効果がすべて等しいとき

$$\sum_{j=1}^{a} \tau_j^2 = \sum_{j=1}^{a} (\mu_{\cdot j} - \mu)^2 = 0 \tag{10.5}$$

が成り立ちます。ここで，a は水準の数です。

式 (10.4) は参加者間 1 要因の分散分析の**構造モデル**とよばれ，各水準の誤差分散の値が等しいこと，誤差が正規分布に従うこと，測定値が水準内でも水準間でも相互に独立であることが仮定されます。

10.3.2　平方和の分解と分散分析表

式 (10.4) の両辺から全平均 μ を引くと

$$x_{ij} - \mu = \underbrace{(\mu_{\cdot j} - \mu)}_{\tau_j : \text{水準} j \text{の効果}} + \underbrace{(x_{ij} - \mu_{\cdot j})}_{\varepsilon_{ij} : \text{誤差}} \tag{10.6}$$

となります。この関係を標本の測定値に置き換えると

$$x_{ij} - \bar{x}_{\cdot\cdot} = \underbrace{(\bar{x}_{\cdot j} - \bar{x}_{\cdot\cdot})}_{\text{水準} j \text{の効果}} + \underbrace{(x_{ij} - \bar{x}_{\cdot j})}_{\text{誤差}} \tag{10.7}$$

となります。ここで，x_{ij} は水準 j における参加者 i の測定値，$\bar{x}_{\cdot\cdot}$ は全体の平均値，$\bar{x}_{\cdot j}$ は水準 j の平均値です。

表 10.1 に示す測定値と全体の平均値および水準の平均値の関係を図 10.1 に示します。図中の点線の高さが各水準の平均値（$\bar{x}_{\cdot 1}$, $\bar{x}_{\cdot 2}$, $\bar{x}_{\cdot 3}$），実線の高さが全体の平均値（$\bar{x}_{\cdot\cdot}$），そして，それぞれの点線（$\bar{x}_{\cdot 1}$, $\bar{x}_{\cdot 2}$, $\bar{x}_{\cdot 3}$）から実線（$\bar{x}_{\cdot\cdot}$）まで延びる矢印の長さが水準の効果です。また，• 印の高さが測定値ですから，• 印から参加者が属する水準の点線までの長さ，例えば，x_{61} から水準 1 の平均

値 $\bar{x}_{.1}$ まで延びる矢印の長さが誤差となります。これより,各水準における測定値の分散が誤差の分散に等しいことがわかります。

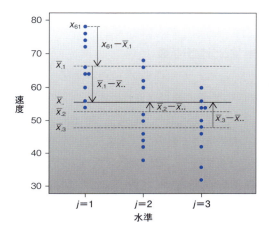

図 10.1　水準別の証言速度と平均値および効果

さて,式 (10.7) の両辺を 2 乗すると

$$(x_{ij} - \bar{x}_{..})^2 = (\bar{x}_{.j} - \bar{x}_{..})^2 + (x_{ij} - \bar{x}_{.j})^2 + 2(\bar{x}_{.j} - \bar{x}_{..})(x_{ij} - \bar{x}_{.j}) \tag{10.8}$$

となります。a を水準数,n を各水準の参加者数とし(ここでは,水準の参加者数を同数としておきます),両辺を j(水準)と i(参加者)について総和すれば

$$\underbrace{\sum_{j=1}^{a}\sum_{i=1}^{n}(x_{ij} - \bar{x}_{..})^2}_{SS_T} = n\underbrace{\sum_{j=1}^{a}(\bar{x}_{.j} - \bar{x}_{..})^2}_{SS_A} + \underbrace{\sum_{j=1}^{a}\sum_{i=1}^{n}(x_{ij} - \bar{x}_{.j})^2}_{SS_e} \tag{10.9}$$

という関係が得られます。左辺の SS_T は**全体の平方和**(total sum of squares),右辺の SS_A は**群間平方和**(**級間平方和**;between-participants sum of squares),SS_e は**群内平方和**(**級内平方和**;within-participants sum of squares)とよばれます。そして,両辺の関係は**平方和の分解**とよばれます。群内平方和は要因の影響では説明できない成分の平方和ですから,**誤差の平方和**(**残差の平方和**;residual sum of squares)ともよばれます。

第 10 章　参加者間 1 要因の分散分析を理解する

表 10.1 では要因が 1 つですが，分散分析は従属変数に与える複数の要因の影響を分析できますから，1 つ目の要因の群間平方和を要因 A の平方和，2 つの要因があるときは，その群間平方和を要因 B の平方和とよぶことがあります。

10.3.3　検定統計量と分散分析表

式 (10.9) において，$\bar{x}_j - \bar{x}_{..}$ が水準 j の効果ですから，その 2 乗和である群間平方和 SS_A が水準間の効果の違いを表し，水準の平均値が異なるほど，この群間平方和は大きくなります。また，誤差平方和 SS_e は水準の効果では説明できない水準内での誤差の大きさを表し，水準ごとに参加者が一様な影響を受けているほど小さくなります。そこで，分散分析は群間平方和と誤差平方和の大きさに着目し，帰無仮説を真としたとき，式 (10.10) の F_0 （**F 統計量**；F statistic，**F 比**；F ratio）が分子自由度 $a-1$，分母自由度 $a(n-1)$ の F 分布に従うことを利用して p 値を求めます。

$$F_0 = \frac{SS_A/(a-1)}{SS_e/[a(n-1)]} = \frac{MS_A}{MS_e} \tag{10.10}$$

ここで，分子の MS_A は**群間平均平方**（between-participants mean square，要因 A の平均平方），分母の MS_e は**群内平均平方**（**誤差の平均平方，残差の平均平方**；within-participants mean square）とよばれ，分子の $a-1$ が群間平方和の自由度（df_A），分母の $a(n-1)$ が群内平方和の自由度（df_e）です。

水準間で効果の違いが大きいほど F_0 の値も大きくなりますので，p 値は分子自由度が $a-1$，分母自由度が $a(n-1)$ の F 分布において，式 (10.10) の F_0 よりも大きな F 値を取る確率，すなわち

$$p = \underbrace{Pr(F_0 < F)}_{df=a-1,\, a(n-1)\, \text{の} F \text{分布}} \tag{10.11}$$

です。

以上で得られた平方和，自由度，平均平方，F 統計量の関係を**表 10.2** に示す**分散分析表**（analysis of variance table，ANOVA table）にまとめました。表中の要因 A とは実験で操作した 3 水準を持つ動詞のことです。

10.3 分散分析の原理

表 10.2 参加者間 1 要因の分散分析表

変動因	平方和 (SS)	自由度 (df)	平均平方 (MS)	F 統計量	p 値
要因 A	SS_A	$a-1$	MS_A	MS_A/MS_e	
誤差	SS_e	$a(n-1)$	MS_e		
全体	SS_T	$an-1$			

計算例

表 10.1 に示す測定値を用いて分散分析表を作成します。

参加者全体の平均値 $\bar{x}_{..}$ は 55.667 ですから，全体の平方和は

$$SS_T = \sum_{j=1}^{a} \sum_{i=1}^{n} (x_{ij} - \bar{x}_{..})^2$$

$$= (64 - 55.667)^2 + (56 - 55.667)^2 + \cdots + (36 - 55.667)^2$$

$$= 4216.6667$$

です。また，要因 A の平方和は

$$SS_A = n \sum_{j=1}^{a} (\bar{x}_{.j} - \bar{x}_{..})^2$$

$$= 10 \times \left[(66.40 - 55.667)^2 + (52.80 - 55.667)^2 + (47.80 - 55.667)^2 \right]$$

$$= 1853.0667$$

です。誤差の平方和は

$$SS_e = \sum_{j=1}^{a} \sum_{i=1}^{n} (x_{ij} - \bar{x}_{.j})^2$$

$$= (64 - 66.40)^2 + \cdots + (68 - 52.80)^2 + \cdots + (36 - 47.80)^2$$

$$= 2363.6000$$

ですが，3 つの平方和には式 (10.9) の関係がありますから

$$SS_e = SS_T - SS_A = 4216.6667 - 1853.0667 = 2363.6000$$

のように求めてもよいです。

要因 A の平方和の自由度は $a-1 = 3-1 = 2$，誤差の平方和の自由度は

$a(n-1) = 3 \times (10-1) = 27$ ですから，式 (10.10) の F 統計量は

$$F_0 = \frac{SS_A/(a-1)}{SS_e/[a(n-1)]} = \frac{MS_A}{MS_e} = \frac{1853.0667/2}{2363.6000/27} = \frac{926.5334}{87.5407} = 10.5840$$

そして，p 値は

$$p = \underbrace{Pr(10.5840 < F)}_{df=2,\ 27\ の F 分布} = 0.0004$$

です。以上から，証言された速度の分散分析表は**表 10.3** となります。

表 10.3　証言された速度の分散分析表

変動因	平方和（SS）	自由度（df）	平均平方（MS）	F 統計量	p 値
動詞	1853.067	2	926.534	10.584	.0004
誤差	2363.600	27	87.541		
全体	4216.667	29			

　p 値が .05 よりも小さいですから，有意水準 .05（5%）で帰無仮説が棄却されます。このことを要因 A（動詞）の**主効果**（main effect）が認められたといいます。ただし，このままでは水準の効果が異なるとはいえますが，どの水準の間に違いがあるのかわかりませんから，3 水準の間で平均値の多重比較が必要になります。

10.4　平均値の多重比較

　一口に多重比較といっても，平均値を比較する水準を事前に決めておくか否か，水準を組み合わせた平均値の差を検定するか否か，ファミリーワイズの第 1 種の誤り率 α_F を統制するか否か，誤り率を統制するとしてどのような理論によって統制するかなどの観点から，多数の多重比較法が提案されています（岩原, 1965；永田・吉田, 1997；Howell, 2013；Kirk, 2013）。ここでは参加者間要因でも参加者内要因でも使用できる**ボンフェローニの方法**と**ホルムの方法**を説明します。この 2 つの方法は平均値差を検定する際の比較あたりの第 1 種

の誤り率 α_C を調整して，ファミリーワイズの第1種の誤り率 α_F を一定の値（例えば，.05）に抑えます。

10.4.1　ボンフェローニの方法

平均値差を検定する回数を k 回とすると，ボンフェローニの方法は比較あたりの第1種の誤り率 α_C を

$$\alpha_C = \frac{\alpha_F}{k} \tag{10.12}$$

として検定します。水準数を a とし，すべての水準間で平均値差を検定する場合は

$$k = \frac{a(a-1)}{2} \tag{10.13}$$

です。比較あたりの第1種の誤り率 α_C を α_F/k とすることにより，ファミリーワイズの第1種の誤り率は α_F 以下になります（永田・吉田, 1997）。表10.1 に示す実験結果を用いて手順を説明します。

1.　ファミリー（帰無仮説族）

ファミリーは次の通りです。それぞれの対立仮説は両側対立仮説とします。

$$\mu_{.1} = \mu_{.2}, \qquad \mu_{.1} = \mu_{.3}, \qquad \mu_{.2} = \mu_{.3}$$

2.　比較あたりの第1種の誤り率 α_C

検定回数 k は3ですから，ファミリーワイズの第1種の誤り率を .05 とした場合，以下の値になります。

$$\alpha_C = \frac{\alpha_F}{k} = \frac{.05}{3} = 0.0167$$

3.　検定統計量 t

水準 l と水準 m の平均値差を検定する統計量は

$$t_{lm} = \frac{|\bar{x}_{.l} - \bar{x}_{.m}|}{\sqrt{MS_e \left(\dfrac{1}{n_l} + \dfrac{1}{n_m} \right)}} \tag{10.14}$$

$$= \frac{|\bar{x}_{.l} - \bar{x}_{.m}|}{\sqrt{\dfrac{2MS_e}{n}}} \tag{10.15}$$

です。両側対立仮説としていますので，分子は平均値差の絶対値とします。n_l と n_m は水準 l と水準 m の参加者数ですが，ここでは全水準とも同数の n としていますので，式 (10.15) を使うことができます。MS_e は分散分析表の誤差の平均平方です。検定統計量 t は次の通りです。

$$t_{12} = \frac{|\bar{x}_{.1} - \bar{x}_{.2}|}{\sqrt{\dfrac{2MS_e}{n}}} = \frac{|66.40 - 52.80|}{\sqrt{\dfrac{2 \times 87.541}{10}}} = \frac{13.60}{\sqrt{17.508}} = 3.2503$$

$$t_{13} = \frac{|\bar{x}_{.1} - \bar{x}_{.3}|}{\sqrt{\dfrac{2MS_e}{n}}} = \frac{|66.40 - 47.80|}{\sqrt{\dfrac{2 \times 87.541}{10}}} = \frac{18.60}{\sqrt{17.508}} = 4.4452$$

$$t_{23} = \frac{|\bar{x}_{.1} - \bar{x}_{.2}|}{\sqrt{\dfrac{2MS_e}{n}}} = \frac{|52.80 - 47.80|}{\sqrt{\dfrac{2 \times 87.541}{10}}} = \frac{5.00}{\sqrt{17.508}} = 1.1950$$

4. p 値

自由度 $a(n-1)$（誤差の平方和の自由度）の t 分布を用いて p 値を求めます。この事例では自由度 27 の t 分布を使用します。両側対立仮説としますので，上側確率を 2 倍した値が p 値です。

$$p_{12} = 2Pr(t_{12} < t) = 2Pr(3.2503 < t) = 2 \times 0.00154 \quad = 0.00308$$

$$p_{13} = 2Pr(t_{13} < t) = 2Pr(4.4452 < t) = 2 \times 0.0000676 = 0.00014$$

$$p_{23} = 2Pr(t_{23} < t) = 2Pr(1.1950 < t) = 2 \times 0.12124 \quad = 0.24248$$

比較あたりの第 1 種の誤り率 α_C は .0167 ですから，水準 1（激突条件）と水準 2（衝突条件）の間，水準 1（激突条件）と水準 3（統制条件）の間に有意差が認められます。

比較あたりの第 1 種の誤り率 α_C はボンフェローニの方法が .0167，シダックの方法が .0170（p.183）ですから，2 つの方法の検定力に大きな違いはありません。

10.4.2 ホルムの方法

ホルムの方法は平均値差を検定するたびに比較あたりの第 1 種の誤り率 α_C を調整していきますが，ファミリーの設定，検定統計量と p 値の算出方法はボンフェローニの方法と同様ですから，ここでは，比較あたりの第 1 種の誤り率 α_C の調整方法と検定手順を説明します。

1. 比較あたりの第 1 種の誤り率 α_C

ファミリーワイズの第 1 種の誤り率を α_F とした場合，比較あたりの第 1 種の誤り率を

$$\alpha_{Cs} = \frac{\alpha_F}{k - (s - 1)} \tag{10.16}$$

とします。s を $1, 2, \cdots, k$（k は全体の帰無仮説の数）としますので，ここでは $k = 3$ ですから，$\alpha_F = .05$ の場合は次の通りです。

$$\alpha_{C1} = \frac{.05}{3 - (1 - 1)} = 0.0167$$

$$\alpha_{C2} = \frac{.05}{3 - (2 - 1)} = 0.0250$$

$$\alpha_{C3} = \frac{.05}{3 - (3 - 1)} = 0.0500$$

2. p 値の並べ替え

平均値差を検定する統計量 t の p 値を小さい方から大きい方へ並べます。表 10.1 の検定（p.189）では，次のようになります。

$$p_{(1)} = p_{13} = 0.00014$$
$$p_{(2)} = p_{12} = 0.00308$$
$$p_{(3)} = p_{23} = 0.24248$$

3. $p_{(s)}$ と比較あたりの第 1 種の誤り率 α_{Cs} との比較

並べ替えた p 値（$p_{(s)}$）の小さい方から順に，$p_{(s)}$ と比較あたりの第 1 種の誤り率 α_{Cs} を比較して，$p_{(s)} < \alpha_{Cs}$ の場合に帰無仮説を棄却します。

$p_{(1)}$ から順に検定を進め，途中で帰無仮説が棄却できないときは，その先の検定は不要です。表 10.1 の検定では

$$p_{(1)} = p_{13} = 0.00014 < \alpha_{C1} = 0.0167$$
$$p_{(2)} = p_{12} = 0.00308 < \alpha_{C2} = 0.0250$$
$$p_{(3)} = p_{23} = 0.24248 > \alpha_{C3} = 0.0500$$

という関係がありますから，水準 1（激突条件）と水準 3（統制条件）の間，水準 1（激突条件）と水準 2（衝突条件）の間に有意差が認められます。$2 \leq s$ の検定では比較あたりの第 1 種の誤り率 α_{Cs} がボンフェローニの方法よりも大きいですから，検定力はホルムの方が大きいです。

10.5 効 果 量

10.5.1 要因の効果量

帰無仮説が棄却されるだけでは要因の効果の大きさはわかりませんから，平均値差の検定と同様に分散分析でも効果量（大久保・岡田，2012；南風原，2014）の指標が提案されています。多数の指標がありますが，記述統計的な効果量として，式 (10.17) の η^2（イータ 2 乗；eta-squared）と式 (10.18) の η_p^2（偏イータ 2 乗；partial eta-squared）があります。

$$\eta^2 = \frac{SS_A}{SS_T} \tag{10.17}$$

$$\eta_p^2 = \frac{SS_A}{SS_A + SS_e} \tag{10.18}$$

ここで，SS_A は要因 A の平方和，SS_T は全体の平方和ですから，η^2 は測定値全体の変動において要因 A で説明できる変動の割合を表します。η^2 の正の平方根（$\eta = \sqrt{SS_A/SS_T}$）は相関比（correlation ratio）とよばれます。また，測定値の全平方和を関心のある要因の平方和と関心のない要因の平方和と誤差の

平方和に分けたとき，η_p^2 は関心のない要因の平方和を除いた全平方和において要因 A で説明できる変動の割合を表します。ただし，参加者間 1 要因の分散分析では η^2 と η_p^2 は同値となります。

　母集団では測定値全体の分散 σ_T^2 は，要因の効果で説明できる測定値の分散 σ_A^2 と誤差の分散 σ_e^2 との間に

$$\sigma_T^2 = \sigma_A^2 + \sigma_e^2 \tag{10.19}$$

という関係がありますから，これを用いて効果量を

$$\eta^2 = \frac{\sigma_A^2}{\sigma_T^2} = \frac{\sigma_A^2}{\sigma_A^2 + \sigma_e^2} \tag{10.20}$$

と定義することができます。そこで，式 (10.20) の η^2 の値を標本の測定値を用いて推定する式 (10.21) の **ε^2**（**イプシロン 2 乗**；epsilon-squared）と式 (10.22) の **ω^2**（**オメガ 2 乗**；omega-squared）が提案されています。ω^2 の定義式は固定効果要因と変量効果要因で異なりますが，式 (10.22) は固定効果要因の定義式です。これらの指標にはそれぞれの特徴があり，この他にも多数の推定値が提案されています（大久保・岡田，2012；井関，2013）。

$$\varepsilon^2 = \frac{SS_A - df_A MS_e}{SS_T} \tag{10.21}$$

$$\omega^2 = \frac{SS_A - df_A MS_e}{SS_T + MS_e} \tag{10.22}$$

　分散分析では要因が 2 つ以上となることが多いですし，要因が参加者間効果と参加者内要因の場合があります。そのため，報告すべき最適な効果量を 1 つに絞ることは難しいですが，参加者間 1 要因および 2 要因の分散分析で母集団の効果量を推定する場合，偏りが小さい ω^2 と ε^2（Okada, 2013；Yigit & Mendes, 2018）を用いるとよいです。コーエン（Cohen, 1992）が提案する効果量 f の判断基準をここで紹介した効果量へ置き換えると，小さな効果が .010，中程度の効果が .059，大きな効果が .138 となります。

194   第 10 章　参加者間 1 要因の分散分析を理解する

計算例

表 10.3 の数値を用いて効果量を計算します。

$$\eta^2 = \frac{SS_A}{SS_T} = \frac{1853.067}{4216.667} = 0.4395$$

$$\eta_p^2 = \frac{SS_A}{SS_A + SS_e} = \frac{1853.067}{1853.067 + 2363.600} = 0.4395$$

$$\varepsilon^2 = \frac{SS_A - df_A MS_e}{SS_T} = \frac{1853.067 - 2 \times 87.541}{4216.667} = 0.3979$$

$$\omega^2 = \frac{SS_A - df_A MS_e}{SS_T + MS_e} = \frac{1853.067 - 2 \times 87.541}{4216.667 + 87.541} = 0.3898$$

この事例では ε^2 と ω^2 の値に実質的な違いはありません。

10.5.2　標準化平均値差

水準 l と水準 m の間の標準化平均値差は式 (7.5) と同様に

$$d_{lm} = t_{lm} \sqrt{\frac{n_l + n_m}{n_l n_m}} \tag{10.23}$$

$$= t_{lm} \sqrt{\frac{2}{n}} \tag{10.24}$$

として求めることができます。t_{lm} は水準 l と水準 m の多重比較に用いた t 統計量，n_l と n_m は水準の参加者数です。水準の参加者数が等しい（n）ときは式 (10.24) を使うことができます。

計算例

表 10.1 に示す測定値を用いて標準化平均値差を求めます。水準 2 と水準 3 の間に有意差は認められませんが，計算例として示します。

$$d_{12} = t_{12} \sqrt{\frac{2}{n}} = 3.2503 \times \sqrt{\frac{2}{10}} = 1.4536$$

$$d_{13} = t_{13} \sqrt{\frac{2}{n}} = 4.4452 \times \sqrt{\frac{2}{10}} = 1.9880$$

$$d_{23} = t_{23}\sqrt{\frac{2}{n}} = 1.1950 \times \sqrt{\frac{2}{10}} = 0.5344$$

10.6 　正規性と等分散性の仮定

分散分析は誤差に**正規性**（normality）と**等分散性**（**同質性**；homogeneity）を仮定します。

10.6.1 　正規性の仮定

正規性の仮定とは，母集団において誤差が正規分布に従うという仮定です。実際の研究データが厳密にこの仮定を満たすことはないと思いますが，シミュレーション実験の結果からも分散分析の正規性の仮定に関する頑健性が示唆されています（岩原, 1965）。また，測定値の度数分布が水準ごとにおおよそ左右対称か，仮に左右対称でなくても類似した分布をしていればよいように思われます。

10.6.2 　等分散性の仮定

等分散性の仮定とは，すべての水準で誤差分散が等しいとする仮定です。これは対応のない 2 標本の t 検定でも仮定されています。この仮定に関しては，水準間で標本の大きさがほぼ等しく，測定値の分散の違いが 3 倍ないし 4 倍以内であれば特に大きな問題はないとされます。しかし，水準間で標本の大きさが異なるときは等分散性の検定をしておく方がよいでしょう。ここでは**レビーンの検定**（Levene, 1960）を紹介します。これは水準 j の参加者 i の測定値 x_{ij} から水準 j の平均値 $\bar{x}_{.j}$ を引き，その絶対値を d_{ij}，つまり

$$d_{ij} = |x_{ij} - \bar{x}_{.j}| \tag{10.25}$$

とします。そして，d_{ij} もしくはその 2 乗 d_{ij}^2 を従属変数として参加者間 1 要因の分散分析を行い，主効果が有意でなければ等分散性の仮定が満たされていると判断します。

196   第 10 章　参加者間 1 要因の分散分析を理解する

また，**ブラウンとフォーサイスの検定**（Brown & Forsythe, 1974）は平均値 $\bar{x}_j$ の代わりに水準 j の中央値もしくは調整平均値を使い，その絶対値 d_{ij} の参加者間 1 要因の分散分析を行います。ブラウンとフォーサイス（Brown & Forsythe, 1974）はシミュレーション実験の結果に基づいて，測定値の分布が正規分布から外れる場合は $\bar{x}_j$ として中央値もしくは調整平均値を使う方がよいとしています。レビーンの検定とブラウンとフォーサイスの検定を合わせてレビーン検定とよぶことがあります。

さて，こうした等分散性の検定が有意でなければ通常の分散分析を行い，有意なときは**ウェルチの分散分析**（Welch, 1951）を行いますが，これは 2 段階の検定となっています。そのため，第 2 段階の分散分析で有意水準を .05 としても，平均値に関する帰無仮説が真のとき，実際にはそれ以上，あるいはそれ以下の確率で帰無仮説を棄却する可能性があります。したがって，経験則になりますが，2 段階検定を行うのでしたら，第 1 段階の等分散性の検定では有意水準を .20 もしくは .30 程度にしておくとよいと思われます。

あるいは，第 1 段階の等分散性の検定を行わずに，有意水準を .05 としてウェルチの分散分析（Welch, 1951）を行うのもよいです。青木（2007）はシミュレーション実験の結果を踏まえ，等分散性の検定を行わずにウェルチの検定を行うことを推奨しています。

10.6.3　ウェルチの分散分析

帰無仮説と対立仮説は通常の参加者間 1 要因の分散分析と同じです。ウェルチの分散分析は帰無仮説を真とするとき，次式の v^2 が分子自由度 $a-1$，分母自由度 df_w の F 分布に従うことを利用して p 値を求めます。

$$v^2 = \frac{\left[\sum_{j=1}^{a} w_j (\bar{x}_j - \hat{x}_{..})^2\right] \Big/ (a-1)}{1 + \dfrac{2(a-2)}{a^2-1} \sum_{j=1}^{a} \left(\dfrac{1}{n_j-1}\right)\left(1 - w_j \Big/ \sum_{j=1}^{a} w_j\right)^2} \tag{10.26}$$

ここで，a は水準数，n_j と $\bar{x}_j$ は水準 j の参加者数と平均値です。また，w_j

10.6 正規性と等分散性の仮定

と $\hat{x}_{..}$ は水準 j の参加者数 n_j と不偏分散 $u_{.j}^2$ を用いて次式により求めます。

$$w_j = \frac{n_j}{u_{.j}^2}, \quad \hat{x}_{..} = \frac{\displaystyle\sum_{j=1}^{a} w_j \bar{x}_{.j}}{\displaystyle\sum_{j=1}^{a} w_j}$$

分母自由度 df_w は次の通りです。

$$df_w = \frac{a^2 - 1}{3 \displaystyle\sum_{j=1}^{a} \left(\frac{1}{n_j - 1}\right)\left(1 - w_j \Big/ \displaystyle\sum_{j=1}^{a} w_j\right)^2} \tag{10.27}$$

計算例

表 10.1 の証言速度を用いてウェルチの分散分析を行います。検定統計量 v^2 と分母の自由度 df_w の計算に必要な平均値や不偏分散などの数値を表 10.4 にまとめました。これを用いると

$$v^2 = \frac{24.6271/(3-1)}{1 + \dfrac{2 \times (3-2)}{3^2 - 1} \times (0.0399 + 0.0625 + 0.0471)} = \frac{12.3136}{1.0374} = 11.8697$$

です。また，分母自由度は

$$df_w = \frac{3^2 - 1}{3 \times 0.1494} = 17.8492$$

表 10.4　ウェルチの分散分析を行うための補助表

	水準 (j)			合計
	1	2	3	
参加者数 (n_j)	10	10	10	30
平均値 $(\bar{x}_{.j})$	66.400	52.8000	47.800	—
不偏分散 $(u_{.j}^2)$	70.0445	112.1778	80.4000	—
$w_j \ (=n_j/u_{.j}^2)$	0.1428	0.0891	0.1244	0.3563
$w_j \bar{x}_{.j}$	9.4797	4.7068	5.9453	20.1318
$w_j (\bar{x}_{.j} - \hat{x}_{..})^2$	13.9809	1.2231	9.4231	24.6271
$\left(\dfrac{1}{n_j - 1}\right)\left(1 - \dfrac{w_j}{\sum_{j=1}^{a} w_j}\right)^2$	0.0399	0.0625	0.0471	0.1494

です。したがって，p 値は，分子自由度が $3 - 1 = 2$，分母自由度が 17.8492 の F 分布において，F 値が 11.8697 よりも大きい面積，すなわち

$$p = \underbrace{Pr(11.8697 < F)}_{df=2,\ 17.8492\ の\ F\ 分布} = 0.000527$$

です。有意水準 .05 で要因 A（動詞）の主効果を認めることができます。

10.7　R を用いた分散分析

10.7.1　分散分析と多重比較

　分散分析と多重比較を行う anovakun()（井関, 2015, 2018）関数を用います。この関数はテキスト形式のファイル（anovakun_482.txt）で提供されていますから，作者のページからダウンロードしてデータファイルと同じフォルダに保存しておきます。この関数は要因の検定だけではなく，その検定結果に応じて必要な多重比較までを自動的に実行するたいへん使いやすい関数です。

　ここでは，表 10.1 に示す証言速度の分散分析を行い，動詞の効果を検証します。証言速度は**証言速度（As）.xlsx** に保存しておきますが，anovakun()関数の仕様に従い，第 1 変数を参加者が配置された水準名，第 2 変数を測定値とします。ファイルの一部を図 10.2 に示します。水準名を入れた変数を**要因 A**とし，水準名を a1，a2，a3 としました。また，測定値は**証言速度**としました。

■命令文（先頭の数値と : 記号は説明のためのものです）

```
1: library(openxlsx)        # openxlsxパッケージの読み込み
2: setwd("K:/データファイル") # ディレクトリの変更
3: source("anovakun_482.txt") # anovakun()関数の読み込み
4: mydata <- read.xlsx("証言速度（As）.xlsx")
   # 以下，anovakun関数の実行
5: anovakun(mydata, "As", 3, holm = T, criteria = T,
           eta = T, peta = T, eps = T, omega = T)
```

10.7 Rを用いた分散分析　　　　　　　　　　199

	A	B
1	要因A	証言速度
2	a1	64
3	a1	56
4	a1	64
5	a1	66
6	a1	72
7	a1	78
8	a1	76
9	a1	54
10	a1	74
11	a1	60
12	a2	68
13	a2	60
14	a2	50
15	a2	46
16	a2	42
17	a2	44
18	a2	38
19	a2	66
20	a2	62
21	a2	52
22	a3	54
23	a3	46

図 10.2　エクセルファイルに保存した証言速度

■命令文の意味

3: anovakun() 関数はテキスト形式のファイル（anovakun_482.txt）として保存されていますので，source() 関数を用いて読み込みます。

5: anovakun() 関数を実行します。引数はデータを代入した変数名（mydata），分散分析のタイプ（参加者間 1 要因は "As"），水準数（3）です。holm = T は多重比較としてホルムの方法を指定し，criteria = T は多重比較において，ファミリーワイズの第 1 種の誤り率 α を .05 とするように調整した，比較あたりの第 1 種の誤り率 α_C（式 (10.16)）を出力させます。効果量として eta = T は η^2（イータ 2 乗），peta = T は η_p^2（偏イータ 2 乗），eps = T は ε^2（イプシロン 2 乗），omega = T は ω^2（オメガ 2 乗）の出力を指定します。

■実 行 結 果

分散分析と多重比較の結果は次の通りです（出力の一部を省略しています）。ANOVA TABLE が分散分析表ですが，紙幅が足りませんので，ここでは 2 段に分けました。Source は変動因，SS は平方和，df は自由度，MS は平均平方，F-ratio は F 統計量（F 比），p-value は p 値です。これらの配置は**表10.3**と同じです。

　動詞の主効果が有意（$p = .0004$）ですから，anovakun() 関数は多重比較を実行しています。Pair は対比較をする水準，Diff は平均値差，t-value は検定統計量の t 値，df はその自由度，p は p 値，adj.p はホルムの方法に基づく比較あたりの第1種の誤り率 α_C です。p の値が adj.p よりも小さい対では平均値差が有意であると判断します。最右列の a1 > a3 は水準3よりも水準1の母平均値が大きく，a1 > a2 は水準2よりも水準1の母平均値が有意に大きいと判断できることを示します。a2 = a3 は水準2と水準3の間に有意差があるといえないことを示します。

```
> anovakun(mydata, "As", 3, holm = T, criteria = T,
+          eta = T, peta = T, eps = T, omega = T)

[ As-Type Design ]

<< ANOVA TABLE >> # 分散分析表

------------------------------------------------------
 Source       SS  df       MS  F-ratio  p-value
------------------------------------------------------
      A 1853.0667   2 926.5333  10.5840   0.0004 ***
  Error 2363.6000  27  87.5407
------------------------------------------------------
  Total 4216.6667  29 145.4023

# 効果量（イータ2乗，偏イータ2乗，イプシロン2乗，オメガ2乗）
----------------------------------------
  eta^{2}  p.eta^{2}   epsilon^{2}  omega^{2}
----------------------------------------
 0.4395    0.4395       0.3979     0.3898

----------------------------------------
 +p < .10, *p < .05, **p < .01, ***p < .001


<< POST ANALYSES >> # 事後分析

< MULTIPLE COMPARISON for "A" > # 要因Aの多重比較

== Holm's Sequentially Rejective Bonferroni Procedure ==
== The factor < A > is analysed as independent means. ==
== Alpha level is 0.05. == # ファミリーワイズの第1種の誤り率
```

10.7 Rを用いた分散分析 201

```
# 多重比較
------------------------------------------------------------
  Pair    Diff   t-value  df       p    adj.p
------------------------------------------------------------
  a1-a3  18.6000   4.4452  27  0.0001  0.0167  a1 > a3 *
  a1-a2  13.6000   3.2503  27  0.0031  0.0250  a1 > a2 *
  a2-a3   5.0000   1.1950  27  0.2425  0.0500  a2 = a3
------------------------------------------------------------
```

10.7.2 等分散性の検定とウェルチの検定

car パッケージ（Fox & Weisberg, 2019）の leveneTest() 関数を用いてレビーンの検定を行い，stats パッケージの oneway.test() 関数を用いてウェルチの検定を行います。

■命令文（先頭の数値と：記号は説明のためのものです）

```
1:library(openxlsx) # openxlsxパッケージの読み込み
2:library(car)       # carパッケージの読み込み
3:library(stats)     # statsパッケージの読み込み
4:setwd("K:/データファイル") # ディレクトリの変更
5:mydata <- read.xlsx("証言速度（As).xlsx")
6:leveneTest(証言速度 ~ factor(要因A),
            data = mydata)  # ブラウンとフォーサイス
7:oneway.test(証言速度 ~ 要因A, data = mydata) # ウェルチの検定
```

■命令文の意味

6: チルダ記号（~）の前に従属変数名（**証言速度**），後に水準を入れた変数名（factor(**要因A**)），data でデータを代入した変数名（mydata）を指定します。factor(**要因A**) は要因Aを要因型の変数に変換します。この関数の標準設定は式 (10.25) の $\bar{x}_j$ として中央値を使用しますので，ブラウンとフォーサイスの検定が実行されます。

■実 行 結 果

ブラウンとフォーサイスの検定は p 値が 0.6325 ですから，等分散性の仮定を満たすと判断します。また，ウェルチの検定では F の 11.87 が F 統計量，

num df の 2.000 が分子自由度，denom df の 17.843 が分母自由度，p-value の
0.000527 が p 値です。

```
> leveneTest(証言速度 ~ factor(要因A),
+            data = mydata)  # ブラウンとフォーサイス
Levene's Test for Homogeneity of Variance (center = median)
      Df  F value Pr(>F)
group  2  0.4659 0.6325
      27

> oneway.test(証言速度 ~ 要因A, data = mydata) # ウェルチの検定

        One-way analysis of means (not assuming equal variances)

data:  証言速度 and 要因A
F = 11.87, num df = 2.000, denom df = 17.843, p-value = 0.000527
```

コラム 10.1　2段階検定における第1種の誤り率

コラム 10.1　2段階検定における第1種の誤り率

　レビーンの検定で等分散性の仮定が棄却されたときはウェルチの分散分析，棄却されないときは等分散性を仮定する分散分析を行ったシミュレーション実験（100,000回）の結果を表 10.5 に紹介します。表に示す数値は帰無仮説（$\mu_1 = \mu_2 = \mu_3$）が有意水準5%で棄却された割合（%）です。

　水準の参加者数が等しい場合，2段階検定の第1種の誤り率は理論値の5%に近いです。しかし，水準間で参加者数が不揃いの場合，第1種の誤り率が理論値（5%）から大きく離れることがあります。一方，はじめからウェルチの分散分析を行った場合は第1種の誤り率（最右列の値）がおおよそ5%になっています。水準間で参加者数が不揃いのときは2段階検定を避け，ウェルチの分散分析を行う方が無難です。

表 10.5　2段階検定における第1種の誤り率（%）

参加者数			母分散			レビーンの検定の α			
n_1	n_2	n_3	σ_1^2	σ_2^2	σ_3^2	.05	.20	.30	ウェルチ
［水準の参加者数が等しい場合（正規分布；母平均値はすべて0）］									
10	10	10	1.0	1.0	1.0	5.07	5.22	5.26	4.88
10	10	10	2.0	1.5	1.0	5.42	5.50	5.48	4.92
10	10	10	4.0	2.0	1.0	5.87	5.67	5.50	4.95
30	30	30	1.0	1.0	1.0	5.05	5.11	5.14	4.98
30	30	30	2.0	1.5	1.0	5.32	5.21	5.15	4.98
30	30	30	4.0	2.0	1.0	5.04	4.90	4.89	4.85
［水準の参加者数が異なる場合（正規分布；母平均値はすべて0）］									
15	10	5	1.0	1.0	1.0	5.23	5.80	6.05	5.31
15	10	5	2.0	1.5	1.0	3.60	4.68	5.14	5.18
15	10	5	4.0	2.0	1.0	3.31	4.50	4.85	4.96
15	10	5	1.0	1.5	2.0	8.23	8.07	7.82	5.48
15	10	5	1.0	2.0	4.0	11.66	9.86	8.95	5.71
30	20	10	1.0	1.0	1.0	5.12	5.41	5.52	5.12
30	20	10	2.0	1.5	1.0	3.77	4.60	4.87	4.95
30	20	10	4.0	2.0	1.0	4.15	4.85	4.95	5.00
30	20	10	1.0	1.5	2.0	7.63	6.84	6.51	5.18
30	20	10	1.0	2.0	4.0	8.53	6.63	6.10	5.19

参考図書

橋本 貴充・荘島 宏二郎（2016）．実験心理学のための統計学 ── t 検定と分散分析 ── 誠信書房

豊田 秀樹（1994）．違いを見ぬく統計学 ── 実験計画と分散分析入門 ── 講談社

山内 光哉（2008）．心理・教育のための分散分析と多重比較 ── エクセル・SPSS 解説付き ── サイエンス社

復習問題

1. 福田（2014）によれば，詩を読む形態により，視覚的なイメージの喚起度が異なります。そこで，大学生 30 名を 3 群（各群 10 名）に分けて金子みすゞの詩を黙読，音読，暗唱してもらい，視覚的イメージの喚起度を求めたところ，表 10.6 の値を得ました。条件間に平均値差があるかを調べてください。

表 10.6　視覚的イメージの喚起度

条件	視覚的イメージの喚起度										M	SD $(u(x))$
黙読 $(n_1=10)$	6	5	3	5	4	5	3	6	5	5	4.700	1.059
音読 $(n_2=10)$	4	4	3	4	5	6	4	4	3	2	3.900	1.101
暗唱 $(n_3=10)$	4	7	6	5	4	4	7	5	7	6	5.500	1.269

2. 社会手抜き（social loafing；Latané, Williams, & Harkins, 1979）の有無を確認するために，集団の大きさを 1 人，2 人，4 人の 3 条件として参加者を防音室に入れて大きな拍手をするよう依頼しました。1 人当たりの音圧（dyn/cm²）は表 10.7 の通りです。ブラウンとフォーサイスの検定を行った上で，集団の大きさによって音圧の平均値が異なるかを調べてください。

表 10.7　1 人当たりの音圧

集団の大きさ	1 人当たりの音圧 (dyn/cm²)								M	SD $(u(x))$
1 人 $(n_1=8)$	4.01	2.74	4.06	4.02	3.33	1.77	2.26	2.76	3.119	0.876
2 人 $(n_2=8)$	1.90	3.82	2.51	1.26	0.98	1.67	1.66	1.57	1.921	0.889
4 人 $(n_3=8)$	1.40	0.49	1.55	0.21	1.02	1.50	1.31	1.84	1.165	0.558

3. 向井・増田・山宮（2018）によれば，発達段階に応じて女子の理想的な BMI（Body Mass Index）が異なります。表 10.8 に理想的な身長と体重から求めた BMI を示します（各年齢群とも 15 名）。ウェルチの分散分析を用いて発達段階の間に平均値差があるかを調べてください。

参考図書・復習問題

表 10.8　理想的な BMI

年齢群	理想身長と理想体重から求めた BMI								M	SD $(u(x))$
小学校 $(n_1=15)$	13.3 18.4	14.0 13.6	13.2 18.1	20.5 13.6	20.2 12.9	16.9 20.3	12.9 14.9	16.2	15.93	2.91
中学校 $(n_2=15)$	15.7 16.4	15.8 17.8	15.7 15.3	18.2 19.3	17.2 15.1	16.6 15.9	15.5 15.4	15.6	16.37	1.23
高等学校 $(n_3=15)$	18.3 22.1	21.7 20.8	19.6 19.5	18.0 19.4	17.2 17.6	19.2 17.7	18.4 18.8	17.9	19.08	1.48
大学 $(n_4=15)$	19.5 18.3	18.1 17.9	17.4 17.0	20.6 18.4	17.5 18.0	18.2 19.2	17.8 16.8	17.5	18.15	0.99

第11章

参加者内1要因の分散分析を理解する

同一の参加者がすべての水準に配置された測定値の平均値差は参加者内1要因の分散分析を用いて検定します。この分散分析は測定値全体の誤差を個人差に由来する誤差と要因の効果と個人差では説明できない誤差に分解しますので、参加者間要因の分散分析よりも要因の効果を検出しやすくなります。基本的な用語は第10章で学びましたので、本章では参加者内要因に固有の留意点と計算手順を中心に学びます。

11.1 分散分析の原理

複数の人の顔写真を重ねて描画した顔は平均顔とよばれます。重ねる写真の枚数を増やすほど個人の特徴が消失して平均的な部分が強調され、顔の魅力度が増すといわれています（越智, 2013）。そこで、重ねる顔写真の枚数を「2枚、5枚、10枚、20枚」の4条件として複数の平均顔を作成し、10名の参加者に平均顔の魅力度を5段階評定（数値が大きいほど魅力度は高い）で求めました。10名の平均評定値は表11.1の通りです。4条件の平均値の間に有意差があるといえるでしょうか。実験では4条件で作成した複数枚の平均顔が参加者に無作為に提示されています。

この実験では各参加者はすべての条件で平均顔を評定していますから、重ねた写真の枚数という要因は**参加者内要因**です。したがって、水準間の平均値差の有無、すなわち要因Aの主効果の有無は参加者内1要因の分散分析を用いて検定することになります。その検定仮説は水準jの母平均値を$\mu_{.j}$として

帰無仮説：$\mu_{.1} = \mu_{.2} = \mu_{.3} = \mu_{.4}$

第 11 章　参加者内 1 要因の分散分析を理解する

表 11.1　4 条件で得られた魅力度評定値（10 名）

参加者 (i)	重ねた顔写真の枚数 (j, j=1, 2, 3, 4)				平均値 ($\bar{x}_{i.}$)
	2 枚 (x_{i1})	5 枚 (x_{i2})	10 枚 (x_{i3})	20 枚 (x_{i4})	
1	3.0	3.5	4.0	4.2	3.675
2	3.1	3.5	3.6	3.4	3.400
3	3.8	4.0	4.3	3.9	4.000
4	3.2	3.3	3.9	3.8	3.550
5	3.5	4.2	4.1	4.6	4.100
6	3.2	3.1	3.3	3.5	3.275
7	3.2	3.7	3.5	4.2	3.650
8	3.2	3.9	3.7	3.6	3.600
9	3.1	3.6	3.1	4.0	3.450
10	2.7	3.5	3.7	3.4	3.325
平均値 ($\bar{x}_{.j}$)	3.200 ($\bar{x}_{.1}$)	3.630 ($\bar{x}_{.2}$)	3.720 ($\bar{x}_{.3}$)	3.860 ($\bar{x}_{.4}$)	3.602 ($\bar{x}_{..}$)
標準偏差	0.291	0.330	0.368	0.398	0.272

Rhodes et al.（2001）を参考にして作成しました。

　　対立仮説：$[\mu_{.1} = \mu_{.2} = \mu_{.3} = \mu_{.4}]$ ではない

とします。

　　また，参加者内要因の分散分析は次の仮説を立て，参加者の主効果，つまり個人差も検定することができます。ここで，$\mu_{i.}$ は参加者 i の枚数要因の 4 水準を総合した評定平均値です。

　　帰無仮説：$\mu_{1.} = \mu_{2.} = \cdots = \mu_{10.}$

　　対立仮説：$[\mu_{1.} = \mu_{2.} = \cdots = \mu_{10.}]$ ではない

ただし，同一の顔写真から受ける魅力度に個人差があっても不思議ではありませんから，この実験では個人差に特段の関心はありません。むしろ，たまたま選択された 10 名の参加者といえますので，個人差は変量効果要因と見なす方が自然です。一般に個人差の主効果は報告しないことが多いです。なお，変量効果要因の場合，上記と同じ意味ですが，仮説を「帰無仮説：$\sigma_S^2 = 0$，対立仮説：$\sigma_S^2 > 0$」と表すことが多いです。ここで，σ_S^2 は $\mu_{i.}$ の分散です。

　　この事例のように，同一の参加者へ複数の条件を通して繰返し測定する実験計画は**反復測定計画**（repeated-measures design）とよばれます。また，属性が

11.1 分散分析の原理

類似した参加者を1つの塊（ブロック）とし，それを同一参加者であると見なす実験計画があり，**乱塊法**（randomized block design）とよばれます。この実験計画から得られるデータは形式的には完全無作為計画と同様になりますが，参加者内1要因の分散分析で要因の効果を検定することができます。

11.1.1 構造モデル

参加者 i の水準 j における測定値 x_{ij} は水準 j の効果 $\mu_{.j}$ と参加者 i 固有の効果 $\mu_{i.}$，さらに，これらの効果では説明できない誤差 $\varepsilon_{ij}(= x_{ij} - \mu_{.j} - \mu_{i.})$ を加えた値，すなわち

$$x_{ij} = \mu_{.j} + \mu_{i.} + \varepsilon_{ij} = \mu_{.j} + \mu_{i.} + \underbrace{(x_{ij} - \mu_{.j} - \mu_{i.})}_{\varepsilon_{ij}:誤差} \tag{11.1}$$

として合成されると仮定します。参加者 i 固有の効果 $\mu_{i.}$ は，他の参加者と比べて平均顔を高く評定したり（例えば，参加者5），低く評定する傾向（例えば，参加者6），つまり評定の個人差を表します。

式 (11.1) の右辺をすべての測定値の平均，すなわち全平均 μ を用いて書き換えると

$$x_{ij} = \mu + \underbrace{(\mu_{.j} - \mu)}_{\tau_j:水準の効果} + \underbrace{(\mu_{i.} - \mu)}_{\pi_i:個人の効果} + \underbrace{(x_{ij} - \mu_{.j} - \mu_{i.} + \mu)}_{\varepsilon_{ij}:誤差} \tag{11.2}$$

となります。ここで，τ_j は $\mu_{.j} - \mu$ ですから，全平均 μ を基準としたときの水準 j の効果を表し，π_i は $\mu_{i.} - \mu$ ですから，全平均 μ を基準としたときの個人 i の効果を表します。式 (11.2) は参加者内1要因の分散分析の**構造モデル**とよばれ，誤差が正規分布に従い，各水準の誤差分散の値が等しいことが仮定されます。τ_j は水準の効果がすべて等しいとき

$$\sum_{j=1}^{a} \tau_j^2 = \sum_{j=1}^{a} (\mu_{.j} - \mu)^2 = 0 \tag{11.3}$$

です。a は水準の数（**表 11.1** では 4）です。また，π_i は個人差がないとき

$$\sum_{i=1}^{n} \pi_i^2 = \sum_{i=1}^{n} (\mu_{i.} - \mu)^2 = 0 \tag{11.4}$$

210 第 11 章　参加者内 1 要因の分散分析を理解する

です。n は参加者数（**表 11.1** では 10）です。

11.1.2　平方和の分解と分散分析表

式 (11.2) の両辺から全平均 μ を引くと

$$x_{ij} - \mu = \underbrace{(\mu_{.j} - \mu)}_{\tau_j:\text{水準}j\text{の効果}} + \underbrace{(\mu_{i.} - \mu)}_{\pi_i:\text{個人}i\text{の効果}} + \underbrace{(x_{ij} - \mu_{.j} - \mu_{i.} + \mu)}_{\varepsilon_{ij}:\text{誤差}} \tag{11.5}$$

となります。この関係は標本の測定値では

$$x_{ij} - \bar{x}_{..} = \underbrace{(\bar{x}_{.j} - \bar{x}_{..})}_{\text{水準}j\text{の効果}} + \underbrace{(\bar{x}_{i.} - \bar{x}_{..})}_{\text{個人}i\text{の効果}} + \underbrace{(x_{ij} - \bar{x}_{.j} - \bar{x}_{i.} + \bar{x}_{..})}_{\text{誤差}} \tag{11.6}$$

です。ここで，x_{ij} は参加者 i の水準 j における測定値，$\bar{x}_{..}$ は全体の平均値，$\bar{x}_{.j}$ は水準 j の平均値，$\bar{x}_{i.}$ は個人 i の全水準を込みにした平均値です（**表 11.1**）。式 (11.6) の両辺を 2 乗して総和を求めると，途中の展開を省略しますが

$$\underbrace{\sum_{j=1}^{a}\sum_{i=1}^{n}(x_{ij}-\bar{x}_{..})^2}_{SS_T} = \underbrace{n\sum_{j=1}^{a}(\bar{x}_{.j}-\bar{x}_{..})^2}_{SS_A} + \underbrace{a\sum_{i=1}^{n}(\bar{x}_{i.}-\bar{x}_{..})^2}_{SS_S}$$

$$+ \underbrace{\sum_{j=1}^{a}\sum_{i=1}^{n}(\bar{x}_{ij}-\bar{x}_{.j}-\bar{x}_{i.}+\bar{x}_{..})^2}_{SS_e} \tag{11.7}$$

という関係が得られます。左辺の SS_T は全体の平方和，右辺の SS_A は要因 A の効果の大きさを表す平方和，SS_S は評定値の個人差の大きさを表す平方和です。また，SS_e は実験条件と個人差では説明できない誤差の平方和です。

参加者内 1 要因（式 (11.7)）と参加者間 1 要因（式 (10.9)）の平方和の間には

参加者間 1 要因：$SS_T = SS_A + SS_e$

参加者内 1 要因：$SS_T = SS_A + \underbrace{SS_S + SS_e}_{\text{参加者間1要因の}SS_e}$

という関係がありますので，参加者間 1 要因の分散分析の誤差平方和が，参加者内 1 要因では個人差の平方和と誤差の平方和に分かれます。これにより，参

11.1 分散分析の原理

加者内 1 要因の方が検定力が大きくなります。

SS_A は水準間の平均値差が大きいほど大きくなりますから，参加者内 1 要因の分散分析はこれらの平方和に着目します。p 値は要因 A の主効果に関する帰無仮説が真のとき，次式の F_0 が分子自由度 (df_A) が $a-1$，分母自由度 (df_e) が $(a-1)(n-1)$ の F 分布に従うことを利用して求めます。分子の MS_A は要因 A の平均平方，分母の MS_e は誤差の平均平方です。

$$F_0 = \frac{SS_A/(a-1)}{SS_e/[(a-1)(n-1)]} = \frac{MS_A}{MS_e} \tag{11.8}$$

実験効果が大きくなるほど F_0 の値は大きくなりますから，p 値は標本で求めた F_0 の値よりも大きな F 値を取る確率，すなわち

$$p = \underbrace{Pr(F_0 < F)}_{df=a-1,\ (a-1)(n-1)\ \text{の} F \text{分布}} \tag{11.9}$$

です。

また，個人差の有無を検定するための統計量 F_0 は

$$F_0 = \frac{SS_S/(n-1)}{SS_e/[(a-1)(n-1)]} = \frac{MS_S}{MS_e} \tag{11.10}$$

です。MS_S は個人差の平均平方，MS_e は誤差の平均平方です。分子自由度 (df_S) が $n-1$，分母自由度 (df_e) が $(a-1)(n-1)$ ですから，p 値は

$$p = \underbrace{Pr(F_0 < F)}_{df=n-1,\ (a-1)(n-1)\ \text{の} F \text{分布}} \tag{11.11}$$

です。

以上の結果をまとめた分散分析表が表 11.2 です。表 11.1 の事例では，要因 A が枚数の条件に該当します。

計算例

表 11.1 に示す評定値を用いて分散分析表を作成します。

まず，全体の平方和 SS_T は評定値全体の平均値が 3.602 ですから，

第 11 章　参加者内 1 要因の分散分析を理解する

表 11.2　参加者内 1 要因の分散分析表

変動因	平方和（SS）	自由度（df）	平均平方（MS）	F 統計量	p 値
要因 A	SS_A	$a-1$	MS_A	MS_A / MS_e	
個人差	SS_S	$n-1$	MS_S	MS_S / MS_e	
誤差	SS_e	$(a-1)(n-1)$	MS_e		
全体	SS_T	$an-1$			

$$
\begin{aligned}
SS_t &= \sum_{j=1}^{a} \sum_{i=1}^{n} (x_{ij} - \bar{x}_{..})^2 \\
&= (3.0 - 3.602)^2 + (3.1 - 3.602)^2 + \cdots + (3.4 - 3.602)^2 \\
&= 6.8098
\end{aligned}
$$

です。要因 A の平方和 SS_A は

$$
\begin{aligned}
SS_A &= n \sum_{j=1}^{a} (\bar{x}_{.j} - \bar{x}_{..})^2 \\
&= 10 \times [(3.200 - 3.602)^2 + (3.630 - 3.602)^2 \\
&\qquad + (3.720 - 3.602)^2 + (3.860 - 3.602)^2] \\
&= 2.4288
\end{aligned}
$$

です。個人差の要因の平方和 SS_S は

$$
\begin{aligned}
SS_S &= a \sum_{i=1}^{n} (\bar{x}_{i.} - \bar{x}_{..})^2 \\
&= 4 \times [(3.675 - 3.602)^2 + (3.400 - 3.602)^2 + \cdots + (3.325 - 3.602)^2] \\
&= 2.6573
\end{aligned}
$$

です。また，誤差の平方和 SS_e の計算式は

$$
SS_e = \sum_{j=1}^{a} \sum_{i=1}^{n} (\bar{x}_{ij} - \bar{x}_{.j} - \bar{x}_{i.} + \bar{x}_{..})^2
$$

ですが，式 (11.7) より

$$
SS_e = SS_T - SS_A - SS_S
$$

11.2 参加者内要因の仮定 213

という関係がありますから，次式のように求めてもよいです。

$$SS_e = 6.8098 - 2.4288 - 2.6573 = 1.7237$$

以上により，要因 A（枚数）の検定統計量 F_0 と p 値は

$$F_0 = \frac{SS_A/(a-1)}{SS_e/[(a-1)(n-1)]} = \frac{2.4288/3}{1.7237/27} = 12.6897$$

$$p = \underbrace{Pr(12.6897 < F)}_{df=3,\ 27\ \text{の}\ F\text{分布}} = 0.000023$$

となり，有意水準 .05 で要因 A の主効果が認められます。また，個人差の有無を検定するための検定統計量 F_0 と p 値は

$$F_0 = \frac{SS_S/(n-1)}{SS_e/[(a-1)(n-1)]} = \frac{2.6573/9}{1.7237/27} = 4.6285$$

$$p = \underbrace{Pr(4.6285 < F)}_{df=9,\ 27\ \text{の}\ F\text{分布}} = 0.000913$$

ですから，評定値に個人差が認められます。分散分析表は**表 11.3** の通りです。

表 11.3　平均顔の評定値に関する分散分析表

変動因	平方和（SS）	自由度（df）	平均平方（MS）	F 統計量	p 値
枚数	2.429	3	0.810	12.690	.000023
個人差	2.657	9	0.295	4.629	.000913
誤差	1.724	27	0.064		
全体	6.810	39			

11.2 参加者内要因の仮定

11.2.1　球面性の仮定

参加者内要因では**球面性**（**球状性**，**等方性**；sphericity）仮定を満たす必要があります（Kirk, 2013）。球面性仮定とは，水準間の差得点，つまり $x_{ij} - x_{ij'}$（$j \neq j'$）の分散がすべての対の間で等しいとする仮定です。測定値が球面性仮定を満たしていないときは，自由度を調整して p 値を求めます。

球面性仮定を検定する方法としてモクリー（Mauchly, 1940），メンドーサ（Mendoza, 1980），ハリス（Harris, 1984）などが知られています。これらの検定は anovakun() 関数でも計算できますし，井関（2018）ではそれぞれの特徴が詳細に説明されています。このように複数の検定が考案されていますが，コーネルとヤングとシーマンとカーク（Cornell, Young, Seaman, & Kirk, 1992）は他の検定を含むシミュレーション研究の結果に基づいて，**局所最良不変検定**（locally best invariant test）を推奨しています。

さて，ここではハリス（Harris, 1984）の式（6）に基づく局所最良不変検定を紹介します。この方法は参加者内 1 要因の場合はジョン（John, 1971, 1972），杉浦（Sugiura, 1972），長尾（Nagao, 1973）の方法と一致し，球面性仮定が成り立つとき，次の W_u^* が自由度 $(a-1)a/2-1$ の χ^2 分布に従うことを利用して p 値を求めます。以下にその計算手順を示しますが，行列の演算（水田，2006）が必要になりますので，ひとまず計算手順を読み飛ばしても構いません。

$$W_u^* = \frac{(n-1)(a-1)}{2}\left\{\frac{(a-1)\text{trace}[(C'SC)^2]}{[\text{trace}(C'SC)]^2}-1\right\} \tag{11.12}$$

ここで，n は参加者数，a は水準数，S は測定値の不偏分散共分散行列，C は要因 A の帰無仮説を表現するために用いる $(a-1)\times a$ の正規直交行列，C' はその転置行列です。4 水準の場合，C として

$$C = \begin{bmatrix} 0.7071 & 0 & 0.5000 \\ -0.7071 & 0 & 0.5000 \\ 0 & 0.7071 & -0.5000 \\ 0 & -0.7071 & -0.5000 \end{bmatrix}$$

を利用することができます。trace(X) は行列 X のトレースですが，X の対角要素の総和のことです。

計算例

表 11.1 の評定値を用いて W_u^* を求めます。測定値の不偏分散共分散行列 S は

11.2 参加者内要因の仮定

$$S = \begin{bmatrix} 0.08444 & 0.05556 & 0.05444 & 0.04889 \\ 0.05556 & 0.10900 & 0.06378 & 0.07467 \\ 0.05444 & 0.06378 & 0.13511 & 0.04978 \\ 0.04889 & 0.07467 & 0.04978 & 0.15822 \end{bmatrix}$$

ですから

$$C'SC = \begin{bmatrix} 0.7071 & -0.7071 & 0 & 0 \\ 0 & 0 & 0.7071 & -0.7071 \\ 0.5000 & 0.5000 & -0.5000 & -0.5000 \end{bmatrix}$$

$$\times \begin{bmatrix} 0.08444 & 0.05556 & 0.05444 & 0.04889 \\ 0.05556 & 0.10900 & 0.06378 & 0.07467 \\ 0.05444 & 0.06378 & 0.13511 & 0.04978 \\ 0.04889 & 0.07467 & 0.04978 & 0.15822 \end{bmatrix}$$

$$\times \begin{bmatrix} 0.7071 & 0 & 0.5000 \\ -0.7071 & 0 & 0.5000 \\ 0 & 0.7071 & -0.5000 \\ 0 & -0.7071 & -0.5000 \end{bmatrix}$$

$$= \begin{bmatrix} 0.04116 & 0.00822 & 0.00373 \\ 0.00822 & 0.09688 & 0.00628 \\ 0.00373 & 0.00628 & 0.05347 \end{bmatrix}$$

となり

$$[\mathrm{trace}(C'SC)]^2 = (0.04116 + 0.09688 + 0.05347)^2 = 0.03668$$

です。また

$$(C'SC)^2 = \begin{bmatrix} 0.04116 & 0.00822 & 0.00373 \\ 0.00822 & 0.09688 & 0.00628 \\ 0.00373 & 0.00628 & 0.05347 \end{bmatrix} \begin{bmatrix} 0.04116 & 0.00822 & 0.00373 \\ 0.00822 & 0.09688 & 0.00628 \\ 0.00373 & 0.00628 & 0.05347 \end{bmatrix}$$

$$= \begin{bmatrix} 0.00178 & 0.00116 & 0.00040 \\ 0.00116 & 0.00949 & 0.00097 \\ 0.00040 & 0.00097 & 0.00291 \end{bmatrix}$$

216 第 11 章　参加者内 1 要因の分散分析を理解する

ですから

$$\text{trace}[(\boldsymbol{C'SC})^2] = 0.00178 + 0.00949 + 0.00291 = 0.01418$$

です。以上から，統計量 W_u^* は

$$W_u^* = \frac{(10-1) \times (4-1)}{2} \left\{ \frac{(4-1) \times 0.01418}{0.03668} - 1 \right\} = 2.1568$$

となります。自由度 (df) は $(a-1)\,a/2-1 = (4-1) \times 4/2-1 = 5$ ですから，p 値は自由度 5 の χ^2 分布において，χ^2 値が 2.1568 よりも大きい確率，すなわち

$$p = \underbrace{Pr(2.1568 < \chi^2)}_{df=5 \text{ の } \chi^2 \text{ 分布}} = 0.82705$$

です。

　カーク（Kirk, 2013）は参加者数が小さいときは有意水準を $\alpha = .25$ とし，10 名を超えるときは $\alpha = .15$ とすることを推奨していますが，この事例では $\alpha = .25$ としても有意ではありません。したがって，**表 11.3** に示した自由度を調整して p 値を求める必要はないと判断します。

11.2.2　自由度の調整

　球面性仮定が棄却された場合は自由度を調整します。要因 A と誤差の自由度へ乗じる修正項として，以下の値が提案されています。ここでは，参加者内 1 要因として計算式を示します。n は参加者数，a は水準数です。

1. **グリーンハウスとガイザー（Greenhouse-Geisser）の $\hat{\varepsilon}_{GG}$**

次式により計算します（Greenhouse & Geisser, 1959）。

$$\hat{\varepsilon}_{GG} = \frac{[\text{trace}(\boldsymbol{C'SC})]^2}{(a-1)\text{trace}[(\boldsymbol{C'SC})^2]} \tag{11.13}$$

2. **フィンとフェルトとルクルト（Huynh-Feldt-Lecoutre）の $\hat{\varepsilon}_{HFL}$**

$\hat{\varepsilon}_{GG}$ を用い，次式で計算します（Huynh & Feldt, 1976；Lecoutre, 1991）。

$$\hat{\varepsilon}_{HFL} = \frac{n(a-1)\hat{\varepsilon}_{GG} - 2}{(a-1)[n-1-(a-1)\hat{\varepsilon}_{GG}]} \tag{11.14}$$

11.2 参加者内要因の仮定

3. チーとミュラー (Chi-Muller) の $\hat{\varepsilon}_{CM}$

フィンとフェルトとルクルト (Huynh-Feldt-Lecoutre) の $\hat{\varepsilon}_{HFL}$ を用い，次式で計算します（Chi, Gribbin, Lamers, Gregory, & Muller, 2012）。

$$\hat{\varepsilon}_{CM} = \frac{\hat{\varepsilon}_{HFL}(v-2)(v-4)}{v^2} \tag{11.15}$$

ここで，$v = n - 2 + \dfrac{(n-1)(n-2)}{2}$

4. ガイザーとグリーンハウス (Geisser-Greenhouse) の $\hat{\varepsilon}_{LB}$

次式の修正項で自由度の最小値を与えます。この修正項を用いた検定は保守的 F 検定とよばれ（Geisser & Greenhouse, 1958），それ以外の修正項を用いた検定は調整済み F 検定とよばれることがあります。

$$\hat{\varepsilon}_{LB} = \frac{1}{a-1} \tag{11.16}$$

計算例

表 11.3 の評定値の場合，以上の修正項の値は以下の通りです。この数値例の $\hat{\varepsilon}_{HFL}$ や $\hat{\varepsilon}_{CM}$ のように修正項の値は 1 を超えることがありますが，そのときは 1 としますので自由度を修正する必要はありません。$\hat{\varepsilon}_{CM}$ の計算に必要な v は $v = 10 - 2 + (10-1) \times (10-2)/2 = 44$ です。

$$\hat{\varepsilon}_{GG} = \frac{0.03668}{(4-1) \times 0.01418} = 0.8622$$

$$\hat{\varepsilon}_{HFL} = \frac{10 \times (4-1) \times 0.8622 - 2}{(4-1) \times [10-1-(4-1) \times 0.8622]} = 1.2404$$

$$\hat{\varepsilon}_{CM} = \frac{1.2404 \times (44-2)(44-4)}{44^2} = 1.0764$$

$$\hat{\varepsilon}_{LB} = \frac{1}{4-1} = 0.3333$$

このように複数の修正項が提案されていますが，様々な意見があり，使い分けの絶対的な基準はないように思われます。真の修正項の値が 0.75 以上であると判断するならフィンとフェルトとルクルトの $\hat{\varepsilon}_{HFL}$ を使い，0.75 以上であ

ると判断するならグリーンハウスとガイザーの $\hat{\varepsilon}_{GG}$ を利用するのもよいですが（Howell, 2013），真の値は未知ですから，選択に迷います。また，スティーブンス（Stevens, 1992）は 2 つの修正項（$\hat{\varepsilon}_{GG}$ と $\hat{\varepsilon}_{HFL}$）の平均を用いることができるとしています。チーとミュラーの $\hat{\varepsilon}_{CM}$ は第 1 種の誤り率を適切に統制し，妥当な検定力を持ちますので（Chi, Gribbin, Lamers, Gregory, & Muller, 2012），$\hat{\varepsilon}_{CM}$ を選択するのもよいと思います。こうした修正項は井関（2018）の anovakun() 関数でも計算できますし，それぞれの特徴が詳しく説明されています。

いずれの修正項を用いても，自由度は次式のように修正し，p 値を求めます。

要因 A の自由度 $= (a-1) \times$ 修正項 　　　　　　　　　　　　(11.17)

誤差の自由度 $= (a-1)(n-1) \times$ 修正項 　　　　　　　　　(11.18)

計算例

この事例では自由度の修正は必要ありませんが，仮にグリーンハウスとガイザーの修正項 $\hat{\varepsilon}_{GG}$ を用いて修正すると，修正後の自由度は次の通りです。

要因 A の自由度 $= (4-1) \times 0.8622 = 2.5866$

誤差の自由度 $= (4-1)(10-1) \times 0.8622 = 23.2794$

自由度を修正しても，式 (11.8) の F_0 を定義する分子と分母を同じ修正項で割るだけですから，F_0 の値は変わりません。したがって，この自由度を用いた p 値は次の通りです。

$$p = \underbrace{Pr(12.6897 < F)}_{df=2.5866,\ 23.2794\ の\ F 分布} = 0.000072$$

11.3 平均値の多重比較

表 11.3 にまとめた通り，要因 A（枚数）の主効果が有意となりましたので，水準間で平均値の多重比較を行います。多重比較ではボンフェローニの方法やホルムの方法を用いて有意水準を調整しますが，そのためには平均値差の検定

11.3 平均値の多重比較 219

を行って p 値を求める必要があります。その平均値差の検定には，分散分析で
得られた誤差の平均平方 MS_e を用いる t 検定と対応のある t 検定（第6章）が
あります。

球面性仮定が成り立つときは前者の方法を利用することができますが，ここ
では，すべての水準間で平均値差を検定することを前提として，両者の計算手
続きを見ておきます。

11.3.1 誤差の平均平方 MS_e を用いる t 検定

誤差の平均平方 MS_e を用いて水準 l と水準 m の平均値差を検定する t 統計
量は次の通りです。

$$t_{lm} = \frac{|\bar{x}_{.l} - \bar{x}_{.m}|}{\sqrt{\dfrac{2MS_e}{n}}} \tag{11.19}$$

両側対立仮説としましたので，平均値差の絶対値を取っています。t 統計量の
自由度は誤差の自由度 $(a-1)(n-1)$ です。

計算例

表 11.3 の分散分析表では $MS_e = 0.0638$ ですから，t 統計量と p 値は次の通
りです。参照する t 分布の自由度は $(4-1) \times (10-1) = 27$ です。

$$t_{12} = \frac{|3.200 - 3.630|}{\sqrt{2 \times 0.0638/10}} = 3.8067, \quad t_{13} = \frac{|3.200 - 3.720|}{\sqrt{2 \times 0.0638/10}} = 4.6034$$

$$t_{14} = \frac{|3.200 - 3.860|}{\sqrt{2 \times 0.0638/10}} = 5.8428, \quad t_{23} = \frac{|3.630 - 3.720|}{\sqrt{2 \times 0.0638/10}} = 0.7967$$

$$t_{24} = \frac{|3.630 - 3.860|}{\sqrt{2 \times 0.0638/10}} = 2.0361, \quad t_{34} = \frac{|3.720 - 3.860|}{\sqrt{2 \times 0.0638/10}} = 1.2394$$

$$p_{12} = 0.000736, \quad p_{13} = 0.000088$$
$$p_{14} = 0.000003, \quad p_{23} = 0.432552$$
$$p_{24} = 0.051658, \quad p_{34} = 0.225872$$

220　　第 11 章　参加者内 1 要因の分散分析を理解する

1.　ボンフェローニの方法

　水準数を a とすると平均値差を検定する回数は

$$k = \frac{a(a-1)}{2} = \frac{4 \times (4-1)}{2} = 6$$

ですから，ファミリーワイズの第 1 種の誤り率 α_F を .05 とすると，比較あたりの第 1 種の誤り率 α_C は

$$\alpha_C = \frac{\alpha_F}{k} = \frac{.05}{6} = 0.008333$$

です。この .008333 よりも小さい p 値は p_{12}，p_{13}，p_{14} ですから，水準 1 と水準 2 の間，水準 1 と水準 3 の間，水準 1 と水準 4 の間に有意差を認めることができます。

2.　ホルムの方法

　ホルムの方法（p.191）ではファミリーワイズの第 1 種の誤り率 α_F を .05 とした場合，比較あたりの第 1 種の誤り率 α_C（式(10.16)）は，

$$\alpha_{C_1} = \frac{.05}{6-(1-1)} = 0.008333, \qquad \alpha_{C_2} = \frac{.05}{6-(2-1)} = 0.010000$$

$$\alpha_{C_3} = \frac{.05}{6-(3-1)} = 0.012500, \qquad \alpha_{C_4} = \frac{.05}{6-(4-1)} = 0.016666$$

$$\alpha_{C_5} = \frac{.05}{6-(5-1)} = 0.025000, \qquad \alpha_{C_6} = \frac{.05}{6-(6-1)} = 0.050000$$

です。平均値差の検定で得られた p 値を小さい方から大きい方へ並べると，比較あたりの第 1 種の誤り率との関係は次の通りです。水準 1 と水準 4 の間，水準 1 と水準 3 の間，水準 1 と水準 2 の間に有意差を認めることができます。

$$p_{(1)} = p_{14} = 0.000003 \quad < \quad \alpha_{C_1} = 0.008333$$

$$p_{(2)} = p_{13} = 0.000088 \quad < \quad \alpha_{C_2} = 0.010000$$

$$p_{(3)} = p_{12} = 0.000736 \quad < \quad \alpha_{C_3} = 0.012500$$

$$p_{(4)} = p_{24} = 0.051658 \quad > \quad \alpha_{C_4} = 0.016666$$

$$p_{(5)} = p_{23} = 0.432552 \quad > \quad \alpha_{C_5} = 0.025000$$

$$p_{(6)} = p_{34} = 0.225872 \quad > \quad \alpha_{C_6} = 0.050000$$

11.3.2 対応のある2標本のt検定

参加者iの水準lと水準mの差得点を

$$x_{ilm} = x_{il} - x_{im} \tag{11.20}$$

とします。そして，その平均値$\bar{x}_{.lm}$と不偏分散$u^2(x_{lm})$を次式（式(6.3)）に代入してt統計量を求め，自由度$n-1$のt分布を参照してp値を求めます。

$$t_{lm} = \frac{|\bar{x}_{.lm}|}{\sqrt{\dfrac{u^2(x_{lm})}{n}}} \tag{11.21}$$

計算例

t統計量とp値は次の通りです。参照するt分布の自由度は$10-1=9$です。両側対立仮説とします。

$$t_{12} = \frac{|3.200 - 3.630|}{\sqrt{0.0823/10}} = 4.7399, \quad t_{13} = \frac{|3.200 - 3.720|}{\sqrt{0.1107/10}} = 4.9423$$

$$t_{14} = \frac{|3.200 - 3.860|}{\sqrt{0.1449/10}} = 5.4829, \quad t_{23} = \frac{|3.630 - 3.720|}{\sqrt{0.1166/10}} = 0.8335$$

$$t_{24} = \frac{|3.630 - 3.860|}{\sqrt{0.1179/10}} = 2.1182, \quad t_{34} = \frac{|3.720 - 3.860|}{\sqrt{0.1938/10}} = 1.0057$$

$$p_{12} = 0.001059, \quad p_{13} = 0.000800$$
$$p_{14} = 0.000389, \quad p_{23} = 0.426130$$
$$p_{24} = 0.063222, \quad p_{34} = 0.340832$$

1. ボンフェローニの方法

ボンフェローニの方法を用いた場合，比較あたりの第1種の誤り率α_Cは.008333ですから，水準1と水準2の間，水準1と水準3の間，水準1と水準4の間に有意差を認めることができます。

2. ホルムの方法

平均値差の検定で得られたp値を小さい方から大きい方へ並べると，比較あたりの第1種の誤り率と関係は次の通りです。ボンフェローニの方法を用いた

222 第 11 章 参加者内 1 要因の分散分析を理解する

場合と同様に水準 1 と水準 4 の間，水準 1 と水準 3 の間，水準 1 と水準 2 の間に有意差を認めることができます。

$$p_{(1)} = p_{14} = 0.000389 \quad < \quad \alpha_{C_1} = 0.008333$$
$$p_{(2)} = p_{13} = 0.000800 \quad < \quad \alpha_{C_2} = 0.010000$$
$$p_{(3)} = p_{12} = 0.001059 \quad < \quad \alpha_{C_3} = 0.012500$$
$$p_{(4)} = p_{24} = 0.063222 \quad > \quad \alpha_{C_4} = 0.016666$$
$$p_{(5)} = p_{34} = 0.340832 \quad > \quad \alpha_{C_5} = 0.025000$$
$$p_{(6)} = p_{23} = 0.426130 \quad > \quad \alpha_{C_6} = 0.050000$$

11.4 効 果 量

11.4.1 要因の効果量

η^2（イータ 2 乗），η_p^2（偏イータ 2 乗），ε^2（イプシロン 2 乗），ω^2（オメガ 2 乗）の定義式は次の通りです。

$$\eta^2 = \frac{SS_A}{SS_T} \tag{11.22}$$

$$\eta_p^2 = \frac{SS_A}{SS_A + SS_e} \tag{11.23}$$

$$\varepsilon^2 = \frac{SS_A - df_A MS_e}{SS_T} \tag{11.24}$$

$$\omega^2 = \frac{SS_A - df_A MS_e}{SS_T + MS_S} \tag{11.25}$$

計算例

効果量の値は表 11.3 に示す数値を用いて計算することができ，順に次の通りです。参加者間 1 要因の場合と同様に ε^2 と ω^2 の値はほぼ等しいです。

$$\eta^2 = \frac{2.4288}{6.8098} = 0.3567, \qquad \eta_p^2 = \frac{2.4288}{2.4288 + 1.7237} = 0.5849$$

$$\varepsilon^2 = \frac{2.4288 - 3 \times 0.0638}{6.8098} = 0.3286, \quad \omega^2 = \frac{2.4288 - 3 \times 0.0638}{6.8098 + 0.2953} = 0.3149$$

11.4.2 標準化平均値差

水準 l と水準 m の間の標準化平均値差は

$$d_{lm} = \frac{t_{lm}}{\sqrt{n}} \tag{11.26}$$

として求めることができます。t_{lm} は平均値差の検定で用いた t 統計量です。

計算例

誤差の平均平方 MS_e を用いた t 統計量を利用して求めた標準化平均値差は次の通りです。

$$d_{12} = \frac{t_{12}}{\sqrt{n}} = \frac{3.8067}{\sqrt{10}} = 1.2038, \quad d_{13} = \frac{t_{13}}{\sqrt{n}} = \frac{4.6034}{\sqrt{10}} = 1.4557$$

$$d_{14} = \frac{t_{14}}{\sqrt{n}} = \frac{5.8428}{\sqrt{10}} = 1.8477, \quad d_{23} = \frac{t_{23}}{\sqrt{n}} = \frac{0.7967}{\sqrt{10}} = 0.2519$$

$$d_{24} = \frac{t_{24}}{\sqrt{n}} = \frac{2.0361}{\sqrt{10}} = 0.6439, \quad d_{34} = \frac{t_{34}}{\sqrt{n}} = \frac{1.2394}{\sqrt{10}} = 0.3919$$

また，対応のある 2 標本の t 検定の結果を用いた値は次の通りです。

$$d_{12} = \frac{t_{12}}{\sqrt{n}} = \frac{4.7389}{\sqrt{10}} = 1.4986, \quad d_{13} = \frac{t_{13}}{\sqrt{n}} = \frac{4.9430}{\sqrt{10}} = 1.5631$$

$$d_{14} = \frac{t_{14}}{\sqrt{n}} = \frac{5.4831}{\sqrt{10}} = 1.7339, \quad d_{23} = \frac{t_{23}}{\sqrt{n}} = \frac{0.8336}{\sqrt{10}} = 0.2636$$

$$d_{24} = \frac{t_{24}}{\sqrt{n}} = \frac{2.1183}{\sqrt{10}} = 0.6699, \quad d_{34} = \frac{t_{34}}{\sqrt{n}} = \frac{1.0057}{\sqrt{10}} = 0.3180$$

11.5 R を用いた分散分析と多重比較

11.5.1 分散分析と多重比較

anovakun() 関数（井関, 2018）を用いて分散分析と多重比較を行います。ここでは，表 11.1 に示す魅力度評定値の分散分析を行い，枚数の効果を検証します。参加者ごとに 1 行を用いて 4 水準の魅力度評定値を**魅力度評定値（sA）.**

224 第11章　参加者内1要因の分散分析を理解する

xlsx（図11.1）に保存します。ファイルの先頭行に変数名を入れますが，このファイルでは水準名の a1，a2，a3，a4 を使いました。

	A	B	C	D
1	a1	a2	a3	a4
2	3.0	3.5	4.0	4.2
3	3.1	3.5	3.6	3.4
4	3.8	4.0	4.3	3.9
5	3.2	3.3	3.9	3.8
6	3.5	4.2	4.1	4.6
7	3.2	3.1	3.3	3.5
8	3.2	3.7	3.5	4.2
9	3.2	3.9	3.7	3.6
10	3.1	3.6	3.1	4.0
11	2.7	3.5	3.7	3.4

図11.1　エクセルファイルに保存した魅力度評定値

■命令文（先頭の数値と：記号は説明のためのものです）

```
1: library(openxlsx)        # openxlsxパッケージの読み込み
2: setwd("K:/データファイル") # ディレクトリの変更
3: source("anovakun_482.txt") # anovakun()関数の読み込み
4: mydata <- read.xlsx("魅力度評定値 (sA).xlsx")
5: anovakun(mydata, "sA", 4, holm = T, criteria = T,
     eta = T, peta = T, eps = T, omega = T, har = T)
```

■命令文の意味

5: 引数はデータを代入した変数名（mydata），分散分析のタイプ（参加者内1要因は"sA"），水準数（4）です。har = T は球面性検定としてハリスの検定を指定します。

■実　行　結　果

検定統計量 W_u^* は approx.Chi，自由度は df です。p 値は p ですが，長尾（Nagao, 1973）に基づいて算出されていますので，p.216 で求めた値（0.82705）とやや異なります。その p 値は 0.8060 ですから，自由度の修正は不要です。また，ガイザーとグリーンハウスの $\hat{\varepsilon}_{LB}$ は LB，グリーンハウスとガイザーの

11.5 Rを用いた分散分析と多重比較

$\hat{\varepsilon}_{GG}$ は GG，フィンとフェルトとルクルトの $\hat{\varepsilon}_{HFL}$ は HF，チーとミュラーの $\hat{\varepsilon}_{CM}$ は CM です。

Source の s は個人差要因，A は要因 A，s x A は誤差です。要因 A の p 値が 0.0000 となっていますが，正確な値は 0.000023 です。

多重比較は対応のある 2 標本の t 検定で得られた p 値にホルムの方法を適用しています。Pair は対比較をする水準，Diff は平均値差，t-value は検定統計量の t 値，df はその自由度，p は p 値，adj.p はホルムの方法に基づく比較あたりの第 1 種の誤り率 α_C です。p の値が adj.p よりも小さい対では平均値差が有意であると判断します。最右列より，水準 1 の平均値より水準 2，水準 3，水準 4 の平均値が有意に大きいことがわかります。

```
[ sA-Type Design ]

<< SPHERICITY INDICES >> # ハリスの球面性検定と自由度の修正項

== Harris's Multisample Sphericity Test and Epsilons ==

-----------------------------------------------------------
 Effect  h_hat  approx.Chi  df     p        LB     GG
-----------------------------------------------------------
      A 23.2768     2.1594   5 0.8060 ns  0.3333 0.8621
-----------------------------------------------------------
            LB = lower.bound, GG = Greenhouse-Geisser
            HF = Huynh-Feldt-Lecoutre, CM = Chi-Muller

-----------------
    HF     CM
-----------------
 1.2402 1.0762
-----------------

<< ANOVA TABLE >> # 分散分析表

-------------------------------------------------
 Source    SS   df    MS  F-ratio  p-value
-------------------------------------------------
     s 2.6573   9 0.2953
-------------------------------------------------
     A 2.4288   3 0.8096 12.6809   0.0000 ***
 s x A 1.7238  27 0.0638
-------------------------------------------------
 Total 6.8098  39 0.1746
```

第11章　参加者内1要因の分散分析を理解する

```
# 効果量（イータ2乗，偏イータ2乗，イプシロン2乗，オメガ2乗）
---------------------------------------
  eta^2  p.eta^2  epsilon^2  omega^2
---------------------------------------

---------------------------------------
 0.3567   0.5849    0.3285    0.3149

---------------------------------------
+p < .10, *p < .05, **p < .01, ***p < .001


<< POST ANALYSES >> # 事後分析

< MULTIPLE COMPARISON for "A" > # 要因Aの多重比較

== Holm's Sequentially Rejective Bonferroni Procedure ==
== The factor < A > is analysed as dependent means. ==
== Alpha level is 0.05. == # ファミリーワイズの第1種の誤り率

# 多重比較
-----------------------------------------------------------
  Pair    Diff   t-value  df      p    adj.p
-----------------------------------------------------------
 a1-a4  -0.6600   5.4831   9  0.0004  0.0083   a1 < a4 *
 a1-a3  -0.5200   4.9430   9  0.0008  0.0100   a1 < a3 *
 a1-a2  -0.4300   4.7389   9  0.0011  0.0125   a1 < a2 *
 a2-a4  -0.2300   2.1183   9  0.0632  0.0167   a2 = a4
 a3-a4  -0.1400   1.0057   9  0.3408  0.0250   a3 = a4
 a2-a3  -0.0900   0.8336   9  0.4261  0.0500   a2 = a3
-----------------------------------------------------------
```

コラム 11.1 パラメトリック検定とノンパラメトリック検定

平均値差に関する t 検定や分散分析のように，変数の分布が母数（平均値，分散）によって規定されることを前提としている検定は**パラメトリック検定**（parametric test），母数で分布を規定しない検定は**ノンパラメトリック検定**（nonparametric test）とよばれます。他にも分布によらない検定（distribution-free test）があり，厳密にはノンパラメトリック検定と区別されますが，両者をノンパラメトリック検定とよぶことが多いです。

ノンパラメトリック検定は変数の分布形を仮定しませんから，名義尺度や順序尺度をなす変数に適用します。本書で説明したマクネマー検定や順位相関係数に関する検定はノンパラメトリック検定の一種です。また，間隔尺度や比率尺度をなす変数でも，変数の分布が検定の前提を満たさないときは利用することができます。

他にも多数のノンパラメトリック検定が提案されています（岩原, 1964；岩崎, 2006；村上, 2015）が，独立した 2 標本の分布の位置を比較する**ウィルコクソンの順位和検定**（Wilcoxon rank-sum test），それと同一の結果を与える**マン-ホイットニーの U 検定**（Mann-Whitney U test），分布の同等性を検定する**ブルナー-ムンツェルの検定**（Brunner-Munzel test），さらに，ウィルコクソンの順位和検定を 3 標本以上へ拡張した**クラスカル-ウォリスの順位和検定**（Kruskal-Wallis rank sum test；Kruskal-Wallis one-way analysis of variance），中央値を比較する**中央値検定**（median test）などがあります。

また，対応のある 2 標本の分布の同等性を検定する**ウィルコクソンの符号付き検定**（Wilcoxon matched-pairs signed-ranks test），**符号検定**（sign test），さらに，対応のある 3 標本以上へ適用する**フリードマン検定**（Friedman test；Friedman two-way analysis of variance）などがあります。

ノンパラメトリック検定を行うための関数は exactRankTests（Hothorn & Hornik, 2019）パッケージ，coin（Hothorn, Winell, Hornik, van de Wiel, & Zeileis, 2019）パッケージなどで利用することができます。

228　　第 11 章　参加者内 1 要因の分散分析を理解する

> ### コラム 11.2　確率化検定
>
> 　パラメトリック検定とノンパラメトリック検定は標本が母集団からの無作
> 為抽出であることを前提としています。これに対し，**確率化検定（ランダマ
> イゼーション・テスト，無作為化検定**；randomization test）は標本が母集団か
> らの無作為標本であること仮定しません。確率化検定は参加者が複数の条件へ
> 無作為に割り付けられていることだけを仮定して検定を行い，結論を参加者の
> みに適用します（橘, 1997）。
>
> 　例えば，20 名の参加者を実験群 10 名と統制群 10 名とに無作為に分けて介
> 入し，次の測定値を得たとします。平均値は実験群が 17.8，統制群が 14.3，
> その平均値の差は 3.5 です。
>
> 　　実験群：17, 16, 23, 19, 18, 13, 15, 14, 21, 22
>
> 　　統制群：10, 13, 13, 11, 14, 18, 17, 20, 11, 16
>
> 　実験群の 1 番の参加者の測定値は 17 ですが，真に実験効果がなく，しかも
> 参加者が無作為に実験群と統制群に配置されていたとしたら，統制群でも 17
> となる参加者がいても不思議ではありません。そこで，全参加者 20 名から無
> 作為に 10 名を選び（実験群），残る 10 名（統制群）との平均値差を求めます。
> 続けて同様に，参加者 20 名を 2 群へ無作為に分けて平均値差を求めます。こ
> れを何度も反復して平均値差の分布を作成すると，実験効果がないときの平均
> 値差の分布となります。そこで，確率化検定はこの平均値差の分布において，
> 平均値差の絶対値が 3.5 以上の割合を p 値とします。
>
> 　20 名を 10 名ずつの 2 群へ分けるすべての組合せ（$_{20}C_{10} = 184{,}756$）につい
> て平均値差を求めると，その絶対値が 3.5 よりも大きい組合せが 5316 通り，
> 3.5 に等しい組合せが 2074 通りありました。p 値は奥村（2016）に倣い，3.5
> よりも大きい組合せの割合に，3.5 と等しい組合せの割合の半分を加えた次の
> 値とします。$p < .05$ ですから有意差が認められます。
>
> $$p = \frac{5316}{184756} + \frac{1}{2} \times \frac{2074}{184756} = 0.03439$$
>
> ここでは両側検定としましたが，片側検定も可能です。

参 考 図 書

橋本 貴充・荘島 宏二郎（2016）. 実験心理学のための統計学 ── t 検定と分散分析 ── 誠信書房

岩原 信九郎（1964）. ノンパラメトリック法 ── 新しい教育・心理統計 ── （新版） 日本文化科学社

山内 光哉（2008）. 心理・教育のための分散分析と多重比較 ── エクセル・SPSS 解説付き ── サイエンス社

復 習 問 題

1. 中学 1 年生男子 8 名にヨハネス・フェルメール（Johannes Vermeer）作品の魅力度を 25 点満点で尋ねたところ，表 11.4 の結果を得ました。魅力度の平均値差を検定してください。

表 11.4　フェルメール 5 作品の魅力度評定値（中学生男子 8 名）

参加者	牛乳を注ぐ女	ワイングラス	真珠の首飾りの女	手紙を書く女	赤い帽子の娘
1	12	15	18	14	11
2	14	15	16	18	15
3	17	10	16	12	13
4	16	13	21	16	16
5	15	9	14	13	9
6	16	10	21	14	17
7	12	8	15	13	7
8	17	10	17	16	13
平均値	14.875	11.250	17.250	14.500	12.625
標準偏差	2.031	2.712	2.605	2.000	3.462

数値が大きいほど魅力度が高いことを表します。

第12章
参加者間2要因の分散分析を理解する

分散分析は複数の要因を組み合わせて従属変数に与える影響の強さを調べることができます。要因を複数にした分散分析は要因の主効果に加え，要因の交互作用を分析できるところに特徴があります。本章では参加者間の2要因の分散分析に焦点を当て，要因の主効果と交互作用，さらに単純主効果と多重比較法などについて学びます。

12.1 分散分析の原理

幼児期に虐待を受けた子どもほど非行に走りやすいといわれることがありますが，そうとは単純にいえません。モノアミン酸化酵素A遺伝子（MAOA）の活性化に着目して，受けた虐待の強さと反社会的行動の関係を調べた研究があります（Caspi, McClay, Moffitt, Mill, Martin, Craig, Taylor, & Poulton, 2002；原田, 2015）。その研究によれば，遺伝的にモノアミン酸化酵素A遺伝子（MAOA）の活性化が低い子に限り，虐待を受けたときに反社会的行動が強く表れるようです。

表12.1は30名の研究参加者を幼児期に受けた虐待経験で3群に分け，さらに，モノアミン酸化酵素A遺伝子（MAOA）の活性化の強さで2群に分け，反社会的行動得点を示したものです。

このデータを用い，受けた虐待の程度およびMAOAの活性化の高さと反社会的行動得点との関係を分析しますが，要因が2つになりますので，表12.1では受けた虐待の程度を要因A，その水準をa_1（まったくない），a_2（ある程

第 12 章　参加者間 2 要因の分散分析を理解する

表 12.1　反社会的行動得点 (30 名)

要因 A (虐待の程度)	番号	要因 B (MAOA 活性化)		
		b_1 (低)	b_2 (高)	
	1	3	1	
a_1	2	1	3	平均値
(まったくない)	3	2	6	3.100
	4	4	3	$(\bar{x}_{1.})$
	5	5	3	
平均値		3.000 $(\bar{x}_{11})$	3.200 $(\bar{x}_{12})$	
	1	4	4	
a_2	2	3	3	平均値
(ある程度)	3	4	2	4.400
	4	7	5	$(\bar{x}_{2.})$
	5	5	7	
平均値		4.600 $(\bar{x}_{21})$	4.200 $(\bar{x}_{22})$	
	1	7	2	
a_3	2	7	3	平均値
(峻烈)	3	9	4	5.700
	4	6	4	$(\bar{x}_{3.})$
	5	9	6	
平均値		7.600 $(\bar{x}_{31})$	3.800 $(\bar{x}_{32})$	
平均値		5.067 $(\bar{x}_{.1})$	3.733 $(\bar{x}_{.2})$	平均値
				4.400 $(\bar{x}_{..})$

カスピら (Caspi et al., 2002) と原田 (2015) を参考にして作成しましたが, 研究結果を正確に再現する値ではありません。

度), a_3 (峻烈) としました。また, MAOA の活性化の高さを要因 B とし, その水準を b_1 (低), b_2 (高) としました。要因 A に 3 水準あり, 要因 B に 2 水準ありますから, 水準の組合せは 3×2 で 6 通りになります。この 6 つの組合せは**セル** (cell) とよばれ, すべてのセルに参加者がいますので, 参加者間 2 要因の分散分析を用いて要因と従属変数の関係を検討することができます。

表 12.1 に示す 6 セルの平均値を**図 12.1** にプロットしました。横軸を要因 A の 3 水準とし, MAOA の活性化が低い水準 (b_1) の平均値を●印, 活性化が高い水準 (b_2) の平均値を■印で示し, 同一水準の平均値を線分で結びました。

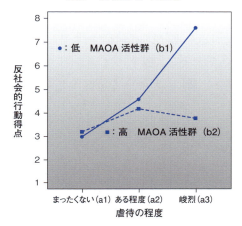

図 12.1 水準別の反社会的行動得点の平均値

1. 主効果

1要因の分散分析と同様に2要因の分散分析でも主効果を検討することができます。要因 A の主効果は，要因 B の水準を無視したときの水準 a_1，水準 a_2，水準 a_3 の間の平均値の違いになります。表 12.1 に示す通り，要因 A の3水準の平均値は 3.100（水準 a_1），4.400（水準 a_2），5.700（水準 a_3）ですが，この母平均値が異なれば要因 A の主効果が認められます。要因 A には水準が3つありますから，主効果が認められたときは多重比較を行います。

要因 B の主効果は，要因 A の水準を無視したときの水準 b_1 と水準 b_2 の平均値差です。要因 B の2水準の平均値は 5.067（水準 b_1）と 3.733（水準 b_2）です。この母平均値が異なれば要因 B の主効果が認められますが，要因 B には2つの水準しかないですから，主効果が有意なときは多重比較を行うまでもなく，2水準に有意差があるといえます。

2. 単純主効果

図 12.1 において，水準 b_1（●印；MAOA の活性化が低い）に限定して要因 A の3水準で平均値を比べると，水準 a_3（峻烈な虐待を受けた）では水準 a_1（虐待を受けたことがない）および水準 a_2（ある程度受けた）よりも，反社会的行動が強く表れていることがわかります。これは水準 b_1 における要因 A の

主効果ですが，水準 b_1 に限定された要因 A の主効果ですから，**単純主効果**（**単純効果**；simple main effect）とよばれ，主効果と区別されます。単純主効果が統計的に認められたときは，多重比較を行って水準間で平均値の差を検定します。また，水準 b_2（■印；MAOA の活性化が高い）に限定すると，要因 A の 3 水準で平均値に大きな違いはないですから，水準 b_2 における要因 A の単純主効果はありません。

　一方，要因 A の水準を 1 つずつ固定して要因 B の平均値を見ていきますと，水準 a_1（虐待がまったくない）と水準 a_2（虐待をある程度受けた）では，水準 b_1（MAOA の活性化が低い）と水準 b_2（MAOA の活性化が高い）の間で反社会的行動得点の平均値に変わりはないようです。ところが，水準 a_3（受けた虐待が峻烈）では，水準 b_1（MAOA の活性化が低い）で反社会的行動が強く現れていますが，水準 b_2（MAOA の活性化が高い）でそれが抑制されていますので，水準 a_3 で要因 B の単純主効果が見られます。このような単純主効果が認められたときは水準間で平均値の差を多重比較しますが，要因 B の水準は 2 つですから，水準 b_1 と水準 b_2 の間で差があることは明らかです。水準数が 2 つの場合は多重比較の必要はありません。

3. 交 互 作 用

　図 12.1 を見ますと，水準 a_1 と水準 a_2 では要因 B の 2 水準の間に平均値差はありませんが，水準 a_3 では水準 b_1 と水準 b_2 の平均値は大きく異なります。このように要因 B の効果の大きさが要因 A の水準に依存して変わるとき，要因 A と要因 B の**交互作用**（interaction）があるといいます。2 要因の分散分析はこうした交互作用の有無を確認するために行われることが多く，実際，カスピら（Caspi et al., 2002）はモノアミン酸化酵素 A 遺伝子（MAOA）の活性化と虐待の程度の関係に着目して，MAOA の活性化が低い子に限り（水準 b_1），虐待を受けたときに（水準 a_3）反社会的行動が強く表れるという交互作用を示しました。2 つの要因ごとに 1 要因の分散分析を行っては，この交互作用を検出することはできません。

　ところで，**図 12.2** に 2 要因分散分析に基づく 4 通りの平均値をプロットしました。横軸が要因 A の 3 水準（a_1，a_2，a_3），●印が要因 B の水準 b_1，■印

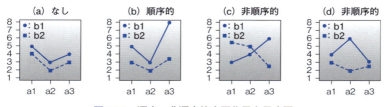

図 12.2　順序・非順序的交互作用を示す図

が水準 b_2 です．図 (a) では要因 A のすべて水準において水準 b_1 と水準 b_2 の平均値差が等しいですから，2 要因の間に交互作用はありません．これに対し，図 (b)，図 (c)，図 (d) では要因 B の効果が要因 A の水準に依存して変わりますから，2 要因の間に交互作用が認められます．

さらに図を詳しく見ていきますと，図 (b) では水準 b_1 と水準 b_2 の効果の大きさが，2 つの水準とも「水準 $a_2 <$ 水準 $a_1 <$ 水準 a_3」という関係にあります．このように，一方の要因の効果が他方の要因において同一の順序性を示す交互作用は特に**順序的交互作用**（ordinal interaction）とよばれます．一方，図 (c) では平均値を結んだ線分が交差していますので順序性がありません．また，図 (d) では平均値を結んだ線分が交差していませんが，要因 A と要因 B を入れ替えて要因 B の 2 水準を横軸に取り，6 セルの平均値をプロットすると線分が交差します．つまり，図 (c) と図 (d) では図 (b) のような順序性がありません．このような交互作用は**非順序的交互作用**（disordinal interaction）とよばれます．

図 12.3 に 2 要因の分散分析とその事後分析の関係を示します．図示したように，2 要因の間に交互作用があるときは単純主効果の大きさを検討して，一

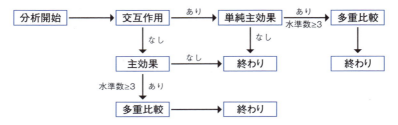

図 12.3　2 要因分散分析とその事後分析との関係（山際・服部，2016）

236 第 12 章　参加者間 2 要因の分散分析を理解する

般に主効果を検討しません。しかし，図 12.2 の図（b）のような順序的交互作用があり，要因 B の単純主効果がすべて有意であれば，水準 b_1 の効果は水準 b_2 よりも大きいと解釈できます。

12.1.1　構造モデル

測定値 x_{ijk} を要因 A の水準 j，要因 B の水準 k における参加者 i の測定値とします。2 要因分散分析は参加者間 1 要因の構造モデル（式 (10.4)）を 2 要因へ展開し，測定値 x_{ijk} を次のように分解します。

$$x_{ijk} = \mu + \underbrace{(\mu_{.j.} - \mu)}_{\tau_j:水準 j の効果} + \underbrace{(\mu_{..k} - \mu)}_{\kappa_k:水準 k の効果} + \underbrace{(\mu_{.jk} - \mu_{.j.} - \mu_{..k} + \mu)}_{\tau\kappa_{jk}:水準 j と水準 k の交互作用}$$
$$+ \underbrace{(x_{ijk} - \mu_{.jk})}_{\varepsilon_{ijk}:誤差} \tag{12.1}$$

ここで，μ は全平均，τ_j は全平均を基準とする要因 A の水準 j の効果，κ_k は全平均を基準とする要因 B の水準 k の効果，$\tau\kappa_{jk}$ は要因 A の水準 j と要因 B の水準 k の交互作用です。$\tau\kappa_{jk}$ は τ_j と κ_k の積ではなく，$\tau\kappa_{jk}$ で 1 つの効果を示します。ε_{ijk} は 2 つの要因とその交互作用では説明できない測定値の変動，つまり誤差です。誤差は独立して同一の正規分布に従うと仮定されます。$\tau\kappa_{jk}$ は

$$\tau\kappa_{jk} = (\mu_{.jk} - \mu_{.j.} - \mu_{..k} + \mu) = \underbrace{(\mu_{.jk} - \mu)}_{複合効果} - \underbrace{(\mu_{.j.} - \mu)}_{\tau_j:水準 j の効果} - \underbrace{(\mu_{..k} - \mu)}_{\kappa_k:水準 k の効果}$$

と書き換えることができますので，$\tau\kappa_{jk}$ は要因 A の水準 j と要因 B の水準 k の単独効果を除いても説明できない jk セル固有に現れる 2 要因の複合効果です。

構造モデルにおいて

$$\sum_{j=1}^{a} \tau_j^2 = \sum_{j=1}^{a} (\mu_{.j.} - \mu)^2 = 0 \tag{12.2}$$

$$\sum_{k=1}^{b} \kappa_k^2 = \sum_{k=1}^{b} (\mu_{..k} - \mu)^2 = 0 \tag{12.3}$$

が成り立つときは，それぞれ要因 A と要因 B の主効果がありません。ここで，a は要因 A の水準数，b は要因 B の水準数です。また，

$$\sum_{j=1}^{a}\sum_{k=1}^{b}\tau\kappa_{jk}^2 = \sum_{j=1}^{a}\sum_{k=1}^{b}(\mu_{.jk} - \mu_{.j.} - \mu_{..k} + \mu)^2 = 0 \tag{12.4}$$

が成り立つときは交互作用がありません。

12.1.2 平方和の分解と分散分析表

式 (12.1) の両辺から全平均 μ を引くと

$$x_{ijk} - \mu = \underbrace{(\mu_{.j.} - \mu)}_{\tau_j:\text{水準}j\text{の効果}} + \underbrace{(\mu_{..k} - \mu)}_{\kappa_k:\text{水準}k\text{の効果}} + \underbrace{(\mu_{.jk} - \mu_{.j.} - \mu_{..k} + \mu)}_{\tau\kappa_{jk}:\text{水準}j\text{と水準}k\text{の交互作用}}$$
$$+ \underbrace{(x_{ijk} - \mu_{.jk})}_{\varepsilon_{ijk}:\text{誤差}} \tag{12.5}$$

です。この関係は測定値では

$$x_{ijk} - \bar{x}_{...} = \underbrace{(\bar{x}_{.j.} - \bar{x}_{...})}_{\tau_j:\text{水準}j\text{の効果}} + \underbrace{(\bar{x}_{..k} - \bar{x}_{...})}_{\kappa_k:\text{水準}k\text{の効果}} + \underbrace{(\bar{x}_{.jk} - \bar{x}_{.j.} - \bar{x}_{..k} + \bar{x}_{...})}_{\tau\kappa_{jk}:\text{水準}j\text{と水準}k\text{の交互作用}}$$
$$+ \underbrace{(x_{ijk} - \bar{x}_{.jk})}_{\varepsilon_{ijk}:\text{誤差}} \tag{12.6}$$

となります。x_{ijk} は要因 A の水準 j，要因 B の水準 k における参加者の測定値，$\bar{x}_{...}$ は全体の平均値，$\bar{x}_{.j.}$ は要因 A の水準 j の平均値，$\bar{x}_{..k}$ は要因 B の水準 k の平均値，$\bar{x}_{.jk}$ は要因 A の水準 j，要因 B の水準 k（jk セル）の平均値です（**表12.1**）。

式 (12.6) の両辺を 2 乗して総和を求めると，次の関係を得ます。ここでは各セルの参加者数が等しいものとして n としました。

$$\underbrace{\sum_{j=1}^{a}\sum_{k=1}^{b}\sum_{i=1}^{n}(x_{ijk} - \bar{x}_{...})^2}_{SS_T} = \underbrace{bn\sum_{j=1}^{a}(\bar{x}_{.j.} - \bar{x}_{...})^2}_{SS_A} + \underbrace{an\sum_{k=1}^{b}(\bar{x}_{..k} - \bar{x}_{...})^2}_{SS_B}$$
$$+ \underbrace{n\sum_{j=1}^{a}\sum_{k=1}^{b}(\bar{x}_{.jk} - \bar{x}_{.j.} - \bar{x}_{..k} + \bar{x}_{...})^2}_{SS_{AB}}$$
$$+ \underbrace{\sum_{j=1}^{a}\sum_{k=1}^{b}\sum_{i=1}^{n}(x_{ijk} - \bar{x}_{.jk})^2}_{SS_e} \tag{12.7}$$

この関係は全体平方和 SS_T が，要因 A の効果の大きさを表す平方和 SS_A，要因 B の効果の大きさを表す平方和 SS_B，要因 A と要因 B の交互作用の大きさを表す平方和 SS_{AB}，誤差平方和 SS_e に分解されることを表します。主効果があれば誤差の平方和 SS_e と比べて SS_A と SS_B が大きくなり，交互作用があれば SS_{AB} が大きくなります。そこで，主効果および交互作用の平方和と誤差の平方和とを用い，有意性を判断する F 統計量を作ります。

1. 要因 A の主効果

要因 A の帰無仮説と対立仮説は

帰無仮説：$\tau_j = \mu_{.j.} - \mu = 0$（$j = 1, 2, \cdots, a$：すべての j について）

対立仮説：1 つ以上の水準で $\tau_j = \mu_{.j.} - \mu = 0$ が成り立たない

です。帰無仮説は $\mu_{.1.} = \mu_{.2.} = \cdots = \mu_{.a.}$ と言い換えることができます。そして，帰無仮説を検定する F 統計量は要因 A の平方和と誤差平方和により

$$F_0 = \frac{SS_A/(a-1)}{SS_e/[ab(n-1)]} = \frac{MS_A}{MS_e} \tag{12.8}$$

と定義されます。MS_A は要因 A の平均平方，MS_e は誤差の平均平方です。式 (12.8) で定義される F_0 は帰無仮説が真のとき分子自由度 $a-1$，分母自由度 $ab(n-1)$ の F 分布に従います。したがって，p 値は F 分布において式 (12.8) の F_0 の値よりも大きな F 値を取る確率，つまり

$$p = \underbrace{Pr(F_0 < F)}_{df=a-1,\ ab(n-1)\ \text{の}\ F\text{分布}} \tag{12.9}$$

です。

2. 要因 B の主効果

要因 B の主効果に関する帰無仮説と対立仮説は

帰無仮説：$\kappa_k = \mu_{..k} - \mu = 0$（$k = 1, 2, \cdots, b$：すべての k について）

対立仮説：1 つ以上の水準で $\kappa_k = \mu_{..k} - \mu = 0$ が成り立たない

です。帰無仮説は $\mu_{..1} = \mu_{..2} = \cdots = \mu_{..b}$ と同じ意味です。帰無仮説を検定する F 統計量は

$$F_0 = \frac{SS_B/(b-1)}{SS_e/[ab(n-1)]} = \frac{MS_B}{MS_e} \tag{12.10}$$

です。MS_B は要因 B の平均平方です。F_0 は帰無仮説が真のとき分子自由度 $b-1$，分母自由度 $ab(n-1)$ の F 分布に従いますので，p 値は式 (12.10) で求めた F_0 の値よりも大きな F 値を取る確率，すなわち

$$p = \underbrace{Pr(F_0 < F)}_{df=b-1,\ ab(n-1)\ \text{の}\ F\text{分布}} \tag{12.11}$$

です。

3. 要因 A と要因 B の交互作用

2 要因の交互作用に関する帰無仮説と対立仮説は

帰無仮説：$\tau\kappa_{jk} = \mu_{.jk} - \mu_{.j.} - \mu_{..k} + \mu = 0$

（すべての j と k について）

対立仮説：1 つ以上の jk セルで $\tau\kappa_{jk} = \mu_{.jk} - \mu_{.j.} - \mu_{..k} + \mu = 0$ が

成り立たない

です。これを検定する F 統計量は

$$F_0 = \frac{SS_{AB}/[(a-1)(b-1)]}{SS_e/[ab(n-1)]} = \frac{MS_{AB}}{MS_e} \tag{12.12}$$

です。MS_{AB} は交互作用の平均平方です。この F_0 は帰無仮説が真のとき分子自由度 $(a-1)(b-1)$，分母自由度 $ab(n-1)$ の F 分布に従いますので，p 値は式 (12.12) の F_0 よりも大きな F 値を取る確率，つまり

$$p = \underbrace{Pr(F_0 < F)}_{df=(a-1)(b-1),\ ab(n-1)\ \text{の}\ F\text{分布}} \tag{12.13}$$

です。

4. 分散分析表

分散分析表は**表 12.2** です。

第 12 章　参加者間 2 要因の分散分析を理解する

表 12.2　参加者間 2 要因の分散分析表

変動因	平方和（SS）	自由度（df）	平均平方（MS）	F 統計量	p 値
要因 A	SS_A	$a-1$	MS_A	MS_A / MS_e	
要因 B	SS_B	$b-1$	MS_B	MS_B / MS_e	
交互作用	SS_{AB}	$(a-1)(b-1)$	MS_{AB}	MS_{AB} / MS_e	
誤差	SS_e	$ab(n-1)$	MS_e		
全体	SS_T	$abn-1$			

計算例

表 12.1 の数値を用いて分散分析表を作成します。すべてのセルの参加者数が等しいときは $SS_T = SS_A + SS_B + SS_{AB} + SS_e$ という関係がありますから，ここでは誤差の平方和を $SS_e = SS_T - SS_A - SS_B - SS_{AB}$ として求めました。

$$SS_T = \sum_{j=1}^{a} \sum_{k=1}^{b} \sum_{i=1}^{n} (x_{ijk} - \bar{x}_{...})^2$$

$$= (3 - 4.400)^2 + (1 - 4.4000)^2 + \cdots + (6 - 4.4000)^2$$

$$= 133.2000$$

$$SS_A = bn \sum_{j=1}^{a} (\bar{x}_{.j.} - \bar{x}_{...})^2$$

$$= 2 \times 5 \times \left[(3.1000 - 4.4000)^2 + \cdots + (5.7000 - 4.4000)^2 \right]$$

$$= 33.8000$$

$$SS_B = an \sum_{k=1}^{b} (\bar{x}_{..k} - \bar{x}_{...})^2$$

$$= 3 \times 5 \times \left[(5.0667 - 4.4000)^2 + (3.7333 - 4.4000)^2 \right]$$

$$= 13.3347$$

$$SS_{AB} = n \sum_{j=1}^{a} \sum_{k=1}^{b} (\bar{x}_{.jk} - \bar{x}_{.j.} - \bar{x}_{..k} + \bar{x}_{...})^2$$

$$= 5 \times \left[(3.0000 - 3.1000 - 5.0667 + 4.4000)^2 + \cdots \right.$$

$$\left. + (3.8000 - 5.7000 - 3.7333 + 4.4000)^2 \right]$$

$$= 23.2667$$

12.1 分散分析の原理

$$
\begin{aligned}
SS_e &= \sum_{j=1}^{a} \sum_{k=1}^{b} \sum_{i=1}^{n} (x_{ijk} - \bar{x}_{.jk})^2 \\
&= SS_T - SS_A - SS_B - SS_{AB} \\
&= 133.2000 - 33.8000 - 13.3347 - 23.2667 \\
&= 62.7986
\end{aligned}
$$

平均平方は次の通りです。

$$
MS_A = \frac{SS_A}{a-1} = \frac{33.8000}{2} \qquad = 16.9000
$$

$$
MS_B = \frac{SS_B}{b-1} = \frac{13.3347}{1} \qquad = 13.3347
$$

$$
MS_{AB} = \frac{SS_{Ab}}{(a-1)(b-1)} = \frac{23.2667}{2} = 11.6334
$$

$$
MS_e = \frac{SS_e}{ab(n-1)} = \frac{62.7986}{24} \qquad = 2.6166
$$

したがって，F 統計量は

$$
\text{要因} A \text{ の主効果：} F_0 = \frac{MS_A}{MS_e} = \frac{16.9000}{2.6166} = 6.4588
$$

$$
\text{要因} B \text{ の主効果：} F_0 = \frac{MS_B}{MS_e} = \frac{13.3347}{2.6166} = 5.0962
$$

$$
\text{交互作用：} F_0 = \frac{MS_{AB}}{MS_e} = \frac{11.6334}{2.6166} = 4.4460
$$

です。そして，p 値は

$$
\text{要因} A \text{ の主効果：} p = \underbrace{Pr(6.4588 < F)}_{df=2,\,24\,の\,F\,分布} = 0.0057
$$

$$
\text{要因} B \text{ の主効果：} p = \underbrace{Pr(5.0962 < F)}_{df=1,\,24\,の\,F\,分布} = 0.0334
$$

$$
\text{交互作用：} p = \underbrace{Pr(4.4460 < F)}_{df=2,\,24\,の\,F\,分布} = 0.0233
$$

です。以上をまとめた分散分析表が**表 12.3** です。有意水準 .05（5%）として判断すると，要因 A（虐待の頻度）と要因 B（MAOA 活性化）の主効果および2 要因の交互作用が有意です。

242　　第 12 章　参加者間 2 要因の分散分析を理解する

表 12.3　反社会的行動得点（30 名）の分散分析表

変動因	平方和（SS）	自由度（df）	平均平方（MS）	F 統計量	p 値
虐待の程度	33.800	2	16.900	6.459	.006
MAOA 活性化	13.335	1	13.335	5.096	.033
交互作用	23.267	2	11.633	4.446	.023
誤差	62.799	24	2.617		
全体	133.200	29			

12.2　単純主効果の検定

　交互作用が有意であるときは単純主効果の有無を検定します（図 12.3）。単純主効果は，他方の要因の水準ごとに見ていきますので，要因 A について b 回，要因 B について a 回の単純主効果検定が必要です。b は要因 B の水準数，a は要因 A の水準数です。

1.　要因 A の単純主効果

　要因 A の単純主効果を検定する統計量 F_0 は次のように定義されます。

$$水準\ b_k\ における要因 A : F_0 = \frac{SS_{A\ at\ b_k}/(a-1)}{MS_e} = \frac{MS_{A\ at\ b_k}}{MS_e} \tag{12.14}$$

$SS_{A\ at\ b_k}$ は水準 b_k における要因 A の単純主効果の大きさを表す平方和で，

$$SS_{A\ at\ b_k} = n \sum_{j=1}^{a} (\bar{x}_{jk} - \bar{x}_{.k})^2 \tag{12.15}$$

です。a は要因 A の水準数，MS_e は表 12.2 に示す誤差の平均平方です。F_0 の分子自由度は $a-1$，分母自由度は $ab(n-1)$ です。p 値は

$$p = \underbrace{Pr(F_0 < F)}_{df=a-1,\ ab(n-1)\ の F 分布} \tag{12.16}$$

です。

2.　要因 B の単純主効果

　同様に要因 B の単純主効果を検定する統計量 F_0 は次のように定義されます。

$$\text{水準 } a_j \text{ における要因 } B : F_0 = \frac{SS_{B \, at \, a_j}/(b-1)}{MS_e} = \frac{MS_{B \, at \, a_j}}{MS_e} \tag{12.17}$$

$SS_{B \, at \, a_j}$ は次式で定義される水準 a_j における要因 B の単純主効果の大きさを表す平方和です。

$$SS_{B \, at \, a_j} = n \sum_{k=1}^{b} (\bar{x}_{jk} - \bar{x}_{j.})^2 \tag{12.18}$$

b は要因 B の水準数，MS_e は**表 12.3** に示す誤差の平均平方，F_0 の分子自由度は $b-1$，分母自由度は $ab(n-1)$ です。p 値は次の通りです。

$$p = \underbrace{Pr(F_0 < F)}_{df=b-1, \, ab(n-1) \text{の} F \text{分布}} \tag{12.19}$$

計算例

表 12.1 の数値を用いて単純主効果を検定します。まず，平方和は次の通りです。

$$\begin{aligned}
SS_{A \, at \, b_1} &= n \sum_{j=1}^{a} (\bar{x}_{j1} - \bar{x}_{.1})^2 \\
&= 5 \times [(3.0000 - 5.0667)^2 + \cdots + (7.6000 - 5.0667)^2] = 54.5333 \\
SS_{A \, at \, b_2} &= n \sum_{j=1}^{a} (\bar{x}_{j2} - \bar{x}_{.2})^2 \\
&= 5 \times [(3.2000 - 3.7333)^2 + \cdots + (3.8000 - 3.7333)^2] = 2.5333 \\
SS_{B \, at \, a_1} &= n \sum_{k=1}^{b} (\bar{x}_{1k} - \bar{x}_{1.})^2 \\
&= 5 \times [(3.000 - 3.1000)^2 + (3.2000 - 3.1000)^2] = 0.1000 \\
SS_{B \, at \, a_2} &= n \sum_{k=1}^{b} (\bar{x}_{2k} - \bar{x}_{2.})^2 \\
&= 5 \times [(4.6000 - 4.4000)^2 + (4.2000 - 4.4000)^2] = 0.4000 \\
SS_{B \, at \, a_3} &= n \sum_{k=1}^{b} (\bar{x}_{3k} - \bar{x}_{3.})^2 \\
&= 5 \times [(7.6000 - 5.7000)^2 + (3.8000 - 5.7000)^2] = 36.1000
\end{aligned}$$

これより，F 統計量は

$$A \ at \ b_1 : F_0 = \frac{SS_{A \ at \ b_1}/(a-1)}{MS_e} = \frac{54.5333/(3-1)}{2.6166} = 10.4202$$

$$A \ at \ b_2 : F_0 = \frac{SS_{A \ at \ b_2}/(a-1)}{MS_e} = \frac{2.5333/(3-1)}{2.6166} = 0.4841$$

$$B \ at \ a_1 : F_0 = \frac{SS_{B \ at \ a_1}/(b-1)}{MS_e} = \frac{0.1000/(2-1)}{2.6166} = 0.0382$$

$$B \ at \ a_2 : F_0 = \frac{SS_{B \ at \ a_2}/(b-1)}{MS_e} = \frac{0.4000/(2-1)}{2.6166} = 0.1529$$

$$B \ at \ a_3 : F_0 = \frac{SS_{B \ at \ a_3}/(b-1)}{MS_e} = \frac{36.1000/(2-1)}{2.6166} = 13.7965$$

p 値は

$$A \ at \ b_1 : p = \underbrace{Pr(10.4202 < F)}_{df=2, \ 24 \ \text{の} F \text{分布}} = 0.0006$$

$$A \ at \ b_2 : p = \underbrace{Pr(0.4841 < F)}_{df=2, \ 24 \ \text{の} F \text{分布}} = 0.6221$$

$$B \ at \ a_1 : p = \underbrace{Pr(0.0382 < F)}_{df=1, \ 24 \ \text{の} F \text{分布}} = 0.8467$$

$$B \ at \ a_2 : p = \underbrace{Pr(0.1529 < F)}_{df=1, \ 24 \ \text{の} F \text{分布}} = 0.6992$$

$$B \ at \ a_3 : p = \underbrace{Pr(13.7960 < F)}_{df=1, \ 24 \ \text{の} F \text{分布}} = 0.0011$$

です。有意水準を .05（5%）としますと，水準 b_1（低 MAOA 活性化）における要因 A の単純主効果と水準 a_3（虐待が峻烈）における要因 B の単純主効果が有意です。要因 A には 3 つの水準がありますから，水準 b_1 において要因 A の多重比較を行う必要があります。一方，要因 B は 2 水準ですから，この結果から虐待が峻烈な場合（a_3），低 MAOA 活性化群（b_1）は高 MAOA 活性化群（b_2）よりも反社会的行動得点の母平均値が高いと判断できます。

12.3 多重比較

主効果が認められた場合と単純主効果が認められた場合に分け，ホルムの方法を用いた多重比較の手順を説明します。

12.3.1 主効果が認められた場合

この事例のように非順序的交互作用が有意なときは主効果を解釈しても意味がありませんので注意してください。ここでは計算手順を示すために，主効果が認められた場合の多重比較の方法を説明します。

1. 要因 A の多重比較

ファミリー（帰無仮説族）は

$$\mu_{.j.} = \mu_{.j'.} \ (j, j' = 1, 2, \cdots, a ; \text{ただし}, \ j \neq j')$$

です。j と j' はそれぞれ要因 A の水準です。対立仮説は両側対立仮説とします。

水準 a_j と水準 $a_{j'}$ の平均値差を検定する t 統計量は次の通りです。

$$t_{jj'} = \frac{|\bar{x}_{.j.} - \bar{x}_{.j'.}|}{\sqrt{\dfrac{2MS_e}{nb}}} \tag{12.20}$$

b は要因 B の水準数，n はセルの人数，MS_e は**表 12.2** に示す誤差の平均平方です。帰無仮説が真のとき，この t 統計量は自由度 $ab(n-1)$ の t 分布に従います。したがって，p 値は

$$p_{jj'} = 2 \underbrace{Pr(t_{jj'} < t)}_{df = ab(n-1) \text{の} t \text{分布}} \tag{12.21}$$

です。両側対立仮説としますので，上側確率を 2 倍した値が p 値です。

> **計算例**

表 12.1 に示す平均値を用いると，t 統計量と p 値は次の通りです。

$$t_{12} = \frac{|\bar{x}_{.1.} - \bar{x}_{.2.}|}{\sqrt{\dfrac{2MS_e}{nb}}} = \frac{|3.1000 - 4.4000|}{\sqrt{\dfrac{2 \times 2.6166}{5 \times 2}}} = 1.7970$$

$$t_{13} = \frac{|\bar{x}_{.1.} - \bar{x}_{.3.}|}{\sqrt{\dfrac{2MS_e}{nb}}} = \frac{|3.1000 - 5.7000|}{\sqrt{\dfrac{2 \times 2.6166}{5 \times 2}}} = 3.5941$$

$$t_{23} = \frac{|\bar{x}_{.2.} - \bar{x}_{.3.}|}{\sqrt{\dfrac{2MS_e}{nb}}} = \frac{|4.4000 - 5.7000|}{\sqrt{\dfrac{2 \times 2.6166}{5 \times 2}}} = 1.7970$$

$$p_{12} = 2\underbrace{Pr(1.7970 < t)}_{df=24 \text{ の } t \text{ 分布}} = 0.0849$$

$$p_{13} = 2\underbrace{Pr(3.5940 < t)}_{df=24 \text{ の } t \text{ 分布}} = 0.0015$$

$$p_{23} = 2\underbrace{Pr(1.7970 < t)}_{df=24 \text{ の } t \text{ 分布}} = 0.0849$$

ホルムの方法（p.191）ではファミリーワイズの第 1 種の誤り率 α_F を .05 とした場合，比較あたりの第 1 種の誤り率 α_C（式 (10.16)）は，$\alpha_{C1} = 0.05/[3 - (1 - 1)] = 0.0167$，$\alpha_{C2} = 0.05/[3 - (2 - 1)] = 0.0250$，$\alpha_{C3} = 0.05/[3 - (3 - 1)] = 0.0500$ です。先に算出した p 値を小さい方から並べ，この比較あたりの第 1 種の誤り率 α_C と比較すると，

$$p_{(1)} = p_{13} = 0.0015 < \alpha_{C1} = 0.0167$$
$$p_{(2)} = p_{12} = 0.0849 > \alpha_{C2} = 0.0250$$
$$p_{(3)} = p_{23} = 0.0849 > \alpha_{C3} = 0.0500$$

という関係がありますから，水準 a_1（まったくない）と水準 a_3（峻烈）の間に有意差が認められます。ただし，この事例は有意な交互作用が非順序的ですから，主効果をこのように単純に解釈することは不適切です。

2. 要因 B の多重比較

先に説明した要因 A の多重比較において，要因 A と要因 B を入れ換えて計算すればよいです。ファミリー（帰無仮説族）は

$$\mu_{.k} = \mu_{.k'} \quad (k, \ k' = 1, \ 2, \ \cdots, \ b \ ; \ \text{ただし,} \ k \neq k')$$

です。k と k' はそれぞれ要因 B の水準です。対立仮説は両側対立仮説とします。

水準 b_k と水準 $b_{k'}$ の平均値差を検定する t 統計量は次の通りです。

$$t_{kk'} = \frac{|\bar{x}_{.k} - \bar{x}_{.k'}|}{\sqrt{\dfrac{2MS_e}{na}}} \tag{12.22}$$

a は要因 A の水準数,n はセルの人数,MS_e は**表 12.2** に示す誤差の平均平方です。帰無仮説が真のとき,この t 統計量は自由度 $ab(n-1)$ の t 分布に従います。したがって,p 値は

$$p_{kk'} = 2 \underbrace{Pr(t_{kk'} < t)}_{df = ab(n-1) \ \text{の} \ t \ \text{分布}} \tag{12.23}$$

です。両側対立仮説としますので,上側確率を 2 倍した値を p 値とします。

表 12.1 の要因 B は水準が 2 つですから主効果の検定を行えば十分です。ホルムの方法を適用しても検定結果は変わりません。そのため,**表 12.1** を用いた計算例を省略します。

12.3.2 単純主効果が認められた場合

1. 要因 A の多重比較

要因 B の水準 b_k における要因 A の単純主効果が有意であるとき,ファミリー(帰無仮説族)は

$$\mu_{jk} = \mu_{j'k} \quad (j, \ j' = 1, \ 2, \ \cdots, \ a \ ; \ \text{ただし,} \ j \neq j')$$

です。j と j' はそれぞれ要因 A の水準の番号です。対立仮説は両側対立仮説とします。

水準 a_j と水準 $a_{j'}$ の平均値差を検定する t 統計量は次の通りです。

$$t_{jj'} = \frac{|\bar{x}_{jk} - \bar{x}_{j'k}|}{\sqrt{\dfrac{2MS_e}{n}}} \tag{12.24}$$

248 第 12 章 参加者間 2 要因の分散分析を理解する

n はセルの人数，MS_e は**表 12.2** に示す誤差の平均平方です。帰無仮説が真のとき，この t 統計量は自由度 $ab(n-1)$ の t 分布に従いますから，p 値は

$$p_{jj'} = 2 \underbrace{Pr(t_{jj'} < t)}_{df=ab(n-1)\text{の }t\text{ 分布}} \tag{12.25}$$

です。両側対立仮説としますので，上側確率を 2 倍した値を p 値とします。

計算例

表 12.1 では要因 B の水準 b_1 で要因 A の単純主効果が有意でしたから，要因 A の多重比較を行います。t 統計量と p 値は次の通りです。

$$t_{12} = \frac{|\bar{x}_{.11} - \bar{x}_{.21}|}{\sqrt{\dfrac{2MS_e}{n}}} = \frac{|3.0000 - 4.6000|}{\sqrt{\dfrac{2 \times 2.6166}{5}}} = 1.5639$$

$$t_{13} = \frac{|\bar{x}_{.11} - \bar{x}_{.31}|}{\sqrt{\dfrac{2MS_e}{n}}} = \frac{|3.0000 - 7.6000|}{\sqrt{\dfrac{2 \times 2.6166}{5}}} = 4.4963$$

$$t_{23} = \frac{|\bar{x}_{.21} - \bar{x}_{.31}|}{\sqrt{\dfrac{2MS_e}{n}}} = \frac{|4.6000 - 7.6000|}{\sqrt{\dfrac{2 \times 2.6166}{5}}} = 2.9324$$

$$p_{12} = 2 \underbrace{Pr(1.5639 < t)}_{df=24\text{の }t\text{ 分布}} = 0.1309$$

$$p_{13} = 2 \underbrace{Pr(4.4963 < t)}_{df=24\text{の }t\text{ 分布}} = 0.0001$$

$$p_{23} = 2 \underbrace{Pr(2.9324 < t)}_{df=24\text{の }t\text{ 分布}} = 0.0073$$

ホルムの方法（p.191）ではファミリーワイズの第 1 種の誤り率 α_F を .05 とした場合，比較あたりの第 1 種の誤り率 α_C（式 (10.16)）は，$\alpha_{C1} = 0.05/[3 - (1-1)] = 0.0167$，$\alpha_{C2} = 0.05/[3-(2-1)] = 0.0250$，$\alpha_{C3} = .05/[3-(3-1)] = 0.0500$ です。先に算出した p 値を小さい方から並べ，この比較あたりの第 1 種の誤り率 α_C と比較すると，

12.3 多重比較

$$p_{(1)} = p_{13} = 0.0001 < \alpha_{C1} = 0.0167$$
$$p_{(2)} = p_{23} = 0.0073 < \alpha_{C2} = 0.0250$$
$$p_{(3)} = p_{12} = 0.1309 > \alpha_{C3} = 0.0500$$

という関係があります。したがって，要因 B の水準 b_1（低 MAOA 活性化）において要因 A の水準 a_1（まったくない）と水準 a_3（峻烈）の間に有意差が認められます。

2. 要因 B の多重比較

先に説明した要因 A の多重比較において，要因 A と要因 B を入れ換えて計算すればよいです。要因 A の水準 a_j における要因 B の単純主効果が有意であるとき，ファミリー（帰無仮説族）は

$$\mu_{.jk} = \mu_{.jk'} \quad (k,\ k' = 1,\ 2,\ \cdots,\ b；ただし，k \neq k')$$

です。k と k' はそれぞれ要因 B の水準の番号です。対立仮説は両側対立仮説とします。

水準 b_k と水準 $b_{k'}$ の平均値差を検定する t 統計量は次の通りです。

$$t_{kk'} = \frac{|\bar{x}_{.jk} - \bar{x}_{.jk'}|}{\sqrt{\dfrac{2MS_e}{n}}} \tag{12.26}$$

n はセルの人数，MS_e は**表 12.2** に示す誤差の平均平方です。帰無仮説が真のとき，この t 統計量は自由度 $ab(n-1)$ の t 分布に従いますから，p 値は

$$p_{kk'} = 2 \underbrace{Pr(t_{kk'} < t)}_{df = ab(n-1) \text{の} t \text{分布}} \tag{12.27}$$

です。両側対立仮説としますので，上側確率を 2 倍した値を p 値とします。

表 12.1 の単純主効果検定では要因 A の水準 a_3 において要因 B の単純主効果が有意でしたが，要因 B の水準は 2 つですから単純主効果の検定を行えば十分です。したがって，単純主効果検定の結果から峻烈な虐待を受けた群（水準 a_3）では，低 MAOA 活性化群（水準 b_1）は高 MAOA 活性化群（水準 b_2）よりも反社会的行動得点の母平均値が高いと判断できます。2 水準のときはホルムの方法を適用しても検定結果は変わりませんので，計算例を省略します。

12.4 効果量

12.4.1 要因と交互作用の効果量

第10章で要因の効果量（大久保・岡田, 2012）として η^2（イータ2乗），η_p^2（偏イータ2乗），ε^2（イプシロン2乗），ω^2（オメガ2乗）を紹介しました。参加者間2要因の分散分析では，**表12.4** に示す算出式を用いて効果量を求めます。計算に必要な平方和（SS），自由度（df），平均平方（MS）は**表12.2** の通りです。4種の効果量の間には次の関係があります。

$$\omega^2 \leq \varepsilon^2 \leq \eta^2 \leq \eta_p^2 \tag{12.28}$$

表 12.4 参加者間2要因の分散分析における要因と交互作用の効果量の算出式

変動因	効果量			
	η^2	η_p^2	ε^2	ω^2
要因 A	$\dfrac{SS_A}{SS_T}$	$\dfrac{SS_A}{SS_A+SS_e}$	$\dfrac{SS_A-df_A MS_e}{SS_T}$	$\dfrac{SS_A-df_A MS_e}{SS_T+MS_e}$
要因 B	$\dfrac{SS_B}{SS_T}$	$\dfrac{SS_B}{SS_B+SS_e}$	$\dfrac{SS_B-df_B MS_e}{SS_T}$	$\dfrac{SS_B-df_B MS_e}{SS_T+MS_e}$
交互作用	$\dfrac{SS_{AB}}{SS_T}$	$\dfrac{SS_{AB}}{SS_{AB}+SS_e}$	$\dfrac{SS_{AB}-df_{AB} MS_e}{SS_T}$	$\dfrac{SS_{AB}-df_{AB} MS_e}{SS_T+MS_e}$

計算例

表12.3 に示す値を用いて計算した要因 A の効果量は次の通りです。

$$\eta^2 = \frac{SS_A}{SS_T} = \frac{33.8000}{133.2000} = 0.2538$$

$$\eta_p^2 = \frac{SS_A}{SS_A + SS_e} = \frac{33.8000}{33.8000 + 62.7986} = 0.3499$$

$$\varepsilon^2 = \frac{SS_A - df_A MS_e}{SS_T} = \frac{33.8000 - 2 \times 2.6166}{133.2000} = 0.2145$$

$$\omega^2 = \frac{SS_A - df_A MS_e}{SS_T + MS_e} = \frac{33.8000 - 2 \times 2.6166}{133.2000 + 2.6166} = 0.2103$$

12.4 効 果 量 251

　他の要因を含め，全体の効果量の値を**表 12.5** に示します。ここでは 4 種の効果量を計算しましたが，参加者間 2 要因の分散分析で母集団の効果量を推定する場合，偏りが小さい ω^2 もしくは ε^2 を用いるとよいでしょう。この 2 つの値は**表 12.5** の値からもわかる通り，ほぼ一致しますので，どちらを用いても同様に解釈することができます。また，η^2 と η_p^2 は標本における効果量を表す記述的な指標として用います。

表 12.5　虐待（要因 A）と MAOA 活性化（要因 B）の効果量

変動因	効果量			
	η^2	η_p^2	ε^2	ω^2
虐待（要因 A）	.254	.350	.215	.210
MAOA 活性化（要因 B）	.100	.175	.081	.079
交互作用（AB）	.175	.270	.135	.133

12.4.2　単純主効果の効果量

　主効果と同様に単純主効果の効果量を求めることができます。式 (12.15) と式 (12.18) で定義されるそれぞれの単純主効果の平方和を SS_{SE}，その自由度を df_{SE}，さらに誤差の平均平方を MS_e とすると，効果量は次式で算出できます。

$$\eta^2 = \frac{SS_{SE}}{SS_T} \tag{12.29}$$

$$\eta_p^2 = \frac{SS_{SE}}{SS_{SE} + SS_e} \tag{12.30}$$

$$\varepsilon^2 = \frac{SS_{SE} - df_{SE}MS_e}{SS_T} \tag{12.31}$$

$$\omega^2 = \frac{SS_{SE} - df_{SE}MS_e}{SS_T + MS_e} \tag{12.32}$$

計算例

　単純主効果が有意となった水準 b_1 における要因 A の効果量は，$SS_{SE} = SS_{A\ at\ b_1} = 54.5333$，　$df_{SE} = df_{A\ at\ b_1} = 2$，　$SS_T = 133.2000$，　$SS_e = 62.8000$，

252　第 12 章　参加者間 2 要因の分散分析を理解する

$MS_e = 2.6166$ ですから,

$$\eta^2 = \frac{SS_{SE}}{SS_T} = \frac{54.5333}{133.2000} = 0.4094$$

$$\eta_p^2 = \frac{SS_{SE}}{SS_{SE} + SS_e} = \frac{54.5333}{54.5333 + 62.8000} = 0.4648$$

$$\varepsilon^2 = \frac{SS_{SE} - df_{SE}MS_e}{SS_T} = \frac{54.5333 - 2 \times 2.6166}{133.2000} = 0.3701$$

$$\omega^2 = \frac{SS_{SE} - df_{SE}MS_e}{SS_T + MS_e} = \frac{54.5333 - 2 \times 2.6166}{133.2000 + 2.6166} = 0.3630$$

となります。この効果量を含め，他の単純主効果の効果量を**表 12.6** に示します。母集団の効果量は負になりませんが，ε^2 と ω^2 は b_2 における要因 A （A at b_2）, a_1 における要因 B （B at a_1）, a_2 における要因 B （B at a_2）のように負になることがあります。このときは効果量を 0 として報告します。

表 12.6　虐待（要因 A）と MAOA 活性化（要因 B）の単純主効果の効果量

単純主効果	η^2	η_p^2	ε^2	ω^2
b_1 における要因 A （A at b_1）	.409	.465	.370	.363
b_2 における要因 A （A at b_2）	.019	.039	−.020	−.020
a_1 における要因 B （B at a_1）	.001	.002	−.019	−.019
a_2 における要因 B （B at a_2）	.003	.006	−.017	−.016
a_3 における要因 B （B at a_3）	.271	.365	.251	.247

12.4.3　標準化平均値差

1. 主効果が有意な場合

水準 l と水準 m の間の標準化平均値差は式 (7.5) と同様に

$$d_{lm} = t_{lm}\sqrt{\frac{n_l + n_m}{n_l n_m}} \tag{12.33}$$

$$= t_{lm}\sqrt{\frac{2}{n}} \tag{12.34}$$

として求めることができます。t_{lm} は水準 l と水準 m の多重比較に用いた t 統計量，n_l と n_m は水準の参加者数です。水準の参加者数が等しい（n）ときは式 (12.34) を使うことができます。

計算例

要因 A の 3 水準を用いて計算例を示します。t 統計量は多重比較で得た値（p.246）を用います。

$$d_{12} = t_{12}\sqrt{\frac{2}{n}} = 1.7970 \times \sqrt{\frac{2}{10}} = 0.8036$$

$$d_{13} = t_{13}\sqrt{\frac{2}{n}} = 3.5941 \times \sqrt{\frac{2}{10}} = 1.6073$$

$$d_{23} = t_{12}\sqrt{\frac{2}{n}} = 1.7970 \times \sqrt{\frac{2}{10}} = 0.8036$$

2. 単純主効果が有意な場合

計算例

この事例で有意となった要因 B の水準 b_1 における要因 A の単純主効果を用いて計算例を示します。水準 b_1 に限定しますので，要因 A の各水準の参加者数（n）は 5 です。t 統計量は多重比較で得られた値を用います（p.248）。

$$d_{12\,at\,b_1} = t_{12}\sqrt{\frac{2}{n}} = 1.5639 \times \sqrt{\frac{2}{5}} = 0.9891$$

$$d_{13\,at\,b_1} = t_{13}\sqrt{\frac{2}{n}} = 4.4963 \times \sqrt{\frac{2}{5}} = 2.8437$$

$$d_{23\,at\,b_1} = t_{12}\sqrt{\frac{2}{n}} = 2.9324 \times \sqrt{\frac{2}{5}} = 1.8546$$

12.5 R を用いた分散分析と多重比較

井関（2018）の anovakun() 関数を用いて分散分析と多重比較を行います。表 12.1 に示す測定値を反社会的行動得点（ABs）.xlsx に保存しました。図

254　　　　　第 12 章　参加者間 2 要因の分散分析を理解する

	A	B	C
1	虐待	MAOA活性化	反社会的行動得点
2	a1	b1	3
3	a1	b1	1
4	a1	b1	2
5	a1	b1	4
6	a1	b1	5
7	a1	b2	1
8	a1	b2	3
9	a1	b2	6
10	a1	b2	3
11	a1	b2	3
12	a2	b1	4
13	a2	b1	3
14	a2	b1	4
15	a2	b1	7
16	a2	b1	5

図 12.4　エクセルファイルに保存した反社会的行動得点の一部

12.4 に示すように要因 A の水準名 (a1, a2, a3) を入れた変数を**虐待**, 要因
B の水準名 (b1, b2) を入れた変数を MAOA 活性化, 従属変数を入れた変数名
を**反社会的行動得点**としました。

■命令文 (先頭の数値と:記号は説明のためのものです)

```
1: library(openxlsx)      # openxlsxパッケージの読み込み
2: setwd("K:/データファイル") # ディレクトリの変更
3: source("anovakun_482.txt") # anovakun()関数の読み込み
4: mydata <- read.xlsx("反社会的行動得点 (ABs).xlsx")
                          # 以下, anovakun関数の実行
5: anovakun(mydata, "ABs", 3, 2, holm = T, criteria = T,
          eta = T, peta = T, eps = T, omega = T)
```

■命令文の意味

4: 反社会的行動得点 (ABs).xlsx を読み込み, mydata へ代入します。

5: 引数はデータを代入した変数名 (mydata), 分散分析のタイプ (参加者間 2
　要因は "ABs"), 要因 A の水準数 (3), 要因 B の水準数 (2) です。

■実 行 結 果

ANOVA TABLE が分散分析表ですが, 紙幅が足りませんので, ここでは 2 段に

12.5 Rを用いた分散分析と多重比較 255

分けました。< SIMPLE EFFECTS for "A x B" INTERACTION >は単純主効果の検定結果です。水準 b_1 における要因 A（A at b1）と水準 a_3 における要因 B の単純主効果が有意であることがわかります。要因 A には3水準ありますから，< MULTIPLE COMPARISON for "A at b1" >に，水準 b_1 における要因 A（A at b1）の多重比較の結果が表示されています。しかし，要因 B の水準は2つしかないですから，水準 a_3 における要因 B の多重比較は実行されていません。

```
> anovakun(mydata, "ABs", 3, 2, holm = T, criteria = T,
+          eta = T, peta = T, eps = T, omega = T)

[ ABs-Type Design ]

<< ANOVA TABLE >> # 分散分析表

----------------------------------------------------
 Source      SS  df      MS  F-ratio  p-value
----------------------------------------------------
      A  33.8000   2 16.9000   6.4586   0.0057 **
      B  13.3333   1 13.3333   5.0955   0.0334 *
  A x B  23.2667   2 11.6333   4.4459   0.0228 *
  Error  62.8000  24  2.6167
----------------------------------------------------
  Total 133.2000  29  4.5931

# 効果量（イータ2乗，偏イータ2乗，イプシロン2乗，オメガ2乗）
----------------------------------------
   eta^2  p.eta^2  epsilon^2  omega^2
----------------------------------------
  0.2538   0.3499     0.2145   0.2103
  0.1001   0.1751     0.0805   0.0789
  0.1747   0.2703     0.1354   0.1328


----------------------------------------

+p < .10, *p < .05, **p < .01, ***p < .001


<< POST ANALYSES >> # 事後分析

< MULTIPLE COMPARISON for "A" > # 要因Aの多重比較

== Holm's Sequentially Rejective Bonferroni Procedure ==
== The factor < A > is analysed as independent means. ==
== Alpha level is 0.05. == # ファミリーワイズの第1種の誤り率
```

第 12 章　参加者間 2 要因の分散分析を理解する

```
--------------------------------------------------------
  Pair    Diff   t-value  df       p   adj.p
--------------------------------------------------------
  a1-a3  -2.6000  3.5941  24  0.0015  0.0167  a1 < a3 *
  a1-a2  -1.3000  1.7970  24  0.0849  0.0250  a1 = a2
  a2-a3  -1.3000  1.7970  24  0.0849  0.0500  a2 = a3
--------------------------------------------------------


< SIMPLE EFFECTS for "A x B" INTERACTION > # 単純主効果検定

-------------------------------------------------
  Source      SS  df      MS  F-ratio  p-value
-------------------------------------------------
A at b1  54.5333   2  27.2667  10.4204   0.0006 ***
A at b2   2.5333   2   1.2667   0.4841   0.6222 ns
B at a1   0.1000   1   0.1000   0.0382   0.8467 ns
B at a2   0.4000   1   0.4000   0.1529   0.6993 ns
B at a3  36.1000   1  36.1000  13.7962   0.0011 **
  Error  62.8000  24   2.6167
-------------------------------------------------
```

効果量（イータ 2 乗，偏イータ 2 乗，イプシロン 2 乗，オメガ 2 乗）

```
-------------------------------------------
  eta^2  p.eta^2  epsilon^2  omega^2
-------------------------------------------
 0.4094   0.4648    0.3701    0.3630
 0.0190   0.0388   -0.0203   -0.0199
 0.0008   0.0016   -0.0189   -0.0185
 0.0030   0.0063   -0.0166   -0.0163
 0.2710   0.3650    0.2514    0.2465


-------------------------------------------
+p < .10, *p < .05, **p < .01, ***p < .001
```

水準 b1 における多重比較
< MULTIPLE COMPARISON for "A at b1" >

== Holm's Sequentially Rejective Bonferroni Procedure ==
== The factor < A at b1 > is analysed as independent means. ==
== Alpha level is 0.05. ==

```
--------------------------------------------------------
  Pair    Diff   t-value  df       p   adj.p
--------------------------------------------------------
  a1-a3  -4.6000  4.4963  24  0.0001  0.0167  a1 < a3 *
  a2-a3  -3.0000  2.9324  24  0.0073  0.0250  a2 < a3 *
  a1-a2  -1.6000  1.5639  24  0.1309  0.0500  a1 = a2
```

12.6 要因計画と分散分析

1. 要因計画

要因計画（factorial design）とは 2 つ以上の要因を同時に用い，要因と従属変数の関係の強さを探る実験計画です。本章で用いた事例のように 2 要因の水準をすべて組み合わせ，セルに異なる参加者を配置して主効果と交互作用を検証する計画は完全無作為 2 要因計画とよばれます。その計画に従って得られた測定値は参加者間 2 要因の分散分析に従って解析を進めます。

一方，同じ 2 要因計画でも 1 つの要因が参加者内要因であることがあり，2 要因混合計画（mixed design）とよばれます。さらに，2 要因とも参加者内要因とすることがあります。このように 2 要因に限定しただけでも 3 通りの組合せがあり，主効果と交互作用を検定する F 統計量の算出方法が異なります。本章では参加者内要因を含む 2 要因計画について触れることができませんでしたが，森・吉田（1990）は計算手順を詳しく説明しています。また，いずれの要因計画でも，井関（2018）の anovakun() 関数は事後分析についても対応していますし，参加者内要因の球面性検定を実行することができます。

さらに 3 要因の要因計画もあります。計算手順の説明は森・吉田（1990），山内（2008）にありますし，井関（2018）の anovakun() 関数も 3 要因の要因計画を処理することができます。

2. セルの大きさが等しくない場合

セルの大きさとは各セルに配置された参加者数のことです。本章ではセルの大きさが等しいものとして計算手順を示しましたが，実際には大きさが不揃いの場合があり，そのときは非加重平均法（重みをかけない平均法；unweighted mean method）（岩原，1965；森・吉田，1990; Winer, Brown, & Michels, 1991）を利用することができます。この方法はセルの平均値をそのまま使って水準ごとの平均値を算出します。そして，各セルの大きさとして次式で定義される調和平均（harmonic mean）$\bar{n}_h$ を用います。n_{jk} は jk セルの大きさ（測定値の数），a と b はそれぞれ要因 A と要因 B の水準数です。一般に調和平均は数値（測定値）の逆数の平均値の逆数です。

$$\bar{n}_h = \left(\frac{1}{ab} \sum_{j=1}^{a} \sum_{k=1}^{b} \frac{1}{n_{jk}} \right)^{-1} = \frac{ab}{\displaystyle\sum_{j=1}^{a} \sum_{k=1}^{b} \frac{1}{n_{jk}}} \tag{12.35}$$

anovakun() 関数（井関, 2018）は変動因の平方和としてタイプ III とよばれる平方和（高橋・大橋・芳賀, 1989）を標準設定として利用しています（タイプ II も選択できます）。経験的にはタイプ III 平方和と非加重平均法に基づく F 統計量に大きな違いはありませんが，タイプ III 平方和を利用できるときは，それを利用する方がよいです。また，タイプ II 平方和を用いた場合，帰無仮説はセルの大きさを含む複雑な形になりますので（前川, 2008），通常はタイプ III 平方和を用いる方がよいでしょう。

3. プリポスト・デザインと効果の検出

2 群の実験参加者群を設けて一方の群（実験群）へ処遇を施し，他方の群（統制群）には処遇を施さない実験計画は**統制群法（実験**（control experiment）もしくは**対照実験**とよばれます。さらに，統制群法において 2 群とも処遇を施す前後に測定を行い，その変化量の大きさから処遇の効果を統計的に分析する計画は**プリポスト・デザイン**（**事前事後テスト計画**：pretest-posttest design）とよばれます（吉田, 2018）。

プリポスト・デザインにおいて群（実験群と統制群）を参加者間要因，測定時期（事前と事後）を参加者内要因とする 2 要因の分散分析を行い，交互作用の有意性検定に基づいて処遇の効果を検定することがあります。しかし，この交互作用の検定は変化量の平均値差に関する対応のない 2 標本の t 検定，および群を参加者間要因とする分散分析とまったく同一ですし，群および測定時期の主効果は処遇の効果を検証するための特段の情報にはなりません（南風原, 2001；吉田, 2018）。そのため，プリポスト・デザインに基づいて処遇の効果を検定するには，変化量の平均値差に関する対応のない 2 標本の t 検定，もしくは群を参加者間要因とする分散分析を利用すればよいです。

参 考 図 書

橋本 貴充・荘島 宏二郎（2016）. 実験心理学のための統計学 —— t 検定と分散分析
—— 誠信書房

森 敏昭・吉田 寿夫（編著）（1990）. 心理学のためのデータ解析テクニカルブック
北大路書房

山内 光哉（2008）. 心理・教育のための分散分析と多重比較 —— エクセル・SPSS
解説付き —— サイエンス社

復 習 問 題

1. 主効果と単純主効果の違いは何でしょうか。

2. 交互作用が有意であるとき，次にすべき検定は何でしょうか。

3. 化粧のアイラインとマスカラはデルブーフ錯視とミュラー・リヤー錯視を生じさ
せ，目を大きく認知させるといいます（Matsushita, Morikawa, & Yamanami, 2015；
森川, 2015）。そこで，同一女性がアイラインを「なし (a_1)」，「中 (a_2)」，「強
(a_3)」の3水準，マスカラを「なし (b_1)」と「あり (b_2)」の2水準で化粧し（合
計6条件），男子大学生10名にその6条件で撮影した顔写真を見てもらいました。
表 12.7 の数値は標準刺激の目の大きさを 100 としたときの比較刺激の目の大きさ
（錯視量）を表します。参加者内 2 要因の分散分析を用いて主効果と交互作用を検

表 12.7　アイラインとマスカラが起こす目の大きさの錯視量

参加者	A（アイライン）					
	a_1（なし）		a_2（中）		a_3（強）	
	B（マスカラ）		B（マスカラ）		B（マスカラ）	
	b_1(なし)	b_2(あり)	b_1(なし)	b_2(あり)	b_1(なし)	b_2(あり)
1	101.5	103.2	104.4	106.8	107.8	105.9
2	104.7	112.8	98.3	110.3	104.4	105.6
3	94.3	106.1	105.4	101.6	113.5	104.2
4	95.1	109.3	115.7	115.8	109.5	112.7
5	100.7	103.3	96.2	96.4	99.5	98.1
6	95.8	108.3	99.2	99.7	100.8	99.0
7	106.5	103.6	105.8	111.5	112.9	116.5
8	95.0	109.4	102.6	107.0	112.2	105.3
9	105.2	108.1	103.7	113.9	106.6	107.7
10	104.9	107.2	101.7	112.5	104.8	104.8
平均値	100.37	107.13	103.30	107.55	107.20	105.98
標準偏差	4.90	3.13	5.39	6.48	4.91	5.53

Matsushita et al.（2015）と森川（2015）を参考にして作成しました。

260 第 12 章　参加者間 2 要因の分散分析を理解する

定してください。

4. マインドフルネス心理療法は瞑想を通じて今この瞬間の経験に注意を向け，感情の安定化を図ります（Kabat-Zinn, 1990；佐渡・藤澤, 2018）。そのマインドフルネス心理療法を受けた 10 名（実験群）と受けない 10 名（統制群）のストレス尺度得点を**表 12.8** に示します。（1）2 群の間で変化量の平均値差の t 検定，（2）群を参加者間要因とする変化量の 1 要因分散分析，さらに（3）群を参加者間要因，測定時期を参加者内要因とする 2 要因分散分析を行い，群と測定時期の交互作用を検定してください。

表 12.8　マインドフルネス心理療法の効果

番号	実験群（$n=10$）			統制群（$n=10$）		
	事前	事後	変化量	事前	事後	変化量
1	35.4	24.3	−11.1	29.2	31.5	2.3
2	36.6	31.4	−5.2	31.0	33.6	2.6
3	31.0	18.4	−12.6	30.0	32.2	2.2
4	25.7	23.2	−2.5	34.4	27.5	−6.9
5	31.3	35.7	4.4	24.3	29.5	5.2
6	32.9	21.9	−11.0	28.6	27.5	−1.1
7	24.7	23.1	−1.6	27.7	26.9	−0.8
8	28.4	23.0	−5.4	33.9	35.5	1.6
9	30.6	21.2	−9.4	34.2	28.7	−5.5
10	31.2	19.8	−11.4	35.3	29.5	−5.8
平均値	30.78	24.20	−6.58	30.86	30.24	−0.62
標準偏差	3.78	5.32	5.51	3.56	2.87	4.16

付 表 目 次

付表 1　標準正規分布表（その 1）…………………………………262

付表 2　標準正規分布表（その 2）…………………………………263

付表 3　F 分布表（$\alpha = .01$；その 1）……………………………264

付表 4　F 分布表（$\alpha = .01$；その 2）……………………………265

付表 5　F 分布表（$\alpha = .05$；その 1）……………………………266

付表 6　F 分布表（$\alpha = .05$；その 2）……………………………267

付表 7　F 分布表（$\alpha = .20$；その 1）……………………………268

付表 8　F 分布表（$\alpha = .20$；その 2）……………………………269

付表 9　χ^2 分布表 …………………………………………………270

付表 10　t 分布表……………………………………………………271

付表1 標準正規分布表（その1）

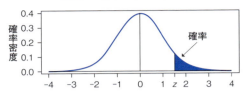

確率 <- pnorm(z, mean=0, sd=1, lower.tail=FALSE)

z	確率	z	確率	z	確率	z	確率	z	確率
0.00	0.5000	0.40	0.3446	0.80	0.2119	1.20	0.1151	1.60	0.0548
0.01	0.4960	0.41	0.3409	0.81	0.2090	1.21	0.1131	1.61	0.0537
0.02	0.4920	0.42	0.3372	0.82	0.2061	1.22	0.1112	1.62	0.0526
0.03	0.4880	0.43	0.3336	0.83	0.2033	1.23	0.1093	1.63	0.0516
0.04	0.4840	0.44	0.3300	0.84	0.2005	1.24	0.1075	1.64	0.0505
0.05	0.4801	0.45	0.3264	0.85	0.1977	1.25	0.1056	1.65	0.0495
0.06	0.4761	0.46	0.3228	0.86	0.1949	1.26	0.1038	1.66	0.0485
0.07	0.4721	0.47	0.3192	0.87	0.1922	1.27	0.1020	1.67	0.0475
0.08	0.4681	0.48	0.3156	0.88	0.1894	1.28	0.1003	1.68	0.0465
0.09	0.4641	0.49	0.3121	0.89	0.1867	1.29	0.0985	1.69	0.0455
0.10	0.4602	0.50	0.3085	0.90	0.1841	1.30	0.0968	1.70	0.0446
0.11	0.4562	0.51	0.3050	0.91	0.1814	1.31	0.0951	1.71	0.0436
0.12	0.4522	0.52	0.3015	0.92	0.1788	1.32	0.0934	1.72	0.0427
0.13	0.4483	0.53	0.2981	0.93	0.1762	1.33	0.0918	1.73	0.0418
0.14	0.4443	0.54	0.2946	0.94	0.1736	1.34	0.0901	1.74	0.0409
0.15	0.4404	0.55	0.2912	0.95	0.1711	1.35	0.0885	1.75	0.0401
0.16	0.4364	0.56	0.2877	0.96	0.1685	1.36	0.0869	1.76	0.0392
0.17	0.4325	0.57	0.2843	0.97	0.1660	1.37	0.0853	1.77	0.0384
0.18	0.4286	0.58	0.2810	0.98	0.1635	1.38	0.0838	1.78	0.0375
0.19	0.4247	0.59	0.2776	0.99	0.1611	1.39	0.0823	1.79	0.0367
0.20	0.4207	0.60	0.2743	1.00	0.1587	1.40	0.0808	1.80	0.0359
0.21	0.4168	0.61	0.2709	1.01	0.1562	1.41	0.0793	1.81	0.0351
0.22	0.4129	0.62	0.2676	1.02	0.1539	1.42	0.0778	1.82	0.0344
0.23	0.4090	0.63	0.2643	1.03	0.1515	1.43	0.0764	1.83	0.0336
0.24	0.4052	0.64	0.2611	1.04	0.1492	1.44	0.0749	1.84	0.0329
0.25	0.4013	0.65	0.2578	1.05	0.1469	1.45	0.0735	1.85	0.0322
0.26	0.3974	0.66	0.2546	1.06	0.1446	1.46	0.0721	1.86	0.0314
0.27	0.3936	0.67	0.2514	1.07	0.1423	1.47	0.0708	1.87	0.0307
0.28	0.3897	0.68	0.2483	1.08	0.1401	1.48	0.0694	1.88	0.0301
0.29	0.3859	0.69	0.2451	1.09	0.1379	1.49	0.0681	1.89	0.0294
0.30	0.3821	0.70	0.2420	1.10	0.1357	1.50	0.0668	1.90	0.0287
0.31	0.3783	0.71	0.2389	1.11	0.1335	1.51	0.0655	1.91	0.0281
0.32	0.3745	0.72	0.2358	1.12	0.1314	1.52	0.0643	1.92	0.0274
0.33	0.3707	0.73	0.2327	1.13	0.1292	1.53	0.0630	1.93	0.0268
0.34	0.3669	0.74	0.2296	1.14	0.1271	1.54	0.0618	1.94	0.0262
0.35	0.3632	0.75	0.2266	1.15	0.1251	1.55	0.0606	1.95	0.0256
0.36	0.3594	0.76	0.2236	1.16	0.1230	1.56	0.0594	1.96	0.0250
0.37	0.3557	0.77	0.2206	1.17	0.1210	1.57	0.0582	1.97	0.0244
0.38	0.3520	0.78	0.2177	1.18	0.1190	1.58	0.0571	1.98	0.0239
0.39	0.3483	0.79	0.2148	1.19	0.1170	1.59	0.0559	1.99	0.0233
0.40	0.3446	0.80	0.2119	1.20	0.1151	1.60	0.0548	2.00	0.0228

付　表

付表 2　標準正規分布表（その 2）

確率＜－pnorm (z, mean＝0, sd＝1, lower.tail＝FALSE)

z	確率	z	確率	z	確率	z	確率	z	確率
2.00	0.0228	2.45	0.0071	2.90	0.00187	3.35	0.00040	3.80	0.000072
2.01	0.0222	2.46	0.0069	2.91	0.00181	3.36	0.00039	3.81	0.000069
2.02	0.0217	2.47	0.0068	2.92	0.00175	3.37	0.00038	3.82	0.000067
2.03	0.0212	2.48	0.0066	2.93	0.00169	3.38	0.00036	3.83	0.000064
2.04	0.0207	2.49	0.0064	2.94	0.00164	3.39	0.00035	3.84	0.000062
2.05	0.0202	2.50	0.0062	2.95	0.00159	3.40	0.00034	3.85	0.000059
2.06	0.0197	2.51	0.0060	2.96	0.00154	3.41	0.00032	3.86	0.000057
2.07	0.0192	2.52	0.0059	2.97	0.00149	3.42	0.00031	3.87	0.000054
2.08	0.0188	2.53	0.0057	2.98	0.00144	3.43	0.00030	3.88	0.000052
2.09	0.0183	2.54	0.0055	2.99	0.00139	3.44	0.00029	3.89	0.000050
2.10	0.0179	2.55	0.0054	3.00	0.00135	3.45	0.00028	3.90	0.000048
2.11	0.0174	2.56	0.0052	3.01	0.00131	3.46	0.00027	3.91	0.000046
2.12	0.0170	2.57	0.0051	3.02	0.00126	3.47	0.00026	3.92	0.000044
2.13	0.0166	2.58	0.0049	3.03	0.00122	3.48	0.00025	3.93	0.000042
2.14	0.0162	2.59	0.0048	3.04	0.00118	3.49	0.00024	3.94	0.000041
2.15	0.0158	2.60	0.0047	3.05	0.00114	3.50	0.00023	3.95	0.000039
2.16	0.0154	2.61	0.0045	3.06	0.00111	3.51	0.00022	3.96	0.000037
2.17	0.0150	2.62	0.0044	3.07	0.00107	3.52	0.00022	3.97	0.000036
2.18	0.0146	2.63	0.0043	3.08	0.00104	3.53	0.00021	3.98	0.000034
2.19	0.0143	2.64	0.0041	3.09	0.00100	3.54	0.00020	3.99	0.000033
2.20	0.0139	2.65	0.0040	3.10	0.00097	3.55	0.00019	4.00	0.000032
2.21	0.0136	2.66	0.0039	3.11	0.00094	3.56	0.00019	4.01	0.000030
2.22	0.0132	2.67	0.0038	3.12	0.00090	3.57	0.00018	4.02	0.000029
2.23	0.0129	2.68	0.0037	3.13	0.00087	3.58	0.00017	4.03	0.000028
2.24	0.0125	2.69	0.0036	3.14	0.00084	3.59	0.00017	4.04	0.000027
2.25	0.0122	2.70	0.0035	3.15	0.00082	3.60	0.00016	4.05	0.000026
2.26	0.0119	2.71	0.0034	3.16	0.00079	3.61	0.00015	4.06	0.000025
2.27	0.0116	2.72	0.0033	3.17	0.00076	3.62	0.00015	4.07	0.000024
2.28	0.0113	2.73	0.0032	3.18	0.00074	3.63	0.00014	4.08	0.000023
2.29	0.0110	2.74	0.0031	3.19	0.00071	3.64	0.00014	4.09	0.000022
2.30	0.0107	2.75	0.0030	3.20	0.00069	3.65	0.00013	4.10	0.000021
2.31	0.0104	2.76	0.0029	3.21	0.00066	3.66	0.00013	4.11	0.000020
2.32	0.0102	2.77	0.0028	3.22	0.00064	3.67	0.00012	4.12	0.000019
2.33	0.0099	2.78	0.0027	3.23	0.00062	3.68	0.00012	4.13	0.000018
2.34	0.0096	2.79	0.0026	3.24	0.00060	3.69	0.00011	4.14	0.000017
2.35	0.0094	2.80	0.0026	3.25	0.00058	3.70	0.00011	4.15	0.000017
2.36	0.0091	2.81	0.0025	3.26	0.00056	3.71	0.00010	4.16	0.000016
2.37	0.0089	2.82	0.0024	3.27	0.00054	3.72	0.00010	4.17	0.000015
2.38	0.0087	2.83	0.0023	3.28	0.00052	3.73	0.00010	4.18	0.000015
2.39	0.0084	2.84	0.0023	3.29	0.00050	3.74	0.00009	4.19	0.000014
2.40	0.0082	2.85	0.0022	3.30	0.00048	3.75	0.00009	4.20	0.000013
2.41	0.0080	2.86	0.0021	3.31	0.00047	3.76	0.00008	4.21	0.000013
2.42	0.0078	2.87	0.0021	3.32	0.00045	3.77	0.00008	:	:
2.43	0.0075	2.88	0.0020	3.33	0.00043	3.78	0.00008	4.50	0.000003
2.44	0.0073	2.89	0.0019	3.34	0.00042	3.79	0.00008	:	:
2.45	0.0071	2.90	0.0019	3.35	0.00040	3.80	0.00007	5.00	0.0000003

付表3 F分布表（α=.01；その1）

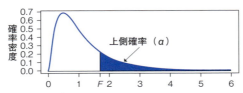

`F<-qf(上側確率, df1=nu1, df2=nu2, lower.tail=FALSE)`

分母の自由度 (df_2)	\multicolumn{10}{c}{分子の自由度 (df_1)}
	1	2	3	4	5	6	7	8	9	10
1	4052	5000	5403	5625	5764	5859	5928	5981	6022	6056
2	98.50	99.00	99.17	99.25	99.30	99.33	99.36	99.37	99.39	99.40
3	34.12	30.82	29.46	28.71	28.24	27.91	27.67	27.49	27.35	27.23
4	21.20	18.00	16.69	15.98	15.52	15.21	14.98	14.80	14.66	14.55
5	16.26	13.27	12.06	11.39	10.97	10.67	10.46	10.29	10.16	10.05
6	13.75	10.92	9.78	9.15	8.75	8.47	8.26	8.10	7.98	7.78
7	12.25	9.55	8.45	7.85	7.46	7.19	6.99	6.84	6.72	6.62
8	11.26	8.65	7.59	7.01	6.63	6.37	6.18	6.03	5.91	5.81
9	10.56	8.02	6.99	6.42	6.06	5.80	5.61	5.47	5.35	5.26
10	10.04	7.56	6.55	5.99	5.64	5.39	5.20	5.06	4.94	4.85
11	9.65	7.21	6.22	5.67	5.32	5.07	4.89	4.74	4.63	4.54
12	9.33	6.93	5.95	5.41	5.06	4.82	4.64	4.50	4.39	4.30
13	9.07	6.70	5.74	5.21	4.86	4.62	4.44	4.30	4.19	4.10
14	8.86	6.51	5.56	5.04	4.69	4.46	4.28	4.14	4.03	3.94
15	8.68	6.36	5.42	4.89	4.56	4.32	4.14	4.00	3.89	3.80
16	8.53	6.23	5.29	4.77	4.44	4.20	4.03	3.89	3.78	3.69
17	8.40	6.11	5.18	4.67	4.34	4.10	3.93	3.79	3.68	3.59
18	8.29	6.01	5.09	4.58	4.25	4.01	3.84	3.71	3.60	3.51
19	8.18	5.93	5.01	4.50	4.17	3.94	3.77	3.63	3.52	3.43
20	8.10	5.85	4.94	4.43	4.10	3.87	3.70	3.56	3.46	3.37
21	8.02	5.78	4.87	4.37	4.04	3.81	3.64	3.51	3.40	3.31
22	7.95	5.72	4.82	4.31	3.99	3.76	3.59	3.45	3.35	3.26
23	7.88	5.66	4.76	4.26	3.94	3.71	3.54	3.41	3.30	3.21
24	7.82	5.61	4.72	4.22	3.90	3.67	3.50	3.36	3.26	3.17
25	7.77	5.57	4.68	4.18	3.85	3.63	3.46	3.32	3.22	3.13
26	7.72	5.53	4.64	4.14	3.82	3.59	3.42	3.29	3.18	3.09
27	7.68	5.49	4.60	4.11	3.78	3.56	3.39	3.26	3.15	3.06
28	7.64	5.45	4.57	4.07	3.75	3.53	3.36	3.23	3.12	3.03
29	7.60	5.42	4.54	4.04	3.73	3.50	3.33	3.20	3.09	3.00
30	7.56	5.39	4.51	4.02	3.70	3.47	3.30	3.17	3.07	2.98
40	7.31	5.18	4.31	3.83	3.51	3.29	3.12	2.99	2.89	2.80
50	7.17	5.06	4.20	3.72	3.41	3.19	3.02	2.89	2.78	2.70
70	7.01	4.92	4.07	3.60	3.29	3.07	2.91	2.78	2.67	2.59
100	6.90	4.82	3.98	3.51	3.21	2.99	2.82	2.69	2.59	2.50
200	6.76	4.71	3.88	3.41	3.11	2.89	2.73	2.60	2.50	2.41
500	6.69	4.65	3.82	3.36	3.05	2.84	2.68	2.55	2.44	2.36
1000	6.66	4.63	3.80	3.34	3.04	2.82	2.66	2.53	2.43	2.34
∞	6.63	4.61	3.78	3.32	3.02	2.80	2.64	2.51	2.41	2.32

付　表　　　　　265

付表 4　*F* 分布表（*α* =.01；その 2）

F＜－qf（上側確率, df1＝nu1, df2＝nu2, lower.tail＝FALSE）

分母の自由度 (*df₂*)	分子の自由度 (*df₁*)									
	11	12	13	14	15	30	50	100	500	∞
1	6083	6106	6126	6143	6157	6261	6303	6334	6360	6366
2	99.41	99.42	99.42	99.43	99.43	99.47	99.48	99.49	99.50	99.50
3	27.13	27.05	26.98	26.92	26.87	26.50	26.35	26.24	26.15	26.13
4	14.45	14.37	14.31	14.25	14.20	13.84	13.69	13.58	13.49	13.46
5	9.96	9.89	9.82	9.77	9.72	9.38	9.24	9.13	9.04	9.02
6	7.79	7.72	7.66	7.60	7.56	7.23	7.09	6.99	6.90	6.88
7	6.54	6.47	6.41	6.36	6.31	5.99	5.86	5.75	5.67	5.65
8	5.73	5.67	5.61	5.56	5.52	5.20	5.07	4.96	4.88	4.86
9	5.18	5.11	5.05	5.01	4.96	4.65	4.52	4.41	4.33	4.31
10	4.77	4.71	4.65	4.60	4.56	4.25	4.12	4.01	3.93	3.91
11	4.46	4.40	4.34	4.29	4.25	3.94	3.81	3.71	3.62	3.60
12	4.22	4.16	4.10	4.05	4.01	3.70	3.57	3.47	3.38	3.36
13	4.02	3.96	3.91	3.86	3.82	3.51	3.38	3.27	3.19	3.17
14	3.86	3.80	3.75	3.70	3.66	3.35	3.22	3.11	3.03	3.00
15	3.73	3.67	3.61	3.56	3.52	3.21	3.08	2.98	2.89	2.87
16	3.62	3.55	3.50	3.45	3.41	3.10	2.97	2.86	2.78	2.75
17	3.52	3.46	3.40	3.35	3.31	3.00	2.87	2.76	2.68	2.65
18	3.43	3.37	3.32	3.27	3.23	2.92	2.78	2.68	2.59	2.57
19	3.36	3.30	3.24	3.19	3.15	2.84	2.71	2.60	2.51	2.49
20	3.29	3.23	3.18	3.13	3.09	2.78	2.64	2.54	2.44	2.42
21	3.24	3.17	3.12	3.07	3.03	2.72	2.58	2.48	2.38	2.36
22	3.18	3.12	3.07	3.02	2.98	2.67	2.53	2.42	2.33	2.31
23	3.14	3.07	3.02	2.97	2.93	2.62	2.48	2.37	2.28	2.26
24	3.09	3.03	2.98	2.93	2.89	2.58	2.44	2.33	2.24	2.21
25	3.06	2.99	2.94	2.89	2.85	2.54	2.40	2.29	2.19	2.17
26	3.02	2.96	2.90	2.86	2.81	2.50	2.36	2.25	2.16	2.13
27	2.99	2.93	2.87	2.82	2.78	2.47	2.33	2.22	2.12	2.10
28	2.96	2.90	2.84	2.79	2.75	2.44	2.30	2.19	2.09	2.06
29	2.93	2.87	2.81	2.77	2.73	2.41	2.27	2.16	2.06	2.03
30	2.91	2.84	2.79	2.74	7.70	2.39	2.25	2.13	2.03	2.01
40	2.73	2.66	2.61	2.56	2.52	2.20	2.06	1.94	1.83	1.80
50	2.63	2.56	2.51	2.46	2.42	2.10	1.95	1.82	1.71	1.68
70	2.51	2.45	2.40	2.35	2.31	1.98	1.83	1.70	1.57	1.54
100	2.43	2.37	2.31	2.27	2.22	1.89	1.74	1.60	1.47	1.43
200	2.34	2.27	2.22	2.17	2.13	1.79	1.63	1.48	1.33	1.28
500	2.28	2.22	2.17	2.12	2.07	1.74	1.57	1.41	1.23	1.16
1000	2.27	2.20	2.15	2.10	2.06	1.72	1.54	1.38	1.19	1.11
∞	2.25	2.18	2.13	2.08	2.04	1.70	1.52	1.36	1.15	1.00

付 表

付表5 F分布表（$\alpha = .05$；その1）

F＜－qf（上側確率, df1＝nu1, df2＝nu2, lower.tail＝FALSE）

分母の自由度 (df_2)	分子の自由度 (df_1)									
	1	2	3	4	5	6	7	8	9	10
1	161.4	199.5	215.7	224.6	230.2	234.0	236.8	238.9	240.5	241.9
2	18.51	19.00	19.16	19.25	19.30	19.33	19.35	19.37	19.38	19.40
3	10.13	9.55	9.28	9.12	9.01	8.94	8.89	8.85	8.81	8.79
4	7.71	6.94	6.59	6.39	6.26	6.16	6.09	6.04	6.00	5.96
5	6.61	5.79	5.41	5.19	5.05	4.95	4.88	4.82	4.77	4.74
6	5.99	5.14	4.76	4.53	4.39	4.28	4.21	4.15	4.10	4.06
7	5.59	4.74	4.35	4.12	3.97	3.87	3.79	3.73	3.68	3.64
8	5.32	4.46	4.07	3.84	3.69	3.58	3.50	3.44	3.39	3.35
9	5.12	4.26	3.86	3.63	3.48	3.37	3.29	3.23	3.18	3.14
10	4.96	4.10	3.71	3.48	3.33	3.22	3.14	3.07	3.02	2.98
11	4.84	3.98	3.59	3.36	3.20	3.09	3.01	2.95	2.90	2.85
12	4.75	3.89	3.49	3.26	3.11	3.00	2.91	2.85	2.80	2.75
13	4.67	3.81	3.14	3.18	3.03	2.92	2.83	2.77	2.71	2.67
14	4.60	3.74	3.34	3.11	2.96	2.85	2.76	2.70	2.65	2.60
15	4.54	3.68	3.29	3.06	2.90	2.79	2.71	2.64	2.59	2.54
16	4.49	3.63	3.24	3.01	2.85	2.74	2.66	2.59	2.54	2.49
17	4.45	3.59	3.20	2.96	2.81	2.70	2.61	2.55	2.49	2.45
18	4.41	3.55	3.16	2.93	2.77	2.66	2.58	2.51	2.46	2.41
19	4.38	3.52	3.13	2.90	2.74	2.63	2.54	2.48	2.42	2.38
20	4.35	3.49	3.10	2.87	2.71	2.60	2.51	2.45	2.39	2.35
21	4.32	3.47	3.07	2.84	2.68	2.57	2.49	2.42	2.37	2.32
22	4.30	3.44	3.05	2.82	2.66	2.55	2.46	2.40	2.34	2.30
23	4.28	3.42	3.03	2.80	2.64	2.53	2.44	2.37	2.32	2.27
24	4.26	3.40	3.01	2.78	2.62	2.51	2.42	2.36	2.30	2.25
25	4.24	3.39	2.99	2.76	2.60	2.49	2.40	2.34	2.28	2.24
26	4.23	3.37	2.98	2.74	2.59	2.47	2.39	2.32	2.27	2.22
27	4.21	3.35	2.96	2.73	2.57	2.46	2.37	2.31	2.25	2.20
28	4.20	3.34	2.95	2.71	2.56	2.45	2.36	2.29	2.24	2.19
29	4.18	3.33	2.93	2.70	2.55	2.43	2.35	2.28	2.22	2.18
30	4.17	3.32	2.92	2.69	2.53	2.42	2.33	2.27	2.21	2.16
40	4.08	3.23	2.84	2.61	2.45	2.34	2.25	2.18	2.12	2.08
50	4.03	3.18	2.79	2.56	2.40	2.29	2.20	2.13	2.07	2.03
70	3.98	3.13	2.74	2.50	2.35	2.23	2.14	2.07	2.02	1.97
100	3.94	3.09	2.70	2.46	2.31	2.19	2.10	2.03	1.97	1.93
200	3.89	3.04	2.65	2.42	2.26	2.14	2.06	1.98	1.93	1.88
500	3.86	3.01	2.62	2.39	2.23	2.12	2.03	1.96	1.90	1.85
1000	3.85	3.00	2.61	2.38	2.22	2.11	2.02	1.95	1.89	1.84
∞	3.84	3.00	2.60	2.37	2.21	2.10	2.01	1.94	1.88	1.83

付　表

付表6　F分布表（α=.05；その2）

F<-qf（上側確率, df1=nu1, df2=nu2, lower.tail=FALSE）

分母の自由度 (df_2)	分子の自由度 (df_1)									
	11	12	13	14	15	30	50	100	500	∞
1	243.0	243.9	244.7	245.4	245.9	250.1	251.8	253.0	254.1	254.3
2	19.40	19.14	19.42	19.42	19.43	19.46	19.48	19.49	19.49	19.50
3	8.76	8.74	8.73	8.71	8.70	8.62	8.58	8.55	8.53	8.53
4	5.94	5.91	5.89	5.87	5.86	5.75	5.70	5.66	5.64	5.63
5	4.70	4.68	4.66	4.64	4.62	4.50	4.44	4.41	4.37	4.36
6	4.03	4.00	3.98	3.96	3.94	3.81	3.75	3.71	3.68	3.67
7	3.60	3.57	3.55	3.53	3.51	3.38	3.32	3.27	3.24	3.23
8	3.31	3.28	3.26	3.24	3.22	3.08	3.02	2.97	2.94	2.93
9	3.10	3.07	3.05	3.03	3.01	2.86	2.80	2.76	2.72	2.71
10	2.94	2.91	2.89	2.86	2.85	2.70	2.64	2.59	2.55	2.54
11	2.82	2.79	2.76	2.74	2.72	2.57	2.51	2.46	2.42	2.40
12	2.72	2.69	2.66	2.64	2.62	2.47	2.40	2.35	2.31	2.30
13	2.63	2.60	2.58	2.55	2.53	2.38	2.31	2.26	2.22	2.21
14	2.57	2.53	2.51	2.48	2.46	2.31	2.24	2.19	2.14	2.13
15	2.51	2.48	2.45	2.42	2.40	2.25	2.18	2.12	2.08	2.07
16	2.46	2.42	2.40	2.37	2.35	2.19	2.12	2.07	2.02	2.01
17	2.41	2.38	2.35	2.33	2.31	2.15	2.08	2.02	1.97	1.96
18	2.37	2.34	2.31	2.29	2.27	2.11	2.04	1.98	1.93	1.92
19	2.34	2.31	2.28	2.26	2.23	2.07	2.00	1.94	1.89	1.88
20	2.31	2.28	2.25	2.22	2.20	2.04	1.97	1.91	1.86	1.84
21	2.28	2.25	2.22	2.20	2.18	2.01	1.94	1.88	1.83	1.81
22	2.26	2.23	2.20	2.17	2.15	1.98	1.91	1.85	1.80	1.78
23	2.24	2.20	2.18	2.15	2.13	1.96	1.88	1.82	1.77	1.76
24	2.22	2.18	2.15	2.13	2.11	1.94	1.86	1.80	1.75	1.73
25	2.20	2.16	2.14	2.11	2.09	1.92	1.84	1.78	1.73	1.71
26	2.18	2.15	2.12	2.09	2.07	1.90	1.82	1.76	1.71	1.69
27	2.17	2.13	2.10	2.08	2.06	1.88	1.81	1.74	1.69	1.67
28	2.15	2.12	2.09	2.06	2.04	1.87	1.79	1.73	1.67	1.65
29	2.14	2.10	2.08	2.05	2.03	1.85	1.77	1.71	1.65	1.64
30	2.13	2.09	2.06	2.04	2.01	1.84	1.76	1.70	1.64	1.62
40	2.04	2.00	1.97	1.95	1.92	1.74	1.66	1.59	1.53	1.51
50	1.99	1.95	1.92	1.89	1.87	1.69	1.60	1.52	1.46	1.44
70	1.93	1.89	1.86	1.84	1.81	1.62	1.53	1.45	1.37	1.35
100	1.89	1.85	1.82	1.79	1.77	1.57	1.48	1.39	1.31	1.28
200	1.84	1.80	1.77	1.74	1.72	1.52	1.41	1.32	1.22	1.19
500	1.81	1.77	1.74	1.71	1.69	1.48	1.38	1.28	1.16	1.11
1000	1.80	1.76	1.73	1.70	1.68	1.47	1.36	1.26	1.13	1.08
∞	1.79	1.75	1.72	1.69	1.67	1.46	1.35	1.24	1.11	1.00

付表7 F分布表 (α=.20；その1)

F＜－qf (上側確率, df1＝nu1, df2＝nu2, lower.tail＝FALSE)

分母の自由度 (df_2)	分子の自由度 (df_1)									
	1	2	3	4	5	6	7	8	9	10
1	9.47	12.00	13.06	13.64	14.01	14.26	14.44	14.58	14.68	14.77
2	3.56	4.00	4.16	4.24	4.28	4.32	4.34	4.36	4.37	4.38
3	2.68	2.89	2.94	2.96	2.97	2.97	2.97	2.98	2.98	2.98
4	2.35	2.47	2.48	2.48	2.48	2.47	2.47	2.47	2.46	2.46
5	2.18	2.26	2.25	2.24	2.23	2.22	2.21	2.20	2.20	2.19
6	2.07	2.13	2.11	2.09	2.08	2.06	2.05	2.04	2.03	2.03
7	2.00	2.04	2.02	1.99	1.97	1.96	1.94	1.93	1.93	1.92
8	1.95	1.98	1.95	1.92	1.90	1.88	1.87	1.86	1.85	1.84
9	1.91	1.93	1.90	1.87	1.85	1.83	1.81	1.80	1.79	1.78
10	1.88	1.90	1.86	1.83	1.80	1.78	1.77	1.75	1.74	1.73
11	1.86	1.87	1.83	1.80	1.77	1.75	1.73	1.72	1.70	1.69
12	1.84	1.85	1.80	1.77	1.74	1.72	1.70	1.69	1.67	1.66
13	1.82	1.83	1.78	1.75	1.72	1.69	1.68	1.66	1.65	1.64
14	1.81	1.81	1.76	1.73	1.70	1.67	1.65	1.64	1.63	1.62
15	1.80	1.80	1.75	1.71	1.68	1.66	1.64	1.62	1.61	1.60
16	1.79	1.78	1.74	1.70	1.67	1.64	1.62	1.61	1.59	1.58
17	1.78	1.77	1.72	1.68	1.65	1.63	1.61	1.59	1.58	1.57
18	1.77	1.76	1.71	1.67	1.64	1.62	1.60	1.58	1.56	1.55
19	1.76	1.75	1.70	1.66	1.63	1.61	1.58	1.57	1.55	1.54
20	1.76	1.75	1.70	1.65	1.62	1.60	1.58	1.56	1.54	1.53
21	1.75	1.74	1.69	1.65	1.61	1.59	1.57	1.55	1.53	1.52
22	1.75	1.73	1.68	1.64	1.61	1.58	1.56	1.54	1.53	1.51
23	1.74	1.73	1.68	1.63	1.60	1.57	1.55	1.53	1.52	1.51
24	1.74	1.72	1.67	1.63	1.59	1.57	1.55	1.53	1.51	1.50
25	1.73	1.72	1.66	1.62	1.59	1.56	1.54	1.52	1.51	1.49
26	1.73	1.71	1.66	1.62	1.58	1.56	1.53	1.52	1.50	1.49
27	1.73	1.71	1.66	1.61	1.58	1.55	1.53	1.51	1.49	1.48
28	1.72	1.71	1.65	1.61	1.57	1.55	1.52	1.51	1.49	1.48
29	1.72	1.70	1.65	1.60	1.57	1.54	1.52	1.50	1.49	1.47
30	1.72	1.70	1.64	1.60	1.57	1.54	1.52	1.50	1.48	1.47
40	1.70	1.68	1.62	1.57	1.54	1.51	1.49	1.47	1.45	1.44
50	1.69	1.66	1.60	1.56	1.52	1.49	1.47	1.45	1.43	1.42
70	1.67	1.65	1.59	1.54	1.50	1.47	1.45	1.43	1.41	1.40
100	1.66	1.64	1.58	1.53	1.49	1.46	1.43	1.41	1.40	1.38
200	1.65	1.62	1.56	1.51	1.47	1.44	1.42	1.40	1.38	1.36
500	1.65	1.61	1.55	1.50	1.46	1.43	1.41	1.39	1.37	1.35
1000	1.64	1.61	1.55	1.50	1.46	1.43	1.40	1.38	1.36	1.35
∞	1.64	1.61	1.55	1.50	1.46	1.43	1.40	1.38	1.36	1.34

付　表

付表 8　F 分布表（α = .20；その 2）

F <ーqf（上側確率，df1＝nu1, df2＝nu2, lower.tail＝FALSE）

分母の自由度 (df_2)	分子の自由度 (df_1)									
	11	12	13	14	15	30	50	100	500	∞
1	14.84	14.90	14.95	15.00	15.04	15.31	15.42	15.50	15.56	15.58
2	4.39	4.40	4.40	4.41	4.42	4.45	4.46	4.47	4.48	4.48
3	2.98	2.98	2.98	2.98	2.98	2.98	2.98	2.98	2.98	2.98
4	2.46	2.46	2.45	2.45	2.45	2.44	2.43	2.43	2.43	2.43
5	2.19	2.18	2.18	2.18	2.18	2.16	2.15	2.14	2.14	2.13
6	2.02	2.02	2.01	2.01	2.01	1.98	1.97	1.96	1.96	1.95
7	1.91	1.91	1.90	1.90	1.89	1.86	1.85	1.84	1.83	1.83
8	1.83	1.83	1.82	1.82	1.81	1.78	1.76	1.75	1.74	1.74
9	1.77	1.76	1.76	1.75	1.75	1.71	1.70	1.69	1.68	1.67
10	1.72	1.72	1.71	1.70	1.70	1.66	1.65	1.63	1.62	1.62
11	1.69	1.68	1.67	1.67	1.66	1.62	1.60	1.59	1.58	1.57
12	1.65	1.65	1.64	1.63	1.63	1.59	1.57	1.55	1.54	1.54
13	1.63	1.62	1.61	1.61	1.60	1.56	1.54	1.52	1.51	1.51
14	1.61	1.60	1.59	1.58	1.58	1.53	1.51	1.50	1.48	1.48
15	1.59	1.58	1.57	1.56	1.56	1.51	1.49	1.47	1.46	1.46
16	1.57	1.56	1.55	1.55	1.54	1.49	1.47	1.45	1.44	1.43
17	1.56	1.55	1.54	1.53	1.53	1.48	1.46	1.44	1.42	1.42
18	1.54	1.53	1.53	1.52	1.51	1.46	1.44	1.42	1.40	1.40
19	1.53	1.52	1.51	1.51	1.50	1.45	1.43	1.41	1.39	1.39
20	1.52	1.51	1.50	1.50	1.49	1.44	1.41	1.39	1.38	1.37
21	1.51	1.50	1.49	1.49	1.48	1.43	1.40	1.38	1.36	1.36
22	1.50	1.49	1.49	1.48	1.47	1.42	1.39	1.37	1.35	1.35
23	1.50	1.49	1.48	1.47	1.46	1.41	1.38	1.36	1.34	1.34
24	1.49	1.48	1.47	1.46	1.46	1.40	1.38	1.35	1.33	1.33
25	1.48	1.47	1.46	1.46	1.45	1.39	1.37	1.35	1.33	1.32
26	1.48	1.47	1.46	1.45	1.44	1.39	1.36	1.34	1.32	1.31
27	1.47	1.46	1.45	1.44	1.44	1.38	1.35	1.33	1.31	1.30
28	1.47	1.46	1.45	1.44	1.43	1.37	1.35	1.32	1.30	1.30
29	1.46	1.45	1.44	1.43	1.43	1.37	1.34	1.32	1.30	1.29
30	1.46	1.45	1.44	1.43	1.42	1.36	1.34	1.31	1.29	1.28
40	1.42	1.41	1.40	1.40	1.39	1.33	1.30	1.27	1.24	1.24
50	1.41	1.39	1.38	1.38	1.37	1.30	1.27	1.24	1.21	1.21
70	1.38	1.37	1.36	1.35	1.35	1.28	1.24	1.21	1.18	1.17
100	1.37	1.36	1.35	1.34	1.33	1.26	1.22	1.18	1.15	1.14
200	1.35	1.34	1.33	1.32	1.31	1.23	1.19	1.15	1.11	1.09
500	1.34	1.33	1.31	1.30	1.30	1.22	1.17	1.13	1.08	1.06
1000	1.33	1.32	1.31	1.30	1.29	1.21	1.17	1.12	1.07	1.04
∞	1.33	1.32	1.31	1.30	1.29	1.21	1.16	1.12	1.05	1.00

付表9　χ^2分布表

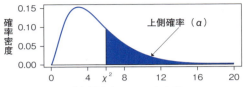

chi2<-qchisq(上側確率, df=自由度, lower.tail=FALSE)

自由度 (df)	\.990	\.975	\.950	\.900	\.750	\.500	\.250	\.100	\.050	\.025	\.010
1	0.00	0.00	0.00	0.02	0.10	0.45	1.32	2.71	3.84	5.02	6.63
2	0.02	0.05	0.10	0.21	0.58	1.39	2.77	4.61	5.99	7.38	9.21
3	0.11	0.22	0.35	0.58	1.21	2.37	4.11	6.25	7.81	9.35	11.34
4	0.30	0.48	0.71	1.06	1.92	3.36	5.39	7.78	9.49	11.14	13.28
5	0.55	0.83	1.15	1.61	2.67	4.35	6.63	9.24	11.07	12.83	15.09
6	0.87	1.24	1.64	2.20	3.45	5.35	7.84	10.64	12.59	14.45	16.81
7	1.24	1.69	2.17	2.83	4.25	6.35	9.04	12.02	14.07	16.01	18.48
8	1.65	2.18	2.73	3.49	5.07	7.34	10.22	13.36	15.51	17.53	20.09
9	2.09	2.70	3.33	4.17	5.90	8.34	11.39	14.68	16.92	19.02	21.67
10	2.56	3.25	3.94	4.87	6.74	9.34	12.55	15.99	18.31	20.48	23.21
11	3.05	3.82	4.57	5.58	7.58	10.34	13.70	17.28	19.68	21.92	24.72
12	3.57	4.40	5.23	6.30	8.44	11.34	14.85	18.55	21.03	23.34	26.22
13	4.11	5.01	5.89	7.04	9.30	12.34	15.98	19.81	22.36	24.74	27.69
14	4.66	5.63	6.57	7.79	10.17	13.34	17.12	21.06	23.68	26.12	29.14
15	5.23	6.26	7.26	8.55	11.04	14.34	18.25	22.31	25.00	27.49	30.58
16	5.81	6.91	7.96	9.31	11.91	15.34	19.37	23.54	26.30	28.85	32.00
17	6.41	7.56	8.67	10.09	12.79	16.34	20.49	24.77	27.59	30.19	33.41
18	7.01	8.23	9.39	10.86	13.68	17.34	21.60	25.99	28.87	31.53	34.81
19	7.63	8.91	10.12	11.65	14.56	18.34	22.72	27.20	30.14	32.85	36.19
20	8.26	9.59	10.85	12.44	15.45	19.34	23.83	28.41	31.41	34.17	37.57
21	8.90	10.28	11.59	13.24	16.34	20.34	24.93	29.62	32.67	35.48	38.93
22	9.54	10.98	12.34	14.04	17.24	21.34	26.04	30.81	33.92	36.78	40.29
23	10.20	11.69	13.09	14.85	18.14	22.34	27.14	32.01	35.17	38.08	41.64
24	10.86	12.40	13.85	15.66	19.04	23.34	28.24	33.20	36.42	39.36	42.98
25	11.52	13.12	14.61	16.47	19.94	24.34	29.34	34.38	37.65	40.65	44.31
26	12.20	13.84	15.38	17.29	20.84	25.34	30.43	35.56	38.89	41.92	45.64
27	12.88	14.57	16.15	18.11	21.75	26.34	31.53	36.74	40.11	43.19	46.96
28	13.56	15.31	16.93	18.94	22.66	27.34	32.62	37.92	41.34	44.46	48.28
29	14.26	16.05	17.71	19.77	23.57	28.34	33.71	39.09	42.56	45.72	49.59
30	14.95	16.79	18.49	20.60	24.48	29.34	34.80	40.26	43.77	46.98	50.89
40	22.16	24.43	26.51	29.05	33.66	39.34	45.62	51.81	55.76	59.34	63.69
50	29.71	32.36	34.76	37.69	42.94	49.33	56.33	63.17	67.50	71.42	76.15
60	37.48	40.48	43.19	46.46	52.29	59.33	66.98	74.40	79.08	83.30	88.38
70	45.44	48.76	51.74	55.33	61.70	69.33	77.58	85.53	90.53	95.02	100.4
80	53.54	57.15	60.39	64.28	71.14	79.33	88.13	96.58	101.9	106.6	112.3
90	61.75	65.65	69.13	73.29	80.62	89.33	98.65	107.6	113.2	118.1	124.1
100	70.06	74.22	77.93	82.36	90.13	99.33	109.1	118.5	124.3	129.6	135.8

付表10 t分布表

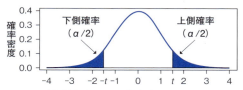

t <- qt (上側確率, df＝自由度, lower.tail＝FALSE)

自由度 (df)	両側確率 α（上側確率 α/2）								
	.500 (.250)	.400 (.200)	.300 (.150)	.200 (.100)	.100 (.050)	.050 (.025)	.020 (.010)	.010 (.005)	.001 (.0005)
1	1.000	1.376	1.963	3.078	6.314	12.71	31.82	63.66	636.6
2	0.816	1.061	1.386	1.886	2.920	4.303	6.965	9.925	31.60
3	0.765	0.978	1.250	1.638	2.353	3.182	4.541	5.841	12.92
4	0.741	0.941	1.190	1.533	2.132	2.776	3.747	4.604	8.610
5	0.727	0.920	1.156	1.476	2.015	2.571	3.365	4.032	6.869
6	0.718	0.906	1.134	1.440	1.943	2.447	3.143	3.707	5.959
7	0.711	0.896	1.119	1.415	1.895	2.365	2.998	3.499	5.408
8	0.706	0.889	1.108	1.397	1.860	2.306	2.896	3.355	5.041
9	0.703	0.883	1.100	1.383	1.833	2.262	2.821	3.250	4.781
10	0.700	0.879	1.093	1.372	1.812	2.228	2.764	3.169	4.587
11	0.697	0.876	1.088	1.363	1.796	2.201	2.718	3.106	4.437
12	0.695	0.873	1.083	1.356	1.782	2.179	2.681	3.055	4.318
13	0.694	0.870	1.079	1.350	1.771	2.160	2.650	3.012	4.221
14	0.692	0.868	1.076	1.345	1.761	2.145	2.624	2.977	4.140
15	0.691	0.866	1.074	1.341	1.753	2.131	2.602	2.947	4.073
16	0.690	0.865	1.071	1.337	1.746	2.120	2.583	2.921	4.015
17	0.689	0.863	1.069	1.333	1.740	2.110	2.567	2.898	3.965
18	0.688	0.862	1.067	1.330	1.734	2.101	2.552	2.878	3.922
19	0.688	0.861	1.066	1.328	1.729	2.093	2.539	2.861	3.883
20	0.687	0.860	1.064	1.325	1.725	2.086	2.528	2.845	3.850
21	0.686	0.859	1.063	1.323	1.721	2.080	2.518	2.831	3.819
22	0.686	0.858	1.061	1.321	1.717	2.074	2.508	2.819	3.792
23	0.685	0.858	1.060	1.319	1.714	2.069	2.500	2.807	3.768
24	0.685	0.857	1.059	1.318	1.711	2.064	2.492	2.797	3.745
25	0.684	0.856	1.058	1.316	1.708	2.060	2.485	2.787	3.725
26	0.684	0.856	1.058	1.315	1.706	2.056	2.479	2.779	3.707
27	0.684	0.855	1.057	1.314	1.703	2.052	2.473	2.771	3.690
28	0.683	0.855	1.056	1.313	1.701	2.048	2.467	2.763	3.674
29	0.683	0.854	1.055	1.311	1.699	2.045	2.462	2.756	3.659
30	0.683	0.854	1.055	1.310	1.697	2.042	2.457	2.750	3.646
40	0.681	0.851	1.050	1.303	1.684	2.021	2.423	2.704	3.551
50	0.679	0.849	1.047	1.299	1.676	2.009	2.403	2.678	3.496
60	0.679	0.848	1.045	1.296	1.671	2.000	2.390	2.660	3.460
80	0.678	0.846	1.043	1.292	1.664	1.990	2.374	2.639	3.416
100	0.677	0.845	1.042	1.290	1.660	1.984	2.364	2.626	3.390
200	0.676	0.843	1.039	1.286	1.653	1.972	2.345	2.601	3.340
300	0.675	0.843	1.038	1.284	1.650	1.968	2.339	2.592	3.323
∞	0.674	0.842	1.036	1.282	1.645	1.960	2.326	2.576	3.291

復習問題解答例

第1章

1. (a) 背番号：名義尺度，(b) 反応時間：比率尺度，(c) 試験の得点：小問の配点を変えれば合計点も容易に変わりますので，順序尺度であると考えられますが，一般的には間隔尺度と見なして処理することが多いです。(d) カレンダーの日付：間隔尺度，(e) 速度：比率尺度，(f) 面接の評定値：順序尺度であると考えられますが，間隔尺度と見なして処理することがあります。

2. 次の通りです。

(1) 左辺 $= 1380 + 1240 + 1270 + 1280 + 1280 = 6450$
   右辺 $= 2600 + 3850 = 6450$

(2) 左辺 $= 3 \times 560 + 3 \times 490 + 3 \times 620 + 3 \times 500 + 3 \times 430 = 7800$
   右辺 $= 3 \times (560 + 490 + 620 + 500 + 430) = 3 \times 2600 = 7800$

(3) 左辺 $= 59200 + 367500 + 403000 + 390000 + 365500 = 1985200$
   右辺 $= 2600 \times 3850 = 10010000$

(4) 左辺 $= 313600 + 240100 + 384400 + 250000 + 184900 = 1373000$
   右辺 $= 2600^2 = 6760000$

3. 式 (1.13) の通りに計算してもよいですが，次のように式を展開してから計算することができます。

$$\frac{1}{5}\sum_{i=1}^{5}(x_i - \bar{x})^2 = \frac{1}{5}\sum_{i=1}^{5}(x_i^2 - 2\bar{x}x_i + \bar{x}^2)$$

$$= \left(\frac{1}{5}\sum_{i=1}^{5}x_i^2\right) - \left(2 \times \bar{x} \times \underbrace{\frac{1}{5}\sum_{i=1}^{5}x_i}_{\bar{x}}\right) + \left(\underbrace{\frac{1}{5}\sum_{i=1}^{5}\bar{x}^2}_{5\times\bar{x}^2}\right)$$

$$= \left(\frac{1}{5}\sum_{i=1}^{5}x_i^2\right) - 2\bar{x}^2 + \bar{x}^2 = \left(\frac{1}{5}\sum_{i=1}^{5}x_i^2\right) - \bar{x}^2$$

$$= \frac{1}{5} \times (1270^2 + 1350^2 + 1230^2 + 1190^2 + 1460^2) - 1300^2$$

$$= \frac{1}{5} \times 8496000 - 1300^2 = 9200$$

4. c() 演算子は数列（ベクトル）を作ります．x は数列ですから，x^2 は個々の数を 2 乗します．結果はすべて 9200 です．

```
x <- c(1270, 1350, 1230, 1190, 1460)  # 食事代の x への代入
x                                      # xの要素の確認
1/5 * sum((x - mean(x))^2)             # 定義式を用いる場合
mean((x - mean(x))^2)                  # 上式と同一
1/5 * sum(x^2) - mean(x)^2             # 筆算用の計算式を用いる場合
mean(x^2) - mean(x)^2                  # 上式と同一
```

第 2 章

1. 図の通りです．

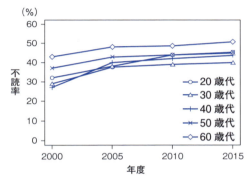

R を使う場合の命令文は次の通りです．matplot() 関数は年度を横軸の座標値（c(2000, 2005, 2010, 2015)），不読率（%）（fudoku）を縦軸の座標値として点をプロットして線分で結びます．線分の色は col = "black" により黒色としました．pch は点の種別，cex はその大きさ，lwd は線分の太さ，lty は線分の種別，cex.lab はラベルの大きさ，cex.axis は目盛りの大きさを指定する引数です．また，legend() 関数を用いてグラフの下段右隅（"bottomright" により指定）に凡例を入れました．

```
y2000 <- c(32, 29, 27, 37, 43)
y2005 <- c(38, 38, 40, 43, 48)
y2010 <- c(44, 39, 42, 44, 49)
y2015 <- c(45, 40, 44, 45, 51)
fudoku <- rbind(y2000, y2005, y2010, y2015)
par(mai=c(1.0, 1.0, 0.5, 0.5))
matplot(c(2000, 2005, 2010, 2015), fudoku, type ="b",
        col = "black", pch = 1:5,
        cex = 2, lwd = 2, lty = 1,
        ylim = c(0, 60), ylab = "不読率（%）",
        xlab = "年度", cex.lab = 2, cex.axis = 2)
```

```
legend("bottomright",
       legend = c("20歳代", "30歳代", "40歳代",
                  "50歳代", "60歳代"), cex = 1.3,
       col = "black", pch=1:5, lwd = 2, lty = 1)
```

2. 縦棒の前（幹）が測定値の2桁目の値，後（葉）が1桁目の値です。これより，32点が2人，35点と36点がそれぞれ1人，39点が2人いることがわかります。Rでは stem() 関数を利用して作成することができます。

```
1 | 6
2 | 69
3 | 225699
4 | 1244556667777899
5 | 011222445556699
6 | 0167
7 | 0689
8 | 14
```

第3章

1. 「1，2，4，5，9」の平均値は 4.2 ですから，$MD_2(x) = 11.2/5 = 2.240$ です。表 3.1 の変数 x_3 と x_4 の平均値は $\bar{x}_3 = 50.850$，$\bar{x}_4 = 50.425$ ですから，$MD_2(x_3) = 250.300/40 = 6.258$，$MD_2(x_4) = 477.300/40 = 11.933$ です。

2. スピードスケート女子 1000m 記録 .xlsx に保存した記録を読み込み，psych パッケージの describe() 関数を用いて記録の記述統計量を求めるとよいです。平均値（標準偏差）はインコースが 75.91（1.37）秒，アウトコースが 76.27（1.44）秒です。0.36 秒の違いがあります。

3. 標準得点の歪度と尖度の値は素点から求めた値（p.43）と同じです。素点を変換しても分布の形は変わりません。

4. 500 に標準得点を 100 倍した値を加え，$500 + 100(x_i - \bar{x})/s(x)$ とします。

第4章

1. 最小値は −1，最大値は 1 です。

2. $r(x, y) = 0.578$，$r_S(x, y) = 0.556$，$r_K(x, y) = 0.437$ です。

3. データを居場所感ストレス適応感 .xlsx に保存して，次のスクリプトを実行します。by() 関数と describe() 関数を用いて男女別の記述統計量を求めることができます。同様に by() 関数と cor() 関数を用いて男女別の相関係数行列を求めます。また，psych パッケージの describeBy() 関数を用いても男女別の記述統計量を求めること

復習問題解答例　　　　　　　　　275

ができます。

```
library(openxlsx)          # パッケージの読み込み
library(psych)             # パッケージの読み込み
setwd("K:/データファイル") # ディレクトリの変更
mydata <- read.xlsx("居場所感ストレス適応感.xlsx")
                           # ファイルの読み込み
by(mydata[, c(3,4,5)], mydata$seibetu, describe) # 男女別記述
by(mydata[, c(3,4,5)], mydata$seibetu, cor)      # 男女別相関
describeBy(mydata[, c(3,4,5)], mydata$seibetu)   # 男女別記述
```

　　男女別の相関係数は次のように出力されます。男女とも居場所感とストレスは負の
相関があり，適応感とは正の相関があります。

```
> by(mydata[, c(3,4,5)], mydata$seibetu, cor)        # 男女別相関
mydata$seibetu: 女
           ibashokan    sutoresu   tekioukan
ibashokan  1.0000000 -0.7369680   0.5871936
sutoresu  -0.7369680  1.0000000  -0.7621138
tekioukan  0.5871936 -0.7621138   1.0000000
------------------------------------------------------------------
mydata$seibetu: 男
           ibashokan    sutoresu   tekioukan
ibashokan  1.0000000 -0.5142707   0.4882611
sutoresu  -0.5142707  1.0000000  -0.1503225
tekioukan  0.4882611 -0.1503225   1.0000000
```

4. データを**食品購入額**.xlsx に保存して次の命令文を実行します。

```
library(openxlsx)          # パッケージの読み込み
library(psych)             # パッケージの読み込み
setwd("K:/データファイル") # ディレクトリの変更
mydata <- read.xlsx("食品購入額.xlsx")
round(cor(mydata[, 2:10]), 3) # 相関係数行列
```

　　相関係数行列を省略しますが，大きな相関係数の値はコロッケとサラダの .833，天
ぷら・フライとカツレツの .722 です。一方，焼売と餃子の相関係数は .024 となり，
無相関といえます。

第5章

1. $0 \leq \chi^2 \leq n(k-1)$, $0 \leq V \leq 1$, $0 \leq w \leq \sqrt{k-1}$, $0 \leq C \leq \sqrt{1-1/k}$ です。

2. $\chi^2 = 61.031$, $V = .181$, $w = 0.362$, $C = 0.340$ です。R を用いる場合，クロス集
計表を読み込み，p.74 の命令文を実行します。χ^2 が 61.03085，V が 0.1807533，w
が 0.3615066，C が 0.3399735 です。

3. χ^2 値は度数に依存しますので 10 倍の大きさ（610.3085）になりますが，V（0.1807533）と w（0.3615066）と C（0.3399735）の値は変わりません。

第6章

1. 実験群と統制群のように 2 群の参加者が異なる標本は対応のない 2 標本です。2 群の参加者が同一である標本は対応のある 2 標本です。

2. p.101 の手順に従ってウェルチの検定を適用した結果，$t_0 = (4.733 - 4.080)/0.3666 = 1.7812$，$df = (2.1333/30 + 1.5767/25)^2/(2.1333^2/(30^2 \times (30 - 1)) + 1.5767^2/(25^2 \times (25 - 1))) = 52.9368$，$p = 2Pr(1.7812 < t) = 0.0806$ となり，有意差は認められません。信頼区間は $-0.0817 \sim 1.3877$ です。ちなみに，等分散性の検定は $F_0 = 1.3530$，$df = 29, 24$，$p = 0.4532$，また，t 検定は $t_0 = (4.733 - 4.080)/0.3714 = 1.7582$，$df = 53$，$p = 2Pr(1.7582 < t) = 0.0845$ です。

3. 筆者が無作為に抽出した標本は次の通りでした。

実験群：49 58 47 67 66 70 67 55 55 46 65 41 66 51 35

統制群：60 40 47 55 56 61 48 57 61 43 59 44 43 36 46

母集団の平均値は実験群が 54.7，統制群が 50.1 ですから帰無仮説は誤っていますが，t 検定の結果は $t(28) = 1.543$，$p = .134$ となり，有意水準 .05 で有意差は認められませんでした。この判断は第 2 種の誤りを犯していたことになります。この実験の検定力はおおよそ 20% ですが，2 群の標本の大きさをそれぞれ 30 とすると 40%，65 とすると 70%，110 とすると 90% です。母集団の平均値差が小さいとき，少人数では容易に平均値差を検出できないことがわかります。なお，片側対立仮説にすると，検定力は大きくなります（p.129）。

4. 2 つの分散には $u^2(x) = ns^2(x)/(n - 1)$ という関係がありますから，次式の通りです。

$$t_0 = \frac{(\bar{x}_1 - \bar{x}_2) - (\mu_1 - \mu_2)}{\sqrt{\dfrac{n_1 s_1^2(x) + n_2 s_2^2(x)}{n_1 + n_2 - 2}\left(\dfrac{1}{n_1} + \dfrac{1}{n_2}\right)}}$$

第7章

1. 平均値差の t 検定の結果は $t(38) = 2.900$，$p = 0.006$ となり，有意水準 .01（1%）で有意な効果が認められます。効果量は $d = 0.917$（95%CI $[0.259, 1.565]$），$g = 0.899$（95%CI $[0.242, 1.545]$），$U_3 = 95.00\%$，$\pi_d = .745$（CLES），クリフの $\delta = .508$

復習問題解答例　　　　　　　　　　　　277

です。また，2 群の変化量に等分散の正規分布を仮定した場合，$U_3 = 82.05\%$，$\pi_d = .742$（CLES），クリフの $\delta = .483$ です。仮説検定は有意となり，実験効果は認められましたが，実験参加者が少ないために効果量の信頼区間を狭めてアロマテラピーの効果を判断することは難しいです。

2. $t(38) = 2.900$ ですから，$r = .4257$ です（式 (7.9)）。

第8章

1.（a）正の相関が期待されますので，片側対立仮説として検定しました。$t_0 = 0.3330/\sqrt{(1 - 0.3330^2)/28} = 1.8687$，$p = Pr(1.8687 < t) = 0.0361$ となり，有意水準 .05 で有意です。（b）$|R| = 0.4131$（p.138）ですから，$t_0 = -0.3112$，$p = 2Pr(t < -0.3112) = 0.7580$ となり，有意差はありません。R を利用する場合は次の命令文を実行します。

```
library(psych)
r.test(n = 30, r12 = 0.3330, r13 = 0.3746, r23 = 0.7174)
```

2. $\chi^2(1, n = 30) = 7.873$，$p = .005$ となり，有意です。なお，クラメールの連関係数 V とコーエンの w は 0.512，ピアソンの C は 0.456 です。

3. 3 群の人数が固定されていますので，フィッシャーの正確検定を用いて p 値を求めますと，$p = .027$ です。調整済み標準化残差の値から，smashed 群の「はい」の回答率が他群よりも大きく，記憶の歪みが大きいといえます。ちなみに χ^2 検定では，$\chi^2(2, n = 150) = 7.780$，$p = .020$ です。

第9章

1. 予測する方の変数が独立変数，予測される方の変数が従属変数です。言い換えますと，影響を与える方の変数が独立変数，影響を受ける方の変数が従属変数です（p.160）。例えば，ストレスの強さから精神的健康度を予測したとき，ストレスの強さが独立変数，精神的健康度が従属変数です。

2. 素点から作成した回帰式において独立変数に乗じる係数が回帰係数，素点を標準得点へ変換してから作成した回帰式において従属変数に乗じる係数が標準回帰係数です（p.163）。

3. 予測式は

$$\hat{y}_i = 13.80 + 0.42 x_i$$

です。回帰係数の有意性検定の結果は $t_0(18) = 2.331$, $p = .032$ です。標準回帰係数は .482, 重相関係数の2乗（決定係数）は .232 です。

4. 予測式は

$$\widehat{\mathrm{Glr}}_i = 54.79 + 0.43\mathrm{Gsm}_i$$

です。回帰係数の有意性検定の結果は $t_0(28) = 3.046$, $p = .005$ です。なお，重相関係数の2乗（決定係数）は .249 です。

5. 予測式は

$$\hat{y}_i = 26.37 + 0.64 x_i$$

です。春学期と秋学期の成績の相関係数は .548 とやや大きく，春学期の成績が良い学生は秋学期の成績も良い傾向が認められますが，重相関係数の2乗（決定係数）は .300 ですから，予測の精度が高いとはいえません。また，信頼水準 .95 の信頼区間は次の通りです。

切片と回帰係数		下側信頼限界	上側信頼限界
切片（a）		2.854	49.878
回帰係数（b）		0.262	1.022
標準回帰件数（β）	（式（9.20）の分母を $\sqrt{n-3}$）	0.272	0.824
標準回帰件数（β）	（式（9.20）の分母を $\sqrt{n}$）	0.286	0.810
標準回帰件数（β）	（近似法）	0.224	0.872

第10章

1. ブラウンとフォーサイスの検定は $F(2, 27) = 0.986$, $p = 0.386$ となり，等分散性を満たすと判断できます。分散分析の結果，$F(2, 271) = 4.868$, $p = .016$ となり，主効果が認められました。効果量は $\eta^2 = \eta_p^2 = .265$, $\epsilon^2 = .211$, $\omega^2 = .205$ です。また，条件間の t 検定の結果は $t_{12}(18) = 1.656$, $p_{12} = .115$, $t_{13}(18) = 1.530$, $p_{13} = .143$, $t_{23}(18) = 3.012$, $p_{23} = .007$ です。ホルムの方法を用いた多重比較によれば，音読条件と暗唱条件の間に有意差が認められます。水準間の標準化平均値差は，$d_{12} = 0.741$（非有意），$d_{13} = 0.684$（非有意），$d_{23} = 1.019$ です。

2. ブラウンとフォーサイスの検定は $F(2, 21) = 0.784$, $p = .470$ となり，等分散性を満たすと判断しました。分散分析の結果，$F(2, 21) = 12.468$, $p = .0003$ となり，主効果が認められました。効果量は $\eta^2 = \eta_p^2 = .543$, $\epsilon^2 = .499$, $\omega^2 = .489$ です。また，条

件間の t 検定の結果は $t_{12}(14) = 2.715$, $p_{12} = .017$, $t_{13}(15) = 5.322$, $p_{13} = .0001$, $t_{23}(15) = 2.038$, $p_{23} = .061$ です。ホルムの方法を用いた多重比較によれば，平均値の関係は ［1 人］ < ［2 人，4 人］ です。水準間の標準化平均値差は，$d_{12} = 1.357$, $d_{13} = 2.661$, $d_{23} = 1.019$（非有意）です。

3. $F(3, 29.992) = 12.492$, $p < .001$ となり，主効果が確認されました。そこで，2 群の間で平均値差のウェルチの検定を行い，ホルムの方法で多重比較を行ったところ，［小学校，中学校］ < ［高等学校，大学］ という関係でした。

第 11 章

1. ハリスの方法による球面性の仮定を検定したところ，仮定を満たすと判断できました（$\chi^2(9) = 5.376$, $p = .797$）。そこで，自由度を修正しない参加者間 1 要因の分散分析を行った結果，主効果が有意でした（$F(4, 28) = 9.945$, $p < .001$, $\omega^2 = .355$）。さらに，対応のある t 検定で作品の対比較を行い，ホルムの方法で多重比較をした結果，「真珠の首飾りの女」は「赤い帽子の娘」と「ワイングラス」よりも魅力度が高く（$t(7) = 5.947$, $p < .001$, $d = 2.102$；$t(7) = 5.527$, $p < .001$, $d = 1.954$），「手紙を書く女」は「ワイングラス」よりも魅力度が高いという結果でした（$t(7) = 4.333$, $p < .01$, $d = 1.532$）。

第 12 章

1. 本文の p.233 の説明を参照してください。

2. 単純主効果の検定です。図 12.3 の流れ図を参照してください。

3. anovakun() 関数（井関，2018）を利用する場合は，変数名を加えた上で**表 12.7** の罫線で囲まれている測定値をそのままの配置（10 行×6 列）でエクセルファイルに保存し，それを読み込んで mydata へ代入して次のスクリプトを実行すればよいです。anovakun() 関数で参加者内 2 要因の分散分析を行うときは，2 番目の引数を "sAB" とし，その後ろに要因 A と要因 B の水準数（ここでは，3 と 2）を指定します。

```
setwd("K:/データファイル") # ディレクトリの変更
source("anovakun_482.txt") # anovakun()関数の読み込み
library(openxlsx)          # openxlsxパッケージの読み込み
mydata <- read.xlsx("化粧の錯視効果（sAB）.xlsx")
anovakun(mydata, "sAB", 3, 2, holm = T, criteria = T,
       eta = T, peta = T, eps = T, omega = T, har = T)
```

ハリスの球面性の検定は有意ではないですから，分散分析での自由度の修正は必要あ

りません。要因 A と要因 B の交互作用が有意（$F(2, 18) = 5.068, p = .018, \omega^2 = .070$）ですから，単純主効果検定と多重比較の結果を見ます。水準 a_1（アイラインなし）と水準 a_2（アイライン中）において要因 B（マスカラ）の単純主効果が認められます。したがって，アイラインがないか，あっても中くらいの太さのときはマスカラに錯視を生じさせる効果があったようです。また，水準 b_1（マスカラなし）において要因 A の単純主効果は有意（$F(2, 18) = 4.866, p = .020, \omega^2 = .195$）ですが，ホルムの方法を用いた多重比較では有意差が検出されませんから，解釈を保留します。参加者数が少ないときは，このような結果が起こることがあります。なお，ここで用いた数値は人工的なものですから，この実験に関する正確な議論は松下ら（Matsushita et al., 2015）と森川（2015）を参照してください。

4. （1）$t(18) = 2.731, p = .014$ です。（2）$F(1, 18) = 7.457, p = .014$ です。（3）交互作用は $F(1, 18) = 7.457, p = .014$ です。このように 3 つの検定の p 値は一致しますので，処遇の効果を検定するためには（1）の t 検定，もしくは（2）の分散分析で十分であることを確認できたと思います。もちろん，（3）の分散分析が誤りということではありません。

引用文献

第1章
足立 浩平（2006）．多変量データ解析法 ── 心理・教育・社会系のための入門 ── ナカニシヤ出版

Colman, A. M.（2001）．*A dictionary of psychology*. New York: Oxford University Press.

川端 一光・岩間 徳兼・鈴木 雅之（2018）．Rによる多変量解析入門 ── データ分析の実践と理論 ── オーム社

尾崎 幸謙・川端 一光・山田 剛史（2018）．Rで学ぶマルチレベルモデル［入門編］── 基本モデルの考え方と分析 ── 朝倉書店

R Core Team（2018）．*R: A language and environment for statistical computing*. Vienna, Austria: R Foundation for Statistical Computing. Retrieved from https://www.R-project.org/.

第2章
Deng, H., & Wickham, H.（2011）．*Density estimation in R*. Electronic publication. Retrieved from http://vita.had.co.nz/papers/density-estimation.pdf

山口 洋（2015）．四捨五入した％の合計が100％にならないとき 佛教大学社会学部論集, *60*, 111–129.

第3章
服部 環（2011）．心理・教育のためのRによるデータ解析 福村出版

Howell, D. C.（2013）．*Statistical methods for psychology*（8th ed.）. CA: Wadsworth Publishing.

Hyndman, R. J., & Fan, Y.（1996）．Sample quantiles in statistical packages. *The American Statistician*, *50*(4), 361–365.

IOC（2018）．*Speed skating results*. Retrieved from https://www.olympic.org/pyeongchang-2018/results/en/speed-skating/result-ladies-1000m-fnl-000100-.htm（2018年2月15日）

Joanes, D. N., & Gill, C. A.（1998）．Comparing measures of sample skewness and kurtosis. *The Statistician*, *47*, 183–189.

渡部 洋・鈴木 規夫・山田 文康・大塚 雄作（1985）．探索的データ解析入門 ── データの構造を探る ── 朝倉書店

第4章
金井 達蔵（1977）．教育統計法詳説 ── テスト結果の統計処理 ──（中巻） 図書文化社

水野 欽司（1996）．多変量データ解析講義 朝倉書店

総務省（2019）．2018年家計調査 総務省 Retrieved from https://www.e-stat.go.jp/

山際 勇一郎・服部 環（2016）．文系のためのSPSSデータ解析 ナカニシヤ出版

第5章
Cohen, J.（1988）．*Statistical power analysis for the behavioral sciences*（2nd ed.）. Hillsdale, New Jersey: Lawrence Erlbaum Associates.

國吉 哉子・神藤 彩子・鈴木 理絵・田畑 賢太・岡 秀明（2017）．女子受刑者の心理特

性 I ── 自傷行為・自殺未遂歴からの検討 ──　日本犯罪心理学会第 55 回大会発表論文集　O2-13.

森 敏昭・吉田 寿夫（編著）（1990）. 心理学のためのデータ解析テクニカルブック　北大路書房

第 6 章

青木 繁伸（2007）. 二群の平均値（代表値）の差を検定するとき　青木繁伸ホームページ　Retrieved from http://aoki2.si.gunma-u.ac.jp/lecture/BF/index.html

Delacre, M., Lakens, D., & Leys, C. (2017). Why psychologists should by default use Welch's *t*-test instead of Student's *t*-test. *International Review of Social Psychology*, *30*(1), 92–101.

Finch, W. H., Bolin, J. E., & Kelley, K. (2014). *Multilevel modeling using R*. Florida: CRC Press.

南風原 朝和（2002）. 心理統計学の基礎 ── 統合的理解のために ──　有斐閣

平井 洋子・伊藤 亜矢子・杉澤 武俊（2009）. 知っておきたいマルチレベル分析の考え方 ── データの階層構造と文脈情報を活かした分析のために ──　教育心理学年報, *48*, 60-63.

Howell, D. C. (2013). *Statistical methods for psychology* (8th ed.). CA: Wadsworth Publishing.

Luke, D. A. (2004). *Multilevel modeling*. Los Angeles: SAGE.

永田 靖（1992）. 入門　統計解析法　日科技連出版社

永田 靖（1996）. 統計的方法のしくみ ── 正しく理解するための 30 の急所 ──　日科技連出版社

Scott, M. A., Simonoff, J. S., & Marx, B. D. (Eds.) (2013). *The SAGE handbook of multilevel modeling*. Los Angeles: SAGE.

繁桝 算男（1985）. ベイズ統計入門　東京大学出版会

豊田 秀樹（2016）. はじめての統計データ分析 ── ベイズ的〈ポスト p 値時代〉の統計学 ──　朝倉書店

渡部 洋（1999）. ベイズ統計学入門　福村出版

Zimmerman, D. W. (2004a). A note on preliminary tests of equality of variances. *British Journal of Mathematical and Statistical Psychology*, *57*(1), 173–181.

Zimmerman, D. W. (2004b). Conditional probabilities of rejecting H_0 by pooled and separate-variances *t* tests given heterogeneity of sample variances. *Communications in Statistics - Simulation and Computation*, *33*(1), 69–81.

第 7 章

Cliff, N. (1993). Dominance statistics: Ordinal analyses to answer ordinal questions. *Psychological Bulletin*, *114*(3), 494–509.

Cohen, J. (1992). A power primer. *Psychological Bulletin*, *112*(1), 155–159.

南風原 朝和（2014）. 続・心理統計学の基礎 ── 統合的理解を広げ深める ──　有斐閣

南風原 朝和・芝 祐順（1987）. 相関係数および平均値差の解釈のための確率的な指標　教育心理学研究, *35*(3), 259–265.

McGraw, K. O., & Wong, S. P. (1992). A common language effect size statistic. *Psychological Bulletin*, *111*(2), 361–365.

大久保 街亜・岡田 謙介（2012）. 伝えるための心理統計 ── 効果量・信頼区間・検定力 ──　勁草書房

引用文献

Rho, K., Han, S., Kim, K., & Lee, M. S. (2006). Effects of aromatherapy massage on anxiety and self-esteem in Korean elderly women: A pilot study. *The International Journal of Neuroscience*, *116*(12), 1447–1455.

Vargha, A., & Delaney, H. D. (2000). A critique and improvement of the CL common language effect size statistics of McGraw and Wong. *Journal of Educational and Behavioral Statistics*, *25*(2), 101–132.

第 8 章

Camilli, G., & Hopkins, K. D. (1978). Applicability of chi-square to 2×2 contingency tables with small expected cell frequencies. *Psychological Bulletin*, *85*(1), 163–167.

Camilli, G., & Hopkins, K. D. (1979). Testing for association in 2×2 contingency tables with very small sample sizes. *Psychological Bulletin*, *86*(5), 1011–1014.

南風原 朝和 (2014). 続・心理統計学の基礎 —— 統合的理解を広げ深める —— 有斐閣

岩原 信九郎 (1965). 新訂版 教育と心理のための推計学 日本文化科学社

Loftus, E. F., & Palmer, J. C. (1974). Reconstruction of automobile destruction: An example of the interaction between language and memory. *Journal of Verbal Learning and Verbal Behavior*, *13*(5), 585–589.

Neill, J. J., & Dunn, O. J. (1975). Equality of dependent correlation coefficients. *Biometrics*, *31*(2), 531–543.

奥村 晴彦 (2016). R で楽しむ統計 共立出版

奥村 晴彦 (2018). Fisher の正確検定かカイ 2 乗検定か Retrieved from https://oku.edu.mie-u.ac.jp/~okumura/stat/fisher-chisq.html

Steiger, J. H. (1980). Tests for comparing elements of a correlation matrix. *Psychological Bulletin*, *87*, 245–251.

竹内 啓・藤野 和建 (1981). 2 項分布とポアソン分布 東京大学出版会

土屋垣内 晶・黒宮 健一・五十嵐 透子・堀内 聡・安藤 孟梓・鄧 科・吉良 晴子・津田 彰・坂野 雄二 (2015). ためこみ傾向を有する日本の青年の臨床的特徴 不安症研究, *6*(2), 72–85.

Williams, E. J. (1959). The comparison of regression variables. *Journal of the Royal Statistical Society* (Series B), *21*(2), 396–399.

第 9 章

Cohen, J., Cohen, P., West, S. G., & Aiken, L. S. (2003). *Applied multiple regression/ correlation analysis for the behavioral sciences* (3rd ed.). New York: Routledge.

Dudgeon, P. (2017). Some improvements in confidence intervals for standardized regression coefficients. *Psychometrika*, *82*(4), 928–951.

Fox, J. (2008). *Applied regression analysis and generalized linear models* (2nd ed.). California: SAGE.

服部 環 (2011). 心理・教育のための R によるデータ解析 福村出版

平山 祐一郎 (2008). 大学生の読書状況に関する教育心理学的考察 野間教育研究所

Jones, J. A., & Waller, N. G. (2013). Computing confidence intervals for standardized regression coefficients. *Psychological Methods*, *18*(4), 435–453.

Jones, J. A., & Waller, N. G. (2015). The normal-theory and asymptotic distribution-free (ADF) covariance matrix of standardized regression coefficients: Theoretical extensions and finite sample behavior. *Psychometrika*, *80*(2), 365–378.

Kaufman, A. S., & Kaufman, N. L. (2004). Kaufman Assessment Battery for Children

284　引用文献

(2nd ed.). NCS Pearson.

（カウフマン，A. S.・カウフマン，N. L.　日本版 KABC-II 制作委員会（2013）．日本版 KABC-II　個別式心理教育アセスメントバッテリー　丸善出版）

Yuan, K.-H., & Chan, W. (2011). Biases and standard errors of standardized regression coefficients. *Psychometrika, 76*(4), 670–690.

第10章

青木 繁伸（2007）．三群の平均値（代表値）の差を検定するとき　青木繁伸ホームページ　Retrieved from http://aoki2.si.gunma-u.ac.jp/lecture/BF/sankouzu.html

Brown, M. B., & Forsythe, A. B. (1974). Robust tests for the equality of variances. *Journal of the American Statistical Association, 69*, 364–367.

Cohen, J. (1992). A power primer. *Psychological Bulletin, 112*, 155–159.

福田 由紀（2014）．暗唱の言語心理学的検討 —— 行動指標と脳神経学的指標を用いて —— 野間教育研究所

南風原 朝和（2014）．続・心理統計学の基礎 —— 統合的理解を広げ深める —— 有斐閣

Howell, D. C. (2013). *Statistical methods for psychology* (8th ed.). CA: Wadsworth Publishing.

井関 龍太（2013）．実験心理学者にとっての効果量　専修大学心理科学研究センター年報, *2*, 33–54.

井関 龍太（2015）．心理学における分散分析　山田 剛史（編著）R による心理学研究法入門（pp.55–75）　北大路書房

井関 龍太（2018）．ANOVA 君　anovakun_482.txt　井関龍太のページ　Retrieved from http://riseki.php.xdomain.jp/index.php?ANOVA 君

岩原 信九郎（1965）．新訂版　教育と心理のための推計学　日本文化科学社

Kirk, R. E. (2013). *Experimental design: Procedures for the behavioral sciences* (4th ed.). Los Angeles: SAGE Publications.

Latané, B., Williams, K., & Harkins, S. (1979). Many hands make light the work: The causes and consequences of social loafing. *Journal of Personality and Social Psychology, 37*(6), 822–832.

Levene, H. (1960). Robust test for equality of variances. In I. Olkin, S. G. Ghurye, W. Hoeffding, W. G. Madow, & H. B. Mann (Eds.), *Contributions to probability and statistics: Essays in honor of Harold Hotelling* (pp.278-292). California: Stanford University Press.（Howell [2013] から引用した。）

Loftus, E. F., & Palmer, J. C. (1974). Reconstruction of automobile destruction: An example of the interaction between language and memory. *Journal of Verbal Learning and Verbal Behavior, 13*(5), 585–589.

向井 隆代・増田 めぐみ・山宮 裕子（2018）．女子におけるダイエット行動とメディアの影響 —— 小・中・高・大学生を対象とした横断的調査より —— 青年心理学研究, *30*(1), 41–51.

永田 靖・吉田 道弘（1997）．統計的多重比較法の基礎　サイエンティスト社

Okada, K. (2013). Is Omega squared less biased? A comparison of three major effect size indices in one-way ANOVA. *Behaviormetrika, 40*(2), 129–147.

大久保街亜・岡田謙介（2012）．伝えるための心理統計 —— 効果量・信頼区間・検定力 —— 勁草書房

Welch, B. L. (1951). On the comparison of several mean values: An alternative approach. *Biometrika, 38*(3/4), 330–336.

引 用 文 献   285

Yigit, S., & Mendes, M. (2018). Which effect size measure is appropriate for one-way and two-way ANOVA models? A Monte Carlo simulation study. *REVSTAT Statistical Journal, 16*(3), 295–313.

第11章

Chi, Y. Y., Gribbin, M., Lamers, Y., Gregory, J. F. III, & Muller, K. E. (2012). Global hypothesis testing for high-dimensional repeated measures outcomes. *Statistics in Medicine, 31*(8), 724–742.

Cornell, J. E., Young, D. M., Seaman, S. L., & Kirk, R. E. (1992). Power comparisons of eight tests for sphericity in repeated measures designs. *Journal of Educational Statistics, 17*(3), 233–249.

Geisser, S., & Greenhouse, S. W. (1958). An extension of Box's results on the use of the *F* distribution in multivariate analysis. *The Annals of Mathematical Statistics, 29*(3), 885–891.

Greenhouse, S. W., & Geisser, S. (1959). On methods in the analysis of profile data. *Psychometrika, 24*(2), 95–112.

Harris, P. (1984). An alternative test for multisample sphericity. *Psychometrika, 49*(2), 273–275.

Howell, D. C. (2013). *Statistical methods for psychology* (8th ed.). CA: Wadsworth Publishing.

Huynh, H., & Feldt, L. S. (1976). Estimation of the Box correction for degrees of freedom from sample data in randomised block and split-plot designs. *Journal of Educational Statistics, 1*(1), 69–82.

井関 龍太 (2018). ANOVA 君　anovakun_482.txt　井関龍太のページ　Retrieved from http://riseki.php.xdomain.jp/index.php?ANOVA 君

岩原 信九郎 (1964). ノンパラメトリック法 ── 新しい教育・心理統計 ── 日本文化科学社

岩崎 学 (2006). 統計的データ解析入門　ノンパラメトリック法　東京図書

John, S. (1971). Some optimal multivariate tests. *Biometrika, 58*(1), 123–127.

John, S. (1972). The distribution of a statistic used for testing sphericity of normal distributions. *Biometrika, 59*(1), 169–173.

Kirk, R. E. (2013). *Experimental design: Procedures for the behavioral sciences* (4th ed.). Los Angeles: SAGE Publications.

Lecoutre, B. (1991). A correction for the $\tilde{\varepsilon}$ approximate test in repeated measures design with two or more independent groups. *Journal of Educational Statistics, 16*(4), 371–372.

Mauchly, J. W. (1940). Significance test for sphericity of a normal n-variate distribution. *The Annals of Mathematical Statistics, 11*, 204–209.

Mendoza, J. L. (1980). A significance test for multisample sphericity. *Psychometrika, 45*(4), 495–498.

水田 義弘 (2006). 大学で学ぶやさしい線形代数　サイエンス社

村上 秀俊 (2015). ノンパラメトリック法　朝倉書店

Nagao, H. (1973). On some test criteria for covariance matrix. *The Annals of Statistics, 1*(4), 700–709.

越智 啓太 (2013). 美人の正体 ── 外見的魅力をめぐる心理学 ── 実務教育出版

奥村 晴彦 (2016). R で楽しむ統計　共立出版

引 用 文 献

Rhodes, G., Zebrowitz, L. A., Clark, A., Kalick, S. M., Hightower, A., & McKay, R. (2001). Do facial averageness and symmetry signal health? *Evolution and Human Behavior*, *22*(1), 31–46.

Stevens, J. P. (1992). *Applied multivariate statistics for the social sciences* (2nd ed.). Hillsdale, NJ: Lawrence Erlbaum.

Sugiura, N. (1972). Locally best invariant test for sphericity and the limiting distributions. *The Annals of Mathematical Statistics*, *43*(4), 1312–1316.

橘 敏明 (1997). 確率化テストの方法 —— 誤用しない統計的検定 —— 日本文化科学社

第12章

Caspi, A., McClay, J., Moffitt, T. E., Mill, J., Martin, J., Craig, I. W., Taylor, A., & Poulton, R. (2002). Role of genotype in the cycle of violence in maltreated children. *Science*, *297*(5582), 851–854.

南風原 朝和 (2001). 準実験と単一事例実験 南風原 朝和・市川 伸一・下山 晴彦 (編) 心理学研究法入門 —— 調査・実験から実践まで —— (pp. 123–152) 東京大学出版会

原田 隆之 (2015). 入門 犯罪心理学 筑摩書房

井関 龍太 (2018). ANOVA君 anovakun_482.txt 井関龍太のページ Retrieved from http://riseki.php.xdomain.jp/index.php?ANOVA君

岩原 信九郎 (1965). 新訂版 教育と心理のための推計学 日本文化科学社

Kabat-Zinn, J. (1990). *Full catastrophe living: Using the wisdom of your body and mind to face stress, pain, and illness*. New York: Delacorte.
(カバットジン, J. 春木 豊 (訳) (2007). マインドフルネスストレス低減法 北大路書房)

前川 眞一 (2008). Q35 繁桝 算男・柳井 晴夫・森 敏昭 (編著) Q&Aで知る統計データ解析 —— DOs and DON'Ts —— 第2版 (pp.62–68) サイエンス社

Matsushita, S., Morikawa, K., & Yamanami, H. (2015). Measurement of eye size illusion caused by eyeliner, mascara, and eye shadow. *Journal of Cosmetic Science*, *66*(3), 161–174.

森 敏昭・吉田 寿夫 (編著) (1990). 心理学のためのデータ解析テクニカルブック 北大路書房

森川 和則 (2015). 化粧による顔の心理効果 —— 顔錯視研究の観点から —— 映像情報メディア学会誌, *69*(11), 842–847.

大久保 街亜・岡田 謙介 (2012). 伝えるための心理統計 —— 効果量・信頼区間・検定力 —— 勁草書房

佐渡 充洋・藤澤 大介 (編著) (2018). マインドフルネスを医学的にゼロから解説する本 【電子版付】 —— 医療者のための臨床応用入門 —— 日本医事新報社

高橋 行雄・大橋 靖雄・芳賀 敏郎 (1989). SASによる実験データの解析 —— SASで学ぶ統計的データ解析 —— 東京大学出版会

Winer, B. J., Brown, D. R., & Michels, K. M. (1991). *Statistical principles in experimental design* (3rd ed.). NY: McGraw-Hill.

山際 勇一郎・服部 環 (2016). 文系のためのSPSSデータ解析 ナカニシヤ出版

山内 光哉 (2008). 心理・教育のための分散分析と多重比較 —— エクセル・SPSS解説付き —— サイエンス社

吉田 寿夫 (2018). 本当にわかりやすいすごく大切なことが書いてあるちょっと進んだ心に関わる統計的研究法の本 II 北大路書房

Rのパッケージ

Del Re, A. C.（2013）. *compute.es: Compute effect sizes*. R package version 0.2-2.

Fay, M. P., & Hunsberger, S. A.（2018）. *exact2x2: Exact tests and confidence intervals for 2x2 tables*. R package version 1.6.3.

Fox, J., & Weisberg, S.（2019）. *car: Companion to applied regression*. R package version 3.0-3.

Hothorn, T., & Hornik, K.（2019）. *exactRankTests: Exact distributions for rank and permutation tests*. R package version 0.8-30.

Hothorn, T., Winell, H., Hornik, K., van de Wiel, M. A., & Zeileis, A.（2019）. *coin: Conditional inference procedures in a permutation test framework*. R package version 1.3–0.

Kelley, K.（2019）. *MBESS: The MBESS R package*. R package version 4.6.0.

Meyer, D., Dimitriadou, E., Hornik, K., Weingessel, A., & Leisch, F.（2019）. *e1071: Misc functions of the department of statistics, probability theory group（Formerly: E1071）*. R package version 1.7–2.

R Core Team（2019）. *R: A language and environment for statistical computing*. Vienna, Austria: R foundation for statistical computing.

Revelle, W.（2018）. *psych: Procedures for personality and psychological research*. R package version 1.8.12.

Rogmann, J. J.（2013）. *orddom: Ordinal dominance statistics*. R package version 3.1.

Torchiano, M.（2019）. *effsize: Efficient effect size computation*. R package version 0.7.6.

Walker, A.（2017）. *openxlsx: Read, write and edit XLSX files*. R package version 4.1.0.1.

Waller, N. G.（2019）. *fungible: Psychometric functions from the Waller Lab*. R package version 1.86.

Warnes, G. R., Bolker, B., Lumley, T., & Johnson, R. C.（2018）. *gmodels: Various R programming tools for model fitting*. R package version 2.18.1

索　引

ア　行

α　88

η^2　192
η_p^2　192
イータ 2 乗　192
イェーツ（Yates, F.）の連続修正　74
1 次変換　45
1 標本の t 検定　89
一様　68
ε^2　193
イプシロン 2 乗　193
因子　180

ウィリアムズ（Williams, E. J.）の方法　137
ウィルコクソンの順位和検定　227
ウィルコクソンの符号付き検定　227
上側信頼限界　93
ウェルチ（Welch, B. F.）の検定　100
ウェルチの分散分析　196

オッズ　147
オッズ比　147
ω^2　193
オメガ 2 乗　193
重みをかけない平均法　257
折れ線グラフ　23

カ　行

カーネル関数　28
カーネル密度推定　24
χ^2 検定　143
χ^2 値　69
回帰係数　160
回帰直線　160

階級　18
階級値　19
開区間　20
階乗　82
外挿　163
階層的線形モデル　79
確率化検定　228
確率関数　82
確率密度　48
確率密度関数　48
仮説検定　85
片側対立仮説　89
合併効果　60, 172
刈り込み平均値　44
間隔尺度　2
頑健　96
完全無作為 2 要因計画　257
完全無作為計画　179
観測度数　69

幾何分布　110
棄却　86
棄却域　94
棄却限界値　94
疑似乱数　47
期待度数　69
帰無仮説　85
帰無仮説族　182
逆数　9
逆転項目　45
級間　18
級間平方和　185
球状性　213
級内平方和　185
球面性　213
行　67
境界値　19

索　引　289

共分散　56
行列式　138
行和　68
局所最良不変検定　214

区間推定　94
クラス　18
グラス（Glass, G. V.）の Δ　119
クラスカル-ウォリスの順位和検定　227
クラメール（Cramér, H.）の連関係数 V　70
クリフ（Cliff, N.）の δ　120
クロス集計表　67
クロス表　67
群間平均平方　186
群間平方和　185
群内平均平方　186
群内平方和　185

欠測値　12
欠損値　12
決定係数　164
検出力　88
検定　85
検定統計量　89
検定力　88
ケンドール（Kendall, M. G.）の順位相関係数　61

効果量　59, 114
交互作用　234
構造モデル　184, 209
コーエン（Cohen, J.）の d　115
コーエン（Cohen, J.）の w　71
コーエンの U_3　120
誤差の平均平方　186
誤差の平方和　185
固定効果要因　181

根号　8
混合計画　257
混合効果モデル　79

サ　行

最小2乗法　162
三角分布　48
参加者間要因　180
参加者内2要因　259
参加者内要因　180, 207
残差　161
残差の平均平方　186
残差の平方和　185
散布図　56
散布度　34
サンプル　77

指数関数　10
事前事後テスト計画　258
自然対数　10
下側信頼限界　93
シダック（Šidák）の方法　183
実験あたりの第1種の誤り率　182
質的変数　4
四分位範囲　38
四分位偏差　38
尺度　2
重回帰分析　159
重相関係数（R）　164
重相関係数の2乗　164
従属変数　160
自由度　89, 91
周辺度数　68
主効果　188
順序尺度　2
順序的交互作用　235
常用対数　10
処理　180
真数　10

真の下限　19
真の限界　19
真の上限　19
信頼区間　93
信頼係数　92
信頼限界　93
信頼水準　92
信頼度　92
信頼率　93

水準　180
スタージェス（Sturges, H.）の公式
　20
スティーブンス（Stevens, S. S.）　2
スピアマン（Spearman, C.）の順位相関
　係数　61

正規近似　155
正規性　195
正規分布　31
成長曲線モデル　79
積率　40
積率相関係数　57
切断効果　61
切片　160
説明変数　160
セル　68, 232
線形変換　45
全体の平方和　185
尖度　41

相関　55
相関行列　63
相関係数　56
相関図　56
相関比　192
相対度数　19
総度数　68
測定　2

測定水準　2

タ　行

第1種の誤り　88
第1種の過誤　88
第1種の誤謬　88
第2種の誤り　88
第2種の過誤　88
第2種の誤謬　88
対応のある2標本のt検定　104
対応のある要因　180
対応のない2標本のt検定　96
対応のない要因　180
対照実験　258
対数　10
対数オッズ比　147
大数の法則　47
タイプⅠエラー　88
タイプⅡエラー　88
対立仮説　85
多重検定　182
多重性　182
多重比較法　183
単回帰分析　159
単純効果　234
単純主効果　234
ダンとシダック（Dunn-Šidák）の方法
　183

中央値　33
中央値検定　227
中間点　19
柱状グラフ　22
中心極限定理　48
調整済み標準化残差　72
調整平均値　44
調和平均　257
直接確率法　144

索　　引　　291

底　9, 10
抵抗性　34
定数　160
ディレクトリの変更　12
データファイル　12
データフレーム　13
点推定　94
点双列相関係数　119

統計的仮説検定　85
統計量　3, 78
等号否定　9
同質性　195
統制群法（実験）　258
等分散性　195
等方性　213
得点限界　19
独立変数　160, 180
度数　17
度数折れ線　23
度数多角形　23
度数分布多角形　23
度数分布表　17
度数ポリゴン　23
トリム平均値　44

ナ　行

2項検定　86
2項分布　81
2段階検定　101

ネイピア数　10

ノンパラメトリック検定　227

ハ　行

π_d　120
箱ひげ図　50
外れ値　34, 60

ばらつき　34
パラメータ　78
パラメタ　78
パラメトリック検定　227
バンド幅　28
反復測定計画　208
反復測定要因　180
半閉区間　20

ピアソン（Pearson, K.）の連関係数 C
　72
比較あたりの第1種の誤り率
　182
非加重平均法　257
非決定係数　164
比尺度　2
非順序的交互作用　235
ヒストグラム　22
標準化　45
標準回帰係数　163
標準化平均値差　115
標準誤差　44
標準正規分布　49
標準得点　45
標準偏差　36
標本　77
標本サイズ　77
標本統計量　78
標本の大きさ　77
標本分布　80
比率尺度　2
比例尺度　2
ビン　18

ファミリー　182
ファミリーワイズの第1種の誤り率
　182
ファミリーワイズのタイプ I エラー率
　182

索　引

フィッシャー（Fisher, R. A.）の z 変換　132

フィッシャー（Fisher, R. A.）の正確検定　144

プールした標準偏差　115

複号　9

符号検定　227

負の2項分布　110

不偏共分散　57

不偏性　35

不偏分散　35

ブラウンとフォーサイスの検定　196

フリードマン検定　227

プリポスト・デザイン　258

ブルナー-ムンツェルの検定　227

分割表　67

分散　35

分散説明率　164

分散比　96

分散分析　181

分散分析表　186

平均絶対偏差　37

平均値　31

平均偏差　37

閉区間　20

平方根　8

平方和の分解　185

β　88

ベータ係数　163

べき指数　9

べき乗　9

ヘッジス（Hedges, L. V.）の g　118

ベルヌーイ（ベルヌイ；Bernoulli, J.）試行　81

ベルヌーイ分布　81

偏イータ2乗　192

偏差　37

偏差値　45

変数　2

偏相関係数　172

変量効果要因　181

ポアソン分布　155

棒グラフ　22

補間　163

母集団　77

母数　78

ホルムの方法　188

ボンフェローニの方法　188

マ　行

マクネマー（McNemar, Q.）検定　151

マルチレベル分析　79

マン-ホイットニーの U 検定　227

幹葉図　29

幹葉表示　29

無限母集団　77

無作為化検定　228

無作為抽出　78

無作為標本　78

無作為要因　181

無相関検定　131

名義尺度　2

目的変数　160

ヤ　行

有意確率　86

有意水準　86

優越率　120

有限母集団　77

要因　180

要因計画　257

予測の誤差　161
予測の誤差分散　164
予測の標準誤差　164
予備検定　101

ラ　行

乱塊法　209
乱数　47
ランダマイゼーション・テスト　228
ランダム係数モデル　79

離散分布　48
離散変数　4
両側対立仮説　89
量的変数　4
臨界域　94
臨界値　94
隣接値　50

累乗　9
累積相対度数　19
累積度数　19
累積分布　82

列　67
列和　68
レビーンの検定　195
連関　55, 68
連続分布　48
連続変数　4

ワ　行

歪度　39

英　字

ANOVA　181
common language effect size（CLES）　120
d 族　114
F 検定　96
F 統計量　186
F 比　186
p 値　86
r 族　114
z 得点　45

著者紹介

服部　環（はっとり　たまき）　　　　　　　　　　　　（全章，付表）

1980 年　筑波大学第二学群人間学類（心理学主専攻）卒業

1987 年　筑波大学大学院博士課程心理学研究科修了

　　　　　筑波大学人間系教授を経て

現　在　法政大学現代福祉学部教授　教育学博士

主要編著書

『心理・教育のための R によるデータ解析』（単著）（福村出版，2011）

『文系のための SPSS データ解析』（共著）（ナカニシヤ出版，2016）

『教育相談』（共編著）（ミネルヴァ書房，2019）

山際勇一郎（やまぎわ　ゆういちろう）　　　　　　　　（全章，付表）

1981 年　東京学芸大学教育学部卒業

1988 年　筑波大学大学院博士課程心理学研究科満期退学

　　　　　東京都立短期大学助教授を経て

現　在　首都大学東京・大学院人文科学研究科准教授　教育学修士

主要編著書

『心理学要論——こころの世界を探る』（分担執筆）（培風館，2010）

『発達心理学者による 3 歳から就学前までの子育てアドバイス』（共編著）
（田研出版，2013）

『文系のための SPSS データ解析』（共著）（ナカニシヤ出版，2016）

ライブラリ 読んでわかる心理学＝15

読んでわかる心理統計法

2019 年 10 月 25 日 ⓒ　　　　　　初 版 発 行

著 者　服 部　　環　　　発行者　森 平 敏 孝
　　　　山際勇一郎　　　印刷者　小宮山恒敏

発行所　　株式会社　サイエンス社
〒151-0051　　東京都渋谷区千駄ヶ谷 1 丁目 3 番 25 号
営業 ☎ (03) 5474-8500 (代)　　　振替　00170-7-2387
編集 ☎ (03) 5474-8700 (代)
FAX ☎ (03) 5474-8900

印刷・製本　小宮山印刷工業 （株）
《検印省略》

本書の内容を無断で複写複製することは，著作者および出
版者の権利を侵害することがありますので，その場合には
あらかじめ小社あて許諾をお求め下さい。

サイエンス社のホームページのご案内　　　　ISBN978-4-7819-1453-4
http://www.saiensu.co.jp
ご意見・ご要望は　　　　　　　　　　　　　　PRINTED IN JAPAN
jinbun@saiensu.co.jp　まで.

読んでわかる教育心理学

多鹿秀継・上淵　寿・堀田千絵・津田恭充　共著
A5判・280頁・本体 2,400 円（税抜き）

本書は，主に教職を目指す方に必要な，「発達と学習」の科目内容に対応した教育心理学のテキストです．教育実践の場での心理学研究の応用に加えて，実際の学びにより活かせるような知見を紹介するよう心がけました．また，これから重視されるであろう新しいテーマについても取り上げています．大学で学ぶ方，通信教育などで自学自習をする方におすすめの一冊です．

【主要目次】

第 1 章　教育心理学を理解する

第 2 章　発達の考え方を理解する

第 3 章　学習の考え方を理解する

第 4 章　言語の発達と教育を理解する

第 5 章　知性の発達と教育を理解する

第 6 章　パーソナリティと適応を理解する

第 7 章　知識の獲得と活用を理解する

第 8 章　認知の個人差と教育を理解する

第 9 章　学習の動機づけを理解する

第10章　自己調整学習を理解する

第11章　発達と学習の障害を理解する

第12章　測定と評価を理解する

サイエンス社